21世纪高职高专能力本位型系列规划教材·工商管理系列

管理学原理与应用
（第2版）

主　编　秦　虹
副主编　方爱华

北京大学出版社
PEKING UNIVERSITY PRESS

内容简介

本书从企业管理的实际情况出发,按照高职高专院校的教学要求,全面系统地阐述了企业管理的原理、职能、方法及应用。全书共分 17 章,以管理学的四项基本职能为框架,并就其中一些重要的主题进行了分章节的集中阐述。编者将管理学的基本原理和企业管理的实践相结合,充分地考虑了内容的可读性、趣味性,有针对性地在部分章节设置了实践教学环节及互动环节等,以培养学生的动手能力,每章还配备了足够数量的思考题和案例资源,第 2 版中更新了近年来国内优秀企业的案例,尤其注重对创业案例的诠释和解读,使教材更具现实性和可操作性,且难易适度。本书取材新颖、内容丰富,思路开阔,在一定程度上反映了管理学的一些前沿思想和方法。

本书既可作为高职高专管理类、经济类及其他专业的教材,也可作为各类培训机构的教材,还可供从事企业管理的相关人员参考使用。

图书在版编目(CIP)数据

管理学原理与应用 / 秦虹主编. —2 版. —北京:北京大学出版社,2016.8
(21 世纪高职高专能力本位型系列规划教材·工商管理系列)
ISBN 978-7-301-27349-4

Ⅰ. ①管… Ⅱ. ①秦… Ⅲ. ①管理学—高等职业教育—教材 Ⅳ. ① C93

中国版本图书馆 CIP 数据核字 (2016) 第 181077 号

书　　名	管理学原理与应用(第 2 版) GUANLIXUE YUANLI YU YINGYONG
著作责任者	秦　虹　主编
策划编辑	吴　迪
责任编辑	李瑞芳
标准书号	ISBN 978-7-301-27349-4
出版发行	北京大学出版社
地　　址	北京市海淀区成府路 205 号　100871
网　　址	http://www.pup.cn　新浪微博:@北京大学出版社
电子信箱	pup_6@163.com
电　　话	邮购部 62752015　发行部 62750672　编辑部 62750667
印刷者	三河市北燕印装有限公司
经销者	新华书店
	787 毫米×1092 毫米　16 开本　15 印张　357 千字 2010 年 8 月第 1 版 2016 年 8 月第 2 版　2020 年 9 月第 4 次印刷
定　　价	33.00 元

未经许可,不得以任何方式复制或抄袭本书之部分或全部内容。
版权所有,侵权必究
举报电话:010-62752024　电子信箱:fd@pup.pku.edu.cn
图书如有印装质量问题,请与出版部联系,电话:010-62756370

第 2 版前言

本书是为高职高专院校学生管理学原理课程所编写的教材，同时也可作为相关中、基层管理者的培训教材。本书的培养目标定位为：培养学生将来作为企业中、基层管理者的管理技能和素质。

为适应上述定位，本书在编写中十分注重体现以下特色。

（1）注重管理技能的提升。

以往的这类教材，大多数是沿用本科院校学生的学习模式，侧重于管理学理论、原理的系统性阐述，而对于高职高专院校的学生来说，更重要的是理论的实际应用，因此本书更注重针对高职高专院校学生的学习特点来规划教材内容，比如书中增加了构建新企业的流程、思路，如何制作合格的简历和自荐信，如何写一篇合格的管理学小论文，领导者的素质和技巧提升等内容。更多这方面的特色可以从本书的目录和正文中体现出来。

（2）注重教材的趣味性。

参与本书编写的都是既有从事企业管理实际工作经历又有丰富管理学教学经验的资深教师。因此本书的叙述风格更注重实用性与趣味性的结合，除了企业案例，还采用小说、电影、寓言等各种各样的故事作为素材来阐明管理原理，具有较强的可读性。编者试图将枯燥的原理趣味化，让学生有兴趣将本书作为一本管理学的普及读物去阅读。与第 1 版相比，第 2 版进行了较多的更新，增添了一些时效性较强的案例资料，并且删除了不少国外企业的陈旧案例，增加了许多国内优秀企业的案例，尤其是创业方面的案例，使得教材更加贴近现实生活，更具时代感。

（3）融理论与实训教学于一体。

大多数高职高专院校的实训课都是和理论课分开上的，但本书编者认为至少对管理学这一门课来说，在讲解完理论后立刻进行相关管理技能的实训练习，相辅相成，效果会更好。因此本书在编写的过程中特别注重体现这个教学思路。为此，在大多数章节的理论阐述内容结束后都会插入一些管理技能提升方面的内容，便于教师在课堂上对学生进行技能训练，同时也提供了较多的案例资源以方便学生课外研读、思考。

本书由江苏海事职业技术学院的秦虹担任主编，由江苏海事职业技术学院的方爱华担任副主编，并由秦虹统稿。

本书在编写过程中参考和引用了部分国内外有关作者的著作、研究成果和文献，在此一并向他们以及所有曾经帮助过本书编写和出版的朋友们表示诚挚的谢意！

由于编者水平有限，书中不足之处在所难免，恳切希望广大学者、同仁和使用本书的师生批评指正。

编　者

2016 年 1 月

目 录

第1篇 绪 论

第1章 管理学概述 ... 3
- 1.1 学习管理的原因 ... 3
- 1.2 管理的定义 ... 5
- 1.3 管理的层次与技能之间的关系 ... 7
- 1.4 管理的科学性和艺术性 ... 8
- 1.5 管理学的发展历史 ... 8
- 思考题 ... 10
- 案例资源 ... 10
- 课外补充阅读资料：企业经营与管理基本常识 ... 12

第2章 管理与社会 ... 19
- 2.1 企业的外部环境 ... 20
- 2.2 管理人员的社会责任 ... 22
- 2.3 管理的伦理道德 ... 23
- 思考题 ... 26
- 案例资源 ... 26
- 实践教学环节：案例分析的方法和技巧 ... 27

第2篇 计 划 工 作

第3章 关于计划的一般理论 ... 35
- 3.1 计划的概念及类型 ... 36
- 3.2 如何制订一项完善的计划 ... 38
- 3.3 制订计划的具体方法 ... 41
- 思考题 ... 42
- 实践教学环节：如何做一个完善的商业计划书 ... 42

第4章 决策 ... 48
- 4.1 理性决策的制定过程 ... 49
- 4.2 决策的特点 ... 50
- 4.3 决策的影响因素 ... 51
- 4.4 如何改善决策制定的质量 ... 53
- 4.5 危机中如何决策 ... 54
- 思考题 ... 56
- 案例资源 ... 56

第5章 战略管理 ... 59
- 5.1 战略管理的概念 ... 59
- 5.2 战略与战术 ... 60
- 5.3 战略的种类 ... 61

5.4　战略管理的过程 …………………………………………………………… 63
思考题 ……………………………………………………………………………… 67
案例资源1 ………………………………………………………………………… 67
案例资源2 ………………………………………………………………………… 69
实践教学环节：如何写一篇管理学小论文 …………………………………… 70

第6章　构建竞争优势 ……………………………………………………………… 75
6.1　竞争优势的来源 …………………………………………………………… 76
6.2　竞争优势的构建 …………………………………………………………… 76
6.3　迈克尔·波特的竞争战略分析框架 ……………………………………… 79
6.4　竞争战略 …………………………………………………………………… 80
思考题 ……………………………………………………………………………… 81
案例资源 …………………………………………………………………………… 82

第7章　构建新企业 ………………………………………………………………… 84
7.1　成为独立企业家的原因 …………………………………………………… 85
7.2　企业家的特点 ……………………………………………………………… 86
7.3　创建企业从哪里开始 ……………………………………………………… 87
7.4　成功企业家必备的要素 …………………………………………………… 88
思考题 ……………………………………………………………………………… 89
案例资源1 ………………………………………………………………………… 90
案例资源2 ………………………………………………………………………… 92
实践教学环节：开办新企业 ……………………………………………………… 95

第3篇　组 织 工 作

第8章　组织工作的基本内容和过程 ……………………………………………… 99
8.1　组织的概念 ………………………………………………………………… 100
8.2　组织的基础 ………………………………………………………………… 100
8.3　组织的设计 ………………………………………………………………… 101
8.4　集权与分权 ………………………………………………………………… 102
8.5　授权 ………………………………………………………………………… 103
8.6　常见的组织结构形式 ……………………………………………………… 104
思考题 ……………………………………………………………………………… 107
案例资源1 ………………………………………………………………………… 107
案例资源2 ………………………………………………………………………… 110

第9章　人力资源管理 ……………………………………………………………… 112
9.1　人力资源管理的过程 ……………………………………………………… 113
9.2　人力资源规划 ……………………………………………………………… 113
9.3　招募 ………………………………………………………………………… 115
9.4　甄选 ………………………………………………………………………… 118
9.5　培训 ………………………………………………………………………… 119
思考题 ……………………………………………………………………………… 121
案例资源1 ………………………………………………………………………… 121

案例资源 2 123

第10章 职业生涯发展规划 125
10.1 大学毕业生求职普遍存在的问题 126
10.2 认识自我，明确自己的职业目标 127
10.3 职业能力的构成 128
10.4 职业生涯设计的准备过程 128
10.5 职业生涯设计的具体方法 131
10.6 求职书面资料准备 132
10.7 求职技巧 134
10.8 签约 136
思考题 137
案例资源 137

第11章 创造高绩效的团队 140
11.1 工作群体与团队 140
11.2 团队的种类 141
11.3 团队的贡献 142
11.4 高绩效团队的特征 143
11.5 设计高绩效的团队 144
11.6 团队发展的阶段 145
11.7 将现有团队转变为高绩效的团队 145
思考题 147
案例资源 147
实践教学环节：团队角色问卷 149

第12章 组织有效性和组织文化 152
12.1 组织文化的概念 153
12.2 组织文化的构成 153
12.3 组织文化的来源 155
12.4 员工如何学习组织文化 156
12.5 保持与改变一种组织文化 157
思考题 159
案例资源 1 159
案例资源 2 161

第4篇 领 导 工 作

第13章 领导概述 167
13.1 领导的概念 168
13.2 领导的构成要素 168
13.3 领导风格的传统理论 169
13.4 当代领导方式研究的新成果 172
13.5 发展你的领导技能 173
思考题 174

案例资源 1 174
　　案例资源 2 176
　　实践教学环节：领导者的基本素质和技巧 179

第 14 章　如何进行有效激励 185
　14.1　激励的概念 186
　14.2　需求层次理论 187
　14.3　激励需求理论 187
　14.4　人性的假设理论 188
　14.5　激励理论 188
　14.6　激励员工的方法 190
　思考题 191
　案例资源 191
　实践教学环节：测试你的领导作风 193

第 15 章　沟通及技巧 195
　15.1　沟通的过程 196
　15.2　有效沟通的障碍 196
　15.3　如何克服沟通中的障碍 198
　15.4　如何适应不同的沟通类型 200
　15.5　组织沟通 201
　思考题 204
　案例资源 1 205
　案例资源 2 206
　实践教学环节：管理游戏——领导与沟通 208

第 5 篇　控 制 工 作

第 16 章　控制 211
　16.1　控制的概念 213
　16.2　控制的过程 213
　16.3　控制的类型 214
　16.4　控制的焦点 215
　16.5　实施有效控制的必要条件 216
　16.6　建立有效的控制系统 217
　思考题 218
　案例资源 1 219
　案例资源 2 219

第 17 章　控制方法和信息技术 221
　17.1　预算控制 222
　17.2　非预算控制方法 224
　17.3　管理信息系统 226
　思考题 229
　案例资源 230

参考文献 232

第1篇 绪 论

第 1 章 管理学概述

 学习目标

学完本章节，应该了解以下要点：
1. 管理的概念；
2. 管理的职能和技能；
3. 不同管理层次对管理职能和技能的要求；
4. 管理学发展历程中的几个重要阶段；
5. 管理学不同阶段的代表人物及其管理思想；
6. 管理学的二重属性。

引导案例

寓言的启示

在伊索寓言中，有这样一个故事：老鼠们在一起开会，商讨怎样才能不被猫抓住。其中一只老鼠提议，在猫的脖子上挂一个铃铛。全体老鼠欢声雷动——"这个主意太好了！"但当有鼠问，怎样才能将铃铛挂到猫的脖子上时，刹那间全体老鼠鸦雀无声。这个故事说明，方法比想法更重要，或者说没有与想法相对应的方法，是没有价值的。事理相通，推动企业管理进步的除了若干理念之外，更重要的是管理方法。

其实，在没有出现管理学这门学科之前，管理活动一直是人类所从事的一项重要活动。今天人们之所以还要将其作为一门学科来研究，其意义就在于人们不仅需要靠本能去实践如何管理，还非常有必要将别人通过实践已经证明非常有效的一些管理方法和技巧转化为行之有效地开展管理活动的契机。

1.1 学习管理的原因

下面举几个典型的例子告诉大家管理与每一个人有着怎样的联系。我们都知道苹果手机是一个闻名世界的美国品牌，但稍作了解会发现，iPhone 其实只有设计是在美国，关键零部件由日本制造，最核心的芯片和显示屏由韩国制造，另外一些零部件由中国台湾地区的厂商供应，外壳和视窗玻璃由中国玻璃制造商蓝思科技股份有限公司承担，最后在中国南方的富士康工厂里组装，再运到美国，销往世界各地。正是经历了上述丰富多彩的旅程才成就了我们眼前外形简洁、美观且内在细节接近完美的手机，这是一个典型的多国团队合作的精彩结晶。苹果手机如此运作遵循了管理学的基本原则，即高效率地进行资源的优化整合，从而多快好省地达成降低成本、提高效率的目标。大家都知道中国是茶叶的发源地，但目前世界上最大的茶叶制造商却是来自英国的联合利华公司旗下的立顿茶产品公司。立顿对传统的茶饮料进行了大胆改进，使其口味更符合年轻人的偏好，茶包的饮用方法也使立顿茶饮品比传统茶叶饮用起来更方便，再加上行之有效的营销，规范而富有创意的管理过程最终将立顿造就成了世界上最大的茶叶品牌。

同样是种橙子，传奇企业家褚时健将他在红塔烟草集团成功的工厂运作模式巧妙地运用到农业生产中。他注重品牌营销，用科学的方法提高橙子的质量，同时对果农进行有效的激励管理，提高了果农种橙子的热情和责任心，最终使"褚橙"这个品牌成为口碑与收入双丰收的国内知名品牌。

很多人都很喜欢体育，那么就来谈谈奥运会吧。良好的管理运作不仅可以使奥运会成为一项引人注目的体育竞赛，还可以使举办国受益，带来众多的就业机会。一旦有经济价值，就会吸引更多的商家赞助，奥运会的基金就会越来越多，活动也会越来越精彩，1984年的洛杉矶奥运会就是这方面的典范。1984年，现代奥林匹克运动在经历了80年辉煌而艰辛的历程之后，陷入了前所未有的困境，以至于只有美国洛杉矶市提出了申办申请。一个使国际奥委会极为窘迫的舆论压力是：承办奥运会是一桩赔了夫人又折兵的买卖。专家们列举了以下的事实：1972年，德国慕尼黑市因承办第20届奥运会而陷入巨大的财务困境；1976年，加拿大蒙特利尔承办的第21届奥运会亏损9.97亿美元，所欠债务10多年后才得以还清；1980年，在莫斯科举办的第22届奥运会共耗资90多亿美元。洛杉矶市议会在奥委会做出决定之后召开会议，就是否由市政府承办奥运会问题进行了专家讨论，最后与会专家做出了拒绝使用财政收入承办奥运会的决定。

全球奥林匹克运动面临着夭折的危机。出面打破这一僵局的是美国著名企业家尤伯罗斯。他以私人企业筹资承办的方式扭转了局面，并使第23届洛杉矶奥运会成为全球奥林匹克运动推动当地经济发展的典范。1984年的奥运会不仅没有亏损，还盈利2.2亿美元。这届奥运会所独创的TOP商业计划成为后来承办奥运会国家的商业运作楷模。尤伯罗斯引入了"赞助商"的概念，并在推出的TOP计划中将赞助商提升为发起人。他把发起人的数目限定为30家，并规定在每一个行业里只选一家企业。尤伯罗斯开出的底价是400万美元。这相当于挑起了一个行业竞争。可口可乐公司不惜以1350万美元的竞价击败了百事可乐公司。日本富士公司以1000万美元中标，甩开了自己强有力的竞争对手柯达公司，把其在美国的市场份额由5%提高到了10%。在胶片行业中，每提高一个百分点就意味着增加1000万美元的收入。尤伯罗斯说服麦当劳修建了一座可容纳11000人的游泳馆，还外加了400万美元的赠款。作为回报，麦当劳获得了奥运期间独家经营快餐店的特权。尤伯罗斯公开宣布了三条集资渠道：征集赞助商、出让电视转播权和高价销售门票。奥运圣火传递活动最初也没有像现在这样的宏大规模，这也是一项成功的商业运作范例，洛杉矶组委会将圣火传递仪式在各个城市的承办权分包给了赞助商，其结果是，不仅这项活动的意义得到了空前的提升，商人们的利益也得到最大化。一项世界范围内的调查结果显示：20世纪对人类社会影响深远的3件大事，之一就是体育运动在全世界范围内的繁荣和发展。体育运动成为世界上除音乐以外的世界通用语言。

综上所述，同是举办奥运会，洛杉矶奥运会之前的那些届奥运会，由于对奥运会缺乏行之有效的管理运作，几乎陷入绝境，而洛杉矶奥运会由于对奥运会的相关资源进行了巧妙的营销管理,最终使奥运重新焕发生机和活力。

可以这么说,管理就像空气和水一样无处不在,已经贯穿到人们生活的方方面面。从最细小的方面来说,人们的学习、生活以及对职业生涯所做的规划其实都是在进行一种不自觉的管理,但研究学习管理这门学科的主要目的显然不仅是为了管理好自己的生活,而是利用管理学中的一些规律、原理来更充分、有效地利用各种有限的资源,以便用最低的成本、最高的效率达成组织的各项目标。

1.2 管理的定义

管理自古有之,源远流长,作为一种社会行为,可以说与人类群体俱生,与人类的文明历史一样悠久。但时至今日人们对管理的概念还很难提出一个普遍而统一的定义。这不仅是因为管理的历史久远,还因为管理的内涵太丰富,涉及面太广。人们通常总是倾向于按自己某种实践的需要,从某种特定的角度或特定的学科领域谈管理。因此,不同的管理学者对管理有不同的解释。

1. 管理的概念

科学管理学派认为"管理就是效率"。他们认为管理就是协调团体的活动以达到其共同的目标所做努力的过程。

管理过程学派认为"管理就是实行计划、组织、指挥、协调和监督"。

行为科学学派认为"管理就是对人的管理"。

决策理论学派认为"决策贯穿管理的全过程,管理就是决策"。

管理科学学派认为"管理就是用数学模型与程序来表示计划、组织、控制、决策等合乎逻辑的程序,求出最优的解答,以达到组织的目标"。

有人认为,管理从字义上理解就是管辖和处理的意思,亦即管人和理事,管辖指权限,处理是在权限内行使职能。

有人认为,管理一般指经由他人的努力以完成工作目标的活动,倘若依靠自己的力量即可完成某一目标,这种活动只能称为操作,不能称为管理。

还有人数学化地描述为"管理是微分决策的积分"。

上述种种说法皆是从不同的角度去认识管理,虽然结论不同,但都揭示了管理概念的不同侧面,也启迪人们对管理实质进行更全面的认识。

综上所述,管理是通过对人和资源的配置实现组织目标的过程,即管理是在特定环境下,对组织所拥有的资源进行有效的计划、组织、领导和控制,以便达成既定的组织目标的过程。

这一基本定义可扩展为:①管理者要完成计划、组织、领导、控制4项管理职能;②管理适用于组织各级层的管理人员;③所有管理人员都有一个共同的目标;④管理关系到生产率,即效率和效果。

从经济学上讲,自然资源(如石油、煤炭、水)及高级管理人才(如杰克·韦尔奇和比尔·盖茨)等都是稀缺资源,而人们对某些资源的需求大大超过了实际的供应,因此必须对稀缺资源进行合理的分配,以满足人们对资源多样化的需求。管理学就是研究如何对人和资源进行有效配置,以期从最大限度上实现低成本、高收益的目标的科学。

2. 管理的职能

管理的职能是指管理的外在根本属性及其所发挥的基本功效。管理具有两种基本职能，即合理组织生产力的一般职能和维护生产关系的特殊职能。因为社会生产过程原本就是生产力和生产关系的统一体，所以这两种基本职能在管理实践中是一起发挥作用的。当它们作用于社会生产过程时，就表现为管理的具体职能。企业管理的性质是通过管理职能体现出来的，企业管理的基本职能是通过一些具体职能来实现的。

1）计划

计划是指对未来的发展目标进行具体设计，制订长远的发展蓝图、年度的发展计划和日常的工作安排，并用计划指导工作，用计划和实际进行对比检查等。

"凡事预则立，不预则废"，无论管理任何组织，事先都要有计划，并按计划办事，才能增强管理活动的目的性、预见性和主动性，减少盲目性。另外，管理活动不是孤立的，企业既处于大系统之中，本身也是一个系统，而且系统下还有很多分支系统，因而上、下、左、右的关系错综复杂，若都不按计划行事，就会互相"撞车"而抵消力量。对于企业而言，既有产、供、销各环节，又有人、财、物等各要素，经济活动纷繁复杂，要是没有长远计划、年度计划和作业计划，企业就无法组织总体的行动以实现发展的目标，将长期处于一片混乱之中。

2）组织

组织是指按照整分合的原则，对各方面的人和事进行有效的组合，使职工都为完成总体目标而努力。

整分合原则认为系统是一个有机的整体，系统内部的各个要素都有着不同的功能和作用。因此，在保持系统整体性的前提下，必须有明确的分工，以有效地发挥不同要素的不同功能，但只有分工没有协作就会影响系统整体功能的发挥，因而，还要在分工的基础上进行综合。整分合原则就是在整体规划下明确分工，同时又在分工的基础上进行有效合作。在企业组织管理中就是这样，企业的组织结构分为若干层次和专业部门，这些层次和部门都有明确的职责和不同的分工，但它们都必须接受企业最高层的指令，服从最高层的指挥，这样才能保持总目标的一致，才能产生管理者所期望的结构功能效应。

组织是实现总体目标和计划的保证。因为总体目标和计划是需要广大职工共同完成的，若职工是一盘散沙，则将一事无成，所以管理工作者要对所完成的总体任务进行了解和分析，进而将总体任务分解为一个个基本环节或要素，并明确分工，将工作落实到基层或个人，然后促使他们在分工的基础上密切合作，有效地进行工作。

组织职能的内容十分广泛，包括管理职能的设置、各部门职权的划分、人员的安排、责任的分工等，具体还包括内部核算单位的责任制的建立和健全，以及人员的调配、培训、考核和奖惩等。

3）领导

领导是指对员工施加影响，使其对组织和群体的目标做出贡献。领导工作主要涉及管理工作中的人际关系方面。管理人员面对的最重要问题来自于员工，如员工的要求和态度以及他们的个人行为和群体行为。有效的管理人员也应该是有效的领导者。由于领导意味着服从，人们往往跟随那些能满足大家需求、愿望和想法的领导人，所以领导过程涉及激励、领导作风、领导方法以及沟通。

4）控制

控制是指在按计划办事的过程中，对计划的执行情况进行监督和检查，及时发现问题，并采取干预措施，纠正偏差，确保原订目标和计划按预期要求实现。

要进行控制，需要3个相应的步骤。

（1）事前要有明确的数量和质量要求的标准，如规章制度、计划产量、质量以及各种定额等。

（2）在执行过程中，要及时通过各种渠道和手段，搜集有关情况和数据，做好信息反馈工作，同原计划对比，并查明发生偏差的具体原因。

（3）在查明偏差大小、分析产生原因的基础上，采取切实措施加以纠正以保证原目标和计划顺利实现。

目前，在企业管理中，控制已有了许多专门的科学方法，在生产控制、库存控制、质量控制、成本控制等方面得到了广泛的运用。

上述各项管理职能，并无严格的次序和界限，各职能之间是密切联系、互相交叉、互相渗透的。

3. 管理的技能

技术技能：从事自己管理范围内的工作所需的技术和方法。例如，对于一个生产企业的车间主任来说，他需要掌握的技能包括各种机械的性能、使用方法、操作程序，各种材料的用途、加工工序，各种成品和半成品的指标要求等。

人际技能：在组织单位中与周围的人打交道的能力。这种能力对于任何一个层次的管理者来说都是非常重要的，因为管理者的一项重要工作就是通过有效的沟通将组织的意图传达给被管理者。认识到这项技能的重要性对找工作，并在企业里保持绩效出众都是不可或缺的。在许多公司，一个管理者失败的原因不是他没有技术技能，而是没有人际技能。

概念技能：对事物的洞察、分析、判断、抽象和概括能力。这项技能要求管理者能适时地看到组织的整体，了解组织与外部环境之间的关系。

互动环节：对于组织中的高层、中层和基层管理者来说，上述提到的3项技能哪项是最重要的，为什么？

1.3 管理的层次与技能之间的关系

管理者的工作是同别人一起并通过别人使组织活动得以有效地完成。

《后汉书》中有文记载刘邦和韩信的一次精彩的对话。

刘邦问韩信："像我这样的人，能领兵多少？"

韩信说："陛下能领兵十万。"

刘邦说："你呢？"

韩信说："我是多多益善啊！"

"多多益善，那你为何被我所擒？"

"那是因为陛下虽不能领兵，却善将将（用将）的缘故。"

从这段对话可以看出，韩信提出了一个非常重要的用人原则，即能领兵的人是将才，能用将的人是帅才。也就是说，不同层次的管理者所需要的管理技能各不相同。不同层次的管理者的职责有所不同。高层管理者的工作重点是计划和控制；中层管理者的工作比较平均；基层管理者则用在领导职能上的时间要多一些。

松下说："当你仅有100人时，你必须站在第一线，即使你叫喊甚至打他们，他们也听你的。但如果发展到1000人，你就不能站在第一线，而是身居其中。当企业增至1万人时，你就必须退居后面，并对职工表示敬意和谢意。"这段话非常形象地阐述了不同层次的管理人员的工作重点。从这段话可以看出，能指挥100人的管理者大约是基层管理者，更多需要事必躬亲；能指挥1000人的管理者大约是中层管理者，他们需要做一些上传下达工作，因此就不可能事事都亲自上阵；能指挥1万人的管理者无疑是企业的高层管理者，他们需要考虑企业的大政方针，因此，他们需要退居幕后做好组织总体的规划和控制工作。这就要求处于不同管理岗位上的管理者扮演好自己的角色，在自己的管理岗位上做好管理工作。

1.4　管理的科学性和艺术性

管理者需要具备的相关技能和承担的职责都是共性的东西，可以总结出来推广给更多的人，正因为如此，很多高校都设立了管理专业，培养出了很多管理类的专业人才。目前，许多跨国企业的CEO都是世界各著名高校商学院相关管理专业的毕业生，这说明了管理科学性的一面，管理的科学性还体现在，管理经过近一个世纪以来的研究、探索和总结，已经形成了一套比较完整的、反映管理过程客观规律的理论知识体系，为指导管理实践提供了基本的原理、原则和方法。

管理还有艺术性的一面，如国外的比尔·盖茨、杰克·韦尔奇，国内海尔集团的张瑞敏、华为的任正非以及很多企业的高层管理人员，他们并没有受过系统的管理学的训练，但他们照样把企业做得很好，这就涉及每个人的管理天赋问题。管理的艺术性体现在管理工作需要每一个具体的管理人员利用管理的基本知识以及多方面的经验，并根据实际情况加以创造性地、灵活地运用，形成各自的特色。

1.5　管理学的发展历史

众多管理学的研究者和管理工作者对管理的不同贡献形成了不同的管理方法，构建了管理学这个学科体系。这里将通过对管理学3个主要发展阶段——古典管理、行为管理和系统及和系统管理阶段的介绍来说明管理学发展的主要脉络。

1. 古典管理阶段

古典管理阶段是科学管理理论正式形成的时期，这一时期的代表人物包括泰勒、法约尔和马克斯·韦伯等，勾勒出了古典管理思想的主要脉络。

（1）泰勒的科学管理理论。泰勒被称为"科学管理之父"。就管理学的早期发展而言，没有人比他有更大的影响力了。从学徒、普通工人到总机械师、钢铁公司总工程师的经历，使泰勒有机会了解工人的种种问题和态度，找到改进和提高管理质量的有效途径。

泰勒的成名作《科学管理原理》出版于1911年。泰勒的科学管理思想的主要原则包括：①用科学（系统的知识）代替单凭经验的方法；②在群体行动中强调协调代替不一致；③实现人们的彼此合作以代替混乱的行为；④强调工作的产出最大化，而不是限制产出；⑤全力以赴地培养工人，从而达到他们个人和公司利益的最大化。

泰勒运用动作和时间研究法，首先观察优秀员工的工作流程的每一个操作动作、细节，然后整理成规范、标准的操作流程，对技术不熟练的员工或者新员工进行标准化的流程操作培训。

（2）法约尔的一般管理理论。该理论与泰勒的研究角度不同，他从高层管理者的角度，研究整个组织的管理问题，提出了适合各类组织的5大管理职能（计划、组织、指挥、协调和控制）和有效管理的14条原则。

（3）马克斯·韦伯的行政组织理论。韦伯是德国柏林大学的一名教授，他提供了一种纯理性化的组织模型，后人称韦伯为"组织管理之父"。

韦伯的行政组织理论大体可分为三部分，即理想的行政组织、理想行政组织的权利分配以及理想行政组织的管理制度。

上述这些管理学的研究者们是从不同的角度来探讨管理学的，最终缔造了管理学的初级阶段——古典管理阶段。该阶段的特点是：第一，把组织中的人当成机器来看待，忽视"人"的因素以及人的需要和行为对管理活动的影响，所以有人称这种管理思想下的组织实际上是"无人的组织"；第二，没有看到组织与外部的联系，关注的只是组织内部的问题。其实在现实生活中，组织会和外界发生千丝万缕的联系，因此，这也体现了古典管理理论的局限性。

2. 行为管理阶段

20世纪20年代前后，很多企业发现，单纯用古典管理思想已经很难有效提高劳动生产率，美国学者梅奥应西方电器公司之邀，开始了一项旨在提高劳动生产率的试验，由于此项试验的一些预料之外的研究结果，开辟了管理学发展史上一个全新的阶段——行为管理阶段，这就是管理史上著名的"霍桑试验"以及由此而创建的人际关系学说。

试验于1927—1932年在西方电器公司的霍桑工厂进行，主要研究工作环境与生产效率之间的关系，结果发现，照明度是高还是低，与参与试验人员的劳动生产率没有明显的关联，接着又进行了一系列后续试验，得出3点主要的结论：①职工是"社会人"；②企业中存在着"非正式组织"；③新的企业领导能力在于通过提高职工的满足度来提高其士气。霍桑试验对管理学以后的发展产生了很大的影响。

人的心理因素以及社会因素对生产效率有极大的影响，例如，在照明试验中，参加试验的人员是因为感到自己受到特别的关注，所以表现出更高的生产效率，而不仅仅是因为灯光的明暗。于是有些企业家开始对员工投入关注，关心员工的想法，采取一定的激励措施，并起到了一定的效果。

行为管理思想贯彻了以人为本的思想，以人力资源为首要资源，高度重视对人力资源的开发和利用，提倡以人道主义的态度对待工人，通过改善劳动条件，提高劳动者工作生活的质量，培训劳动者的生产技能，调动人的积极性，进而提高劳动效率。这些思想有利于推动生产发展和社会进步。这种管理思想表现出了对人以及其他社会因素的关注，因此，与古典管理思想相比是一种进步。

3. 系统和权变阶段

系统管理思想是在第二次世界大战以后出现的。该思想的核心是将组织看成整个社会环境的一部分，组织要和周围的环境发生各种各样的联系，更确切地说，其生存和发展依赖于外部环境，因此，企业要想生存下去就必须研究、熟悉并适应环境。系统是有边界的，会与外部环境存在互动关系，即组织是一个开放系统，该思想充分认识到了研究一个组织和许多子系统的计划、组织和控制的内部关系的重要性。

组织是许多大系统中的一部分，因此，组织吸收并投入资源要素，进行加工并将产品输出给外部环境。

组织来自外部环境的投入包括人员、资金、管理技能、技术知识和技能，管理人员的任务就是要将一定的投入高效率地转化为产出。尽管产出的形式因组织而异，但通常包括以下内容：产品、服务、利润、顾客满意度以及利益相关者对组织提出的各种要求的协调。

所谓权变，就是权宜应变。这种理论认为，实践中不存在一种一成不变的、普遍适用的、"最好"的管理思想和方法，管理的指导思想与方式应根据环境和内外部条件的变化而随机应变。具体来说就是如果某种情境存在或发生，就要采取某种管理思想和方法，以便更好地实现组织目标。

该学派主张通过大量的案例分析，把实践中的情境概括出若干基本类型，并为每一类型找到一种最优的管理模式。

思 考 题

1. 你如何定义管理？你的定义是否不同于本书的定义？请加以解释。
2. 各类企业以及各层次中的管理人员的基本目标在哪些方面是相同的？
3. 你认为组织精简化是一种赶时髦的行为还是一种永久性的组织策略？为什么？
4. 公司把重心放在构建核心竞争力上，这种做法将如何影响组织的结构与管理方式？
5. 采访两位管理人员，询问他们的工作的主要内容以及他们是怎样学习管理的。
6. 你认为管理技能如何因不同的组织层次而异。
7. 管理是一门科学还是一门艺术？举例说明对管理的艺术性和科学性的理解。
8. 在管理中效率和效果有着怎样的关系？说明如何理解效率和效果。
9. 阐述哪些行为将形成有效的管理。

案例资源

小米的超常规发展

小米创始人雷军于1992年参与创办金山软件，1998年出任金山软件CEO。2007年，金山软件上市后，雷军卸任金山软件总裁兼CEO职务，担任副董事长。之后几年，雷军作为天使投资人，投资了凡客诚品、多玩、优视科技等多家创新型企业。

2010年4月6日，雷军选择重新创业，建立了小米公司，并于2011年8月16日正式发布小米手机。

小米科技有限责任公司（以下简称小米）是一家专注于智能产品自主研发的移动互联网公司。"为发烧而生"是小米的产品概念。小米首创了用互联网模式开发手机操作系统、发烧友参与开发改进的模式。

1. 小米成功的商业模式分析

小米成功的根本原因在于其独特的商业模式：硬件＋软件＋互联网服务，又称"铁人三项"。在业务层面，小米不仅向用户销售硬件，还提供软件和服务；在战略层面，小米将互联网服务的思维导入硬件和软件业务，产生了众多创新。小米的"铁人三项"战略有如下特点：追求互联网入口价值，用户参与，互联网营销，少就是多，广交朋友。

华泰证券分析师认为，小米的成功，根本原因在于其独特的商业模式。小米打造的是"硬件＋软件＋互联网服务"的"铁人三项"型公司。小米不追求在其中某一项的第一，而追求三项综合得分的领先。

小米"铁人三项"已经产生了互补效应。小米的"铁人三项"中，软件是小米的最强项，其MIUI系统是目前国内业界公认较好的应用层操作系统；硬件是重要的得分项，高配低价的策略为小米聚集了大量粉丝，是小米抢占互联网入口的重要工具，也是小米现金流的重要来源；互联网服务是小米目前的弱项，迄今为止所做的尝试都还未取得突破。用户并未由于互联网服务差强人意而放弃小米，很大程度上得益于"铁人三项"模式的互补效应：用户被小米的软件、硬件吸引，因此也包容了其在互联网服务方面的中等表现。

2. 建立社区，形成粉丝团

建立社区的第一步就是根据产品特点，锁定一个小圈子，吸引铁杆粉丝，逐步积累粉丝。例如，小米手机把用户定位于发烧友极客的圈子，乐视电视把铁杆粉丝定位于追求生活品质的达人，Roseonly把产品用户定位于肯为爱情买单的高级白领人群。在吸引粉丝的过程中，创始人会从自己的亲友、同事等熟人圈子先开始，逐步扩展。建立社区跟滚雪球一个道理，初始圈子的质量和创始人的影响力决定着粉丝团未来的质量和数量。

3. 针对铁杆粉丝，进行小规模内测

在积累了一定规模的粉丝以后，就需要根据铁杆粉丝的需求设计相关产品，并进行小规模产品内测。这一步对于小米手机而言，就是预售工程机，让铁杆粉丝参与内测。第一批用户在使用工程机的过程中，会把意见反馈给小米的客服人员。小米的客服人员再把意见反馈给设计部门，用户的意见可以直接影响产品的设计和性能，让产品快速完善。据小米官方人员透露，小米手机1/3的改进建议来自于用户。

4. 进行大规模量产和预售

粉丝团营销最重要一个阶段是大规模量产和预售阶段。这个阶段一般有三件重要的事要做：产品发布会、新产品社会化营销与线下渠道发售。现在产品发布会已经成为小米手机营销过程中最为关键的一环。在盛大的发布会上，时任小米董事长雷军亲自讲解产品，而且邀请高通等配件厂商助阵，成百上千名米粉参与，众多媒体记者和各界人士围观。这样做的目的只有一个，就是把产品发布会的信息传递出去，使其成为社交网络讨论的焦点话题。

5. 连接与扩展

小米手机在大规模地售出产品以后，营销活动并没有结束，而是刚刚开始。这时候需要一个体系,把售出的这些产品连接起来,让这些产品以及背后的人变成一个社群或者体系。这也是小米模式跟传统制造业不同的地方。对于传统家电而言,一台设备卖出以后,营销就结束了,企业只在每一台卖出的设备上获得利润,所以对于传统家电企业而言,最重要的是控制成本和以量取胜。而对于小米而言,硬件可以不盈利,甚至可以免费,但通过把硬件连接起来,然后通过后续的服务和衍生产品盈利。相比传统的制造业,小米模式建立的是一个生态体系,商业模式是基于生态体系基础设施服务上的,而不是基于单纯地卖设备。这就好比小米公司是一个电力公司,它主要的收入来源并不是卖电表,而是收电费。

基于MIUI的软件思维,最大的优势在于它的可扩展性,因为对于软件的扩展而言,成本接近于零,不过是服务器上的一些字节而已。而正是由于它的可扩展性,才能够让米粉这个生态圈快速生长起来。对于个体用户而言,生态圈的扩展表现为软件系统的升级和更新、服务内容的扩展和个性化需求的满足。例如,小米开发一款老年手机主题,就可以替代一部老年手机;壁纸、背景、主题等原来千篇一律的东西,现在可以有更多的选择;还可以去软件商店选择更多具有个性化的软件和产品。

2014年,小米手机销量实现了227%的高速增长,但随着公司体量的扩大,今后的增长速度将不可避免放缓,虽然小米在互联网服务和硬件生态投资上进行了广泛布局,但短期内能否成为小米新的增长引擎还存在诸多未知。

思考题

1. 你认为小米手机有哪些值得国内其他手机品牌借鉴的地方。
2. 基于雷军的创业经历,说一说管理人员的才能应包括哪些方面。对于不同层次的管理者,管理职能要求有什么不同?
3. 你认为小米的发展前景如何。

课外补充阅读资料:企业经营与管理基本常识

1. 企业的概念和特征

1) 企业的概念

企业是从事生产、流通、服务等经济活动,以产品或劳务满足社会需要,实行自主经营、独立核算,依法设立,具有经济法人资格的一种营利性的经济组织。

2) 企业的特征

要成为一个企业,必须同时具备以下特征。

(1) 直接为社会提供产品和服务。产品是指为了满足人们的某种需要,在一定的时间和一定生产技术条件下,通过有目的的生产而创造出来的物资资料。服务是一种可供销售的活动,是以等价交换的形式为满足社会的需要而提供的劳务活动。企业必须是产品或服务的直接提供者。例如,工业企业提供的是工业品;商业企业提供的是流通服务,负责把产品传递到消费者手中;金融企业提供的是金融服务;旅游企业提供的是旅游服务。

（2）生产经营活动的目的是追求利润。企业是营利性的经济组织，必须以自己的收入补偿支出并有盈利，企业才能生存和发展。

从理论上讲，企业行动的最高准则是获取尽可能多的利润，实现利润的最大化，但在现实经济生活中，由于市场条件和技术条件的不断变化，企业实际追求的只能是"一定限度的利润率"。

（3）实行独立核算，自负盈亏，拥有生产经营自主权。企业的盈亏由企业自身承担，如果企业盈利就能生存和发展；如果企业出现亏损必须扭亏为盈，否则就会破产倒闭。企业作为一个经济实体，必须拥有独立的生产经营自主权，包括经营决策权、产品决定权、产品销售权、人事权和分配权等。企业有权决定生产什么，生产多少，在何时何地生产；以什么样的价格出售，选择何种销售渠道和销售方式；雇用什么样的人从事生产和管理，工资多少；税后利润如何分配等。不拥有这些生产经营自主权，就不能称其为企业。

（4）具有法人地位。法人是相对于或区别于自然人而言的，经济法人就是依法成立并能独立地行使法定的权利和义务的社会经济组织。企业必须依法履行登记、批准手续，能以自己名义进行活动，享受相应权利和承担义务，能独立地同其他组织签订具有法律效力的合同、协议、契约，并受到国家法律的保护和制约。企业经理（厂长）是企业的法人代表。从事生产经营活动的车间或作业组，不具有独立自主经营权利，也不具有独立法人资格，不能称为企业，而仅仅是企业内部生产单位。

（5）需照章纳税。在市场经济条件下，国家是社会活动的管理者和经济运行的调节者，国家有责任发展教育、科学、文化、卫生、环保、国防、社会保障等公共事业，这些都需要财政的支出，而税收是国家财政收入的主要来源。企业作为经济社会的组成部分，有纳税的义务，必须照章向国家纳税，这是市场经济中企业与国家间的唯一关系。

企业是一种营利性组织，它向社会提供产品和服务，目的是获取利润。那些不直接从事生产、交换等经济活动的单位，只能称为事业单位或行政单位。为获取利润，企业必须有效率，企业的效率来自制度效率和经营效率两方面。制度效率是由土地、资本、劳动力等生产要素投入生产活动的结合方式决定的；经营效率则是由计划、组织、指挥、协调、控制这些管理方式决定的。合理的制度和有效的经营，可以保证企业有效率地进行生产经营活动，减少来自外部环境的风险，从而使企业获得长期发展。

2. 企业的类型

（1）按经营方向和技术基础划分，企业可分为以下几类。

① 工业企业：从事工业产品生产、经营和劳务活动的企业，包括采掘工业企业、加工工业企业和技术服务工业企业。

② 农业企业：从事农、林、牧、渔、采集等生产活动的企业。

③ 运输企业：从事运输生产或直接为运输生产服务的企业，包括铁路、公路、水上船运、民用航空和联合运输企业等。

④ 建筑安装企业：从事土木建筑和设备安装工程的企业。

⑤ 邮电企业：从事邮政、电信、传递信息和办理通信业务的企业。

⑥ 商业企业：在社会再生产过程中从事商品交换活动的企业，通过购销活动，把商品从生产领域转到消费领域。

⑦ 旅游企业：以旅游资源、设施为条件，通过组织旅行游览活动向游客出售劳务的服务性企业。

⑧ 金融企业：专门经营货币和信用业务的企业。它所经营的各种金融业务包括：吸收存款，发放贷款，发行有价证券，从事保险、投资信托业务，发行信用流通工具（银行券、支票），办理货币支付，转账结算，国内外汇兑，经营黄金、白银、外汇交易，提供咨询服务及其他金融服务等。

（2）按资源密集程度划分，企业可分为以下几类。

① 劳动密集型企业：技术装备程度较低、用人多、产品成本中活劳动消耗所占比例大的企业。它包括：按企业投入的技术装备等固定资产与劳动力配合比例划分，即单位劳动力使用技术装备等固定资金量少的企业；按生产经营成本来划分，即成本中活劳动消耗所占比例较大的企业；按资本有机构成高低来划分，即有机构成低的企业。劳动密集型企业如服装、日用品、五金等企业。

② 资金密集型企业：单位产品所需投资较多，技术装备程度较高，用人较少的企业。通常把钢铁工业、重型机械制造、汽车制造、石油化工企业等划归为资金密集型企业。它一般具有劳动生产率高、物资消耗少、单位产品成本低、竞争能力大等优点，但是它需要大量的资金，技术装备复杂，还要有能掌握现代技术的各类人才、相应的配套服务设施，否则难以取得应有的经济效益。

资金密集型企业的单位产品所需投资多，因此企业的技术装备程度也比较高，故又称技术密集型企业。但二者也有区别：企业的资金密集程度和单位产品产量或产值的投资成正比，与单位投资所需劳动力数量成反比，而企业的技术密集程度则主要与企业的机械化、自动化水平成正比，与手工操作水平成反比。由于技术密集型企业同资金密集型企业相近，有人就把技术密集型企业称为知识密集型企业，或知识技术密集企业。

③ 知识技术密集企业：综合运用先进的、现代化的科学技术成就的企业。在这类企业中，集中了较多的中高级技术人才，多数是属于需要花费较多的科研时间和产品开发费用，能生产高精尖产品的企业，如电子计算机工业、飞机和宇宙航天工业、大规模和超大规模集成电路工业、原子能工业、电子计算机软件设计、技术和管理的咨询服务企业等。这类企业一般具有需要综合运用多门学科的最新科研成果、技术装备比较先进和复杂、投资费用大、中高级科技人才所占比例大、操作人员要求有较高的文化科学知识、使用劳动力和消耗原材料较少、对环境的污染少等特点。一般来讲，企业内中高级技术人员的复杂劳动密集程度是知识密集型企业的重要标志，企业的中高级人员占企业全体人员的比例越大，知识密集的程度越高。

除按上述标志划分企业以外，还有其他划分企业类型的方法：①按企业规模大小划分，可分为大型企业、中型企业和小型企业；②按企业组织形式划分，可分为简单综合型企业、简单专业化企业、多元专业化企业、跨行业综合型企业和企业集团（企业与企业之间的联合体）；③按企业运用的主体技术划分，可分为传统技术企业和高新技术企业；④按生产工艺技术特点划分，可分为合成型、调制型、提取型等；⑤按生产连续程度划分，可分为连续生产和间断生产；⑥按安排生产任务的方式划分，可分为存货生产企业和订货生产企业等。

3. 企业经营与管理

1）经营的概念

经营是企业活动中的一个特定概念。随着我国企业经营活动的产生和发展，其大致分3个阶段：①把经营理解为销售；②将经营理解为生产前的决策和生产后的产品销售；③认为经营应包括企业的全部经济活动，是企业的综合性职能。因此，从系统及现代市场经济的观念来看，经营是指企业根据外部条件和内部优势确定企业的经营目标、生产方向和实现这一目标所进行的经济活动及全部过程。

企业经营是市场经济的范畴，它是在商品生产日益发展、科学技术不断进步、市场不断扩大的条件下形成的，是市场经济赋予企业的职能。

2）经营与管理的关系

经营与管理是两个既有区别又有联系的不同概念，但是人们统称为经营管理，这是因为经营与管理密不可分，不能截然分开，二者相互渗透，它们是各有侧重的统一体，二者区别主要表现在以下几个方面。

（1）概念不同。经营是筹划、谋略的意思。企业经营是指根据企业外部条件和内部优势，确定生产方向、经营总目标和实现目标的经济活动过程。管理是指对系统的处理、保管、治理和管辖。企业管理是指为了有效实现经营总目标而对企业各要素及其组成的系统进行计划、组织、指挥和控制的综合性活动。

（2）来源不同。经营是由市场经济的产生和发展而引起的一种调节和适应社会的职能，并随着市场经济的发展而发展。管理则是由人们共同劳动所引起的一种组织、协调的职能，随着社会化大生产、人们的共同劳动和分工协作的发展而发展。

（3）性质不同。经营主要解决企业生产方向、方针和重大问题，一般属于战略性和决策性活动。管理主要解决如何组织要素实现战略目标，属于战术性和执行活动。

（4）范围不同。经营要将企业作为一个整体看待，用系统的观点分析、处理企业管理问题，追求企业的综合、总体、系统效果。管理侧重内部各要素、各环节的合理组合、使用，以促进其有序、高效地完成生产经营任务。

（5）对象不同。经营主要是针对企业的方向、目标的，解决企业内部条件与外部环境相适应的问题。管理主要通过计划、组织、指挥和控制等职能体现出来，如财务管理、销售管理、物资管理、生产管理、质量管理、劳动管理和目标管理等。

（6）目的不同。经营涉及企业生产经营的方向、出发点、市场，解决如何在市场竞争中取胜的战略性问题，追求的是企业的经济效益。管理是为实现经营目标，解决如何充分合理组织企业内部的人、财、物等要素，更好地进行供、产、销活动，从而提高劳动生产率，提高工作效率的问题。

经营和管理是辩证统一体，从它们的联系来看，二者是密不可分的，表现为经营促进管理，管理保证经营。可用下面关系式表示：

$$经营管理效果 = 目标方向 \times 工作效率$$

这个关系式说明两个问题：只讲经营，不讲管理，企业经营管理效果就成了空中楼阁；只讲管理，不讲经营，管理成了无的放矢。也就是说，上式右边任何一项不能为0或负，目标方向是企业经营要解决的问题，工作效率是管理追求的目的。经营是企业经济活动的中心，是管理效果产生和发展的基础；管理从经营中产生、发展后，又成为控制、调节经营过程，决定经营命运的重要手段。

经营与管理之间是目的与手段的关系，管理适应经营的需要而产生，企业有了经营才会有管理；经营借助管理而实现，离开了经营，活动就会紊乱甚至中断。一个企业只有在优良经营的前提下，加上科学的管理，才能取得良好的效果。经营不善，或决策失误，管理再好也无济于事。因此，经营与管理综合在一起，才能发挥更大的作用。

随着社会化大生产、专业化分工协作程度的提高，随着企业生产经营活动的发展，人们对经营和管理的认识越来越深入、具体。在经营企业管理中的地位日趋重要，企业要在优胜劣汰的市场竞争中生存、发展，首要问题就是经营规模和营销市场的决策，可以说经营失误的后果严重程度远大于管理差的后果，有可能直接导致企业倒闭。

4. 现代企业设立的基本条件与程序

1) 现代企业的设立

企业的设立主要是指企业发起人为组建企业并取得法人资格，依照法律规定所实施的一系列法律行为。一经政府或政府主管部门核准，由工商行政管理部门登记并颁发营业执照，企业就正式成立，具有了法人资格，也即取得了依法进行生产经营活动的权利能力与行为能力。企业设立是企业成立的前提，而企业成立是企业设立的目标与结果。

2) 现代企业设立的基本条件

申请设立的企业必须满足工商行政管理机关关于企业设立的条件，而这些条件也是工商行政管理机关审核的主要依据。

现代企业设立的基本条件主要有以下几方面。

（1）有符合规定的企业名称和企业章程。

（2）有符合国家规定的资金。

（3）有与生产经营规模相适应的组织机构。

（4）有明确的经营范围。

（5）有与经营范围相适应的必要的经营场所和设施。

（6）有与经营规模和业务相适应的从业人员。

（7）有健全的财务制度。

（8）能独立承担民事责任。

（9）法律、法规规定的其他条件。

3) 现代企业设立的程序

（1）设立申请。《中华人民共和国民法通则》（以下简称《民法通则》）、《中华人民共和国公司法》（以下简称《公司法》）、《中华人民共和国企业法人登记管理条例》（以下简称《企业法人登记管理条例》）等法律制度对现代企业的设立程序、设立方法都有明确规定。企业设立时，必须依照这些法律规定，认真填写《企业设立登记申请书》，进行设立申请。

（2）设立登记。设立登记是企业取得法人资格的一种法律行为，也是国家对企业合法权益给予法律保护的依据。设立登记的主要工作是办理开业登记。企业申请开业登记时，应当按照有关法律的规定提交必要的文件，包括设立登记申请书、企业章程、验资证明、住所使用证明、主要负责人的身份证明等。

根据《企业法人登记管理条例》的规定，企业登记主管机关是国家工商行政管理总局和地方各级工商行政管理局。企业办理开业登记，应当在政府或政府主管部门核准后 30 日内，向登记主管机关提出申请。经登记主管机关审核决定予以登记注册，领取《企业法人营业执照》，企业由此获得法人资格，即告成立。企业成立后，企业法人凭据其营业执照可以刻制公章、开立银行账户、签订合同、在核准登记的范围内从事生产经营活动。

5. 有限责任公司的设立与登记

1) 有限责任公司的设立条件

根据我国《公司法》的规定，设立有限责任公司，应当具备以下条件。

（1）股东符合法定人数。法定人数是指法定资格和所限人数两重含义。法定资格是指国家法律、法规规定的可以作为股东的资格。法定人数是《公司法》规定的设立有限责任公司的股东人数。

我国《公司法》对有限责任公司的股东人数设有最高人数限制，限定为 50 个以下，没有最低人数限制。这里值得一提的是，由于新公司法允许设立一人有限责任公司，因此，关于有限责任公司股东人数的下限应为一名股东，这名股东可以是一名自然人股东，也可以是一名法人股东，一名股东设立的有限责任公司为一人有限责任公司。

（2）股东出资达到法定资本的最低限额。公司必须有充足的资金才能正常运营。股东没有出资，公司就不可能设立。股东出资总额必须达到法定资本的最低限额。我国《公司法》规定，有限责任公司注册资本的最低限额为人民币 3 万元，公司全体股东的首次出资额不得低于注册资本的 20%，也不得低于法定的注册资本最低限额。股东可以用货币出资，也可以用实物、知识产权、土地使用权等可以用货币估价并可以依法转让的非货币财产作价出资；对作为出资的非货币财产应当评估作价，核实财产，不得高估或者低估作价。全体股东的货币出资金额不得低于有限责任公司注册资本的 30%。

（3）股东共同制定章程。公司章程是指规范公司的组织与行为，规定公司与股东之间、股东与股东之间权利与义务关系的、公司必备的法律文件。公司章程是公司最重要的法律文件，它是公司内部组织与行为的基本准则。

制定有限责任公司章程，是设立公司的重要环节。公司章程由全体出资者在自愿协商的基础上制定，经全体出资者同意，股东应当在公司章程上签名、盖章。

（4）有公司名称，建立符合有限责任公司要求的组织机构。公司名称是本公司与其他公司、企业相区别的文字符号。设立有限责任公司，除其名称应符合企业法人名称的一般性规定外，还必须在公司名称中标明"有限责任公司"或"有限公司"。

建立符合有限责任公司要求的组织机构，是指有限责任公司组织机构的组成、产生、职权等符合《公司法》规定的要求。公司的组织机构一般是指股东会、董事会、监事会、经理。股东人数较少或者规模较小的有限责任公司，可以设股东会、执行董事、一至二名监事、经理。

（5）有公司住所。公司住所是指法律上确认的公司的主要经营场所。我国《公司法》规定，公司以其主要办事机构所在地为住所。所谓主要办事机构所在地，是指决定和处理公司事务的机构所在地，也是管辖全部组织的中枢机构。经登记主管机关登记的公司的住所只能有一个。公司的住所应当在其登记主管机关管辖区内。

2）有限责任公司的设立登记应提供的资料

（1）公司法定代表人签署的《公司设立登记申请书》。

（2）董事会签署的《指定代表或者共同委托代理人的证明》（由全体董事签字）及指定代表或委托代理人的身份证复印件（本人签字），应标明具体委托事项、被委托人的权限、委托期限。

（3）公司章程（由全体发起人加盖公章或者全体董事签字）。

（4）发起人的主体资格证明或者自然人身份证明。发起人是自然人的，提交身份证复印件。发起人为企业的，提交营业执照副本复印件；发起人为事业法人的，提交事业法人登记证书复印件；发起人为社团法人的，提交社团法人登记证复印件；发起人是民办非企业单位的，提交民办非企业单位登记证书复印件。

（5）依法设立的验资机构出具的验资证明。

（6）《企业名称预先核准通知书》。

（7）股东首次出资是非货币财产的，提交已办理财产权转移手续的证明文件。

（8）董事、监事和经理的任职文件及身份证明复印件。

（9）法定代表人任职文件及身份证明复印件。

（10）住所使用证明。自有房产提交产权证复印件；租赁房屋提交租赁协议复印件以及出租方的房产证复印件；未取得房产证的，提交房地产管理部门的证明或者购房合同及房屋销售许可证复印件；出租方为宾馆、饭店的，提交宾馆、饭店营业执照复印件。

（11）公司申请登记的经营范围中有法律、行政法规和国务院决定规定必须在登记前报经批准的项目，提交有关的批准文件或者许可证书复印件或许可证明。

注：《公司设立登记申请书》《指定代表或者共同委托代理人的证明》可以通过中华人民共和国国家工商行政管理总局中国企业登记网（http：//qyj.saic.gov.cn）下载或者到各工商行政管理机关领取。

以上各项未注明提交复印件的，应当提交原件。提交复印件的，应当注明"与原件一致"并由发起人加盖公章。

根据我国《公司法》和《公司登记管理条例》的规定，设立有限责任公司的同时设立分公司的，应当自决定做出之日起30日内向分公司所在地的公司登记机关申请登记；法律、行政法规或者国务院决定规定必须报经有关部门批准的，应当自批准之日起30日内向公司登记机关申请登记。分公司的公司登记机关准予登记的，发给营业执照。公司应当自分公司登记之日起30日内，持分公司的营业执照到公司登记机关办理备案。

第 2 章 管理与社会

学习目标

学完本章节，应该了解以下要点：
1. 多元化社会的性质及其所选择的环境；
2. 管理人员的社会责任；
3. 伦理道德在管理中的重要性以及将伦理道德制度化和提高伦理道德标准的方式；
4. 信任是人际交往的基础。

引导案例

2015年8月12日，天津市滨海新区仓库发生重大火灾爆炸事故，举世瞩目。就后来各方所披露的消息看，爆炸事故背后长期累积的安全隐患触目惊心。

媒体调查的情况揭示，涉事企业瑞海国际物流有限公司涉嫌多项违规，危化品的储存、搬运多处不符合规定，致命的氰化钠涉嫌超量存放。对近在身边的危险物品，不仅周边的企业和居民一无所知，甚至连政府部门也难以掌握。所以迟迟弄不清爆炸源头是什么，而那些周边房屋受损的无辜居民，只能请愿希望政府善后。

爆炸的直接责任人要严肃查处，但仅问责到人，还远远不够。爆炸所暴露的危化品领域的隐患非常广泛，从政府监管到企业内部管理，再到员工操作的细节，每个层面似乎都处于稀里糊涂的状态。如果不能建立危化品从生产、运输到使用的全程监管防控体系，而仅仅追惩几个人的话，很容易好了伤疤忘了疼。

事实上，1993年前深圳就发生过一起危险品仓库爆炸，事故共造成15人死亡，200多人受伤。重新审视那次爆炸，就会发现诸如私自改装仓库、违规存放危险物品、仓库人员不经安全培训就上岗等情形，和天津大爆炸何其相似。不从制度上吸取教训，不在问责具体人员的同时，把他所在岗位的安全责任重新厘定清楚，未必就能吸取前车之鉴。

当然，所有问责或完善制度的前提是不回避、不遮掩地弄清爆炸的前因后果，是将媒体所发现的分散的隐患，进行系统的梳理，列出危化品相关的问题清单，如此才可能有针对性地改善。但在这方面，相关部门还需要给予公众更多的信心。

有网友批评，"仗打了几天，却不知道总指挥是谁？"这不是网友吹毛求疵，而是希望看到权威、有序的善后，这是避免"次生灾害"、认识"血的教训"的关键。如何及时正确地面对舆论，应是安全管理的预案内容，应有制度化规定。天津爆炸在这方面同样暴露诸多问题。

追责不仅是为了给无辜遇难者一个交代，也是为了完善制度，给今后的安全生产一个更好的保障。

一个企业和它所处的外部环境甚至整个社会都有着千丝万缕的联系，它们的行为将会对整个社会产生重大影响。因此，所有企业在如火如荼地开展经营业务的同时，都应该关注自己的业务行为是否有悖于其应负的社会责任以及应遵循的伦理道德规范。

2.1 企业的外部环境

所有的管理人员，不论他们是在企业、政府机构、慈善机构或大学，都必须在不同程度上考虑到外部环境的各种因素和力量。他们不大可能改变这些影响因素，除了应对别无选择。他们必须对可能影响企业运作的外部力量加以确定、评估并做出反应。

管理人员是在一个充满着代表不同利益群体的多元社会中从事经营活动的。每一个群体都会对其他群体产生影响，但没有任何一个群体能够产生超越性的影响力。组织外部有许多利益相关者，其目标各异，管理人员的任务就是要协调这些目标。对企业经营产生影响的外部环境因素主要包括以下几个方面。

1. 技术环境

技术是指人们做事方式、方法的知识的总和。技术环境会对企业经营的方式和方法、生产、设计、营销和服务产生影响。如今，一个企业如果不在其战略上融入日新月异的技术，几乎不可能成功。新技术提供了管理和通信的新方式，计算机化的管理信息系统（MIS）提供了大量必要的信息，计算机管理生产和记录缺陷，电信技术允许大家在不同地方举行会议。

技术对企业经营产生的最典型的影响莫过于在通信方面。多年前，美国电话电报公司（AT&T）被迫分解为几个小公司，因为美国政府认为长途电话不再具有垄断能力，微波技术使长途电话可以通过空气传输，就像之前的无线电收音机。目前的技术正在融合电话和有线电视。因此许多主流的通信公司正致力于和有线电视公司合作以取得更坚实的立足点，如GPS全球定位导航系统在各个领域的应用。

2. 生态环境

管理人员在做决策时必须要考虑生态环境。生态环境是指人与环境中存在的其他有生命的东西之间的关系。例如，土地、空气和水等都是生态环境（自然环境）的组成部分。土地可能被诸如外包装材料等工业废品所污染，水可能被有毒废品和污水所污染在我国很多地方，上游一些造纸厂、皮革厂或化工厂排放的污染物对下游的水源产生了很大的影响，以至于下游地区的居民得癌症和各种怪病的比例都比过去要高得多。

许多环境专家预言我国目前经济的发展将会让子孙付出惨重的代价，因为下一代将要花大量的代价去治理污染日益严重的环境。1986年4月26日，在乌克兰基辅市以北130千米的切尔诺贝利核电站，一个机组核反应堆爆炸，造成8吨多强辐射的核物质泄漏，周围5万多平方千米土地受到直接污染，320多万人受到核辐射侵害。这是有史以来最严重的核泄漏事故，也是人类利用核能的一大悲剧。事故发生后，发生爆炸的4号机组被钢筋混凝土封存，电站30千米以内的地区被定为"禁入区"，即所谓的"死区"。

为早日走出切尔诺贝利的阴影，各受灾国都做出了巨大努力。乌克兰在核事故发生后的

20年内已投入150亿美元用于救灾工作。2012年，乌克兰为切尔诺贝利核电站发生事故的4号核反应堆建造新"石棺"，耗资达9.35亿欧元（约合78亿元人民币）。2014年8月2至4日，"石棺"下半段在地面组装完毕后，被顺利提升至33米高，这是应对核泄漏事故长期处理规划新安全限制（NSC）的重要里程碑。拱门的第二部分包含大量钢架构，必须在整个部分完工之前送至地面。乌克兰为切尔诺贝利核电站建造的新石棺拟使用100年。白俄罗斯政府建立了覆盖全国的核辐射监测网，在未受污染的地区为动迁居民新建了239个配有完善生活设施的村庄。受严重污染的1000多平方公里土地被划为核生态自然保护区，不许人居住，只能开展核生态研究。曾参加当年核事故抢险工作的近12万人享受特殊的医疗照顾。国家为因核辐射致残者提供免费医疗和生活补贴。

从上述案例可以看出，生态环境与企业的发展存在着相辅相成的密切关系。企业源源不断地从其生存的自然环境中获取大量不可或缺的资源，而企业的经营活动如果忽视了生态环境这个重要因素，使生态环境遭到严重破坏，最终将会为此付出更大的代价，以使环境恢复到一种正常的状态。

3. 政治环境

国家对企业的相关政策既可能为企业发展提供机会，又可能给企业施加相应的压力。例如，我国农村普遍实行的承包制，实践证明取得了良好的效果，但当初如果没有国家政策的允许，也许至今还未被实施。政府通过税收法律、经济政策和国际贸易规则来影响企业行为。例如，国家如果试图在某一阶段发展某种经济形态，就会制定有关这一经济形态的一些优惠政策，如对民营企业、外资企业的优惠政策都属于这一范畴。而且像波音公司、麦克唐纳·道格拉斯（麦道）公司这样一些大型飞机制造公司一直从美国巨大的国防预算中获益，但随着政府订单的不断减少，他们都纷纷转向民用市场。

4. 经济环境

（1）宏观经济走势。企业所处国家和地区的经济走势具有总体性的规定、裹胁和控制作用，这方面的突出表现就是经济周期波动对企业行为的超常干预。任何一个国家和地区的经济发展都不可能是一条长期持续上升的直线，而是呈明显的周期波动的，每一次经济波动都对企业发展产生重大影响。值得注意的是，随着全球经济一体化进程的日益加剧，国内企业行为受国际经济大环境的影响空前扩大，无论是国际经济关系、国际经济秩序，还是国际经济走势与国际经济贸易争端都会影响企业行为。例如，2008年全球性金融危机的爆发引发了部分企业经营困难，就是一个典型案例。

（2）市场状况。市场是企业生存的空间和生命线，市场环境状况一般总是直接引导和左右着企业的行为选择。首先，市场需求是企业行为的向导和归宿点。需求决定供给，企业要生存和发展就必须捕捉、把握和满足市场需求，以市场需求来配置资源，由此也就决定了市场需求的具体结构、强度、容量、走势对于企业行为的重大诱导、促成和控制作用。其次，市场竞争格局对企业行为具有激发和择优作用。竞争是市场经济的基本规律和基本要求，企业要在竞争中取胜，关键是要形成自己的竞争优势，诸如比竞争对手更好的产品、更优的服务、更有效的营销策略等。市场竞争越激烈，对企业的压力、激发作用就越大，它会转化为企业进行行为创新和优化的强大动力。最后，要素市场的供求关系也对企业行为产生多方面的影响。企业的正常运行需要不断购买各种生产要素，如设备等，所有这些生产要素的市场供求关系会直接影响企业行为的成本和效益。

（3）国家的经济政策。国家的经济政策是企业行为的硬约束，它会对企业行为产生制度化的规范和调节作用，如国家的税收政策会决定企业的成本与负担，金融政策会规定企业的融资方式与代价等。

5. 社会环境

社会是指由一定的经济基础和上层建筑构成的整体。社会的构成要素包括社会制度、意识形态、政府组成及运作等。各社会要素之间会产生千丝万缕的联系，从而构成了社会环境。社会环境影响企业的方式之一是社会人员的状况，人口增长影响着劳动力的规模和组成。其他的存在于社会中的许多问题都会对企业经营产生各种各样的影响。

2.2 管理人员的社会责任

20世纪初期，企业的使命纯属经济行为，而今天，由于社会中许多集团在一定程度上的相互依存关系，使企业更多地参与社会活动。原本只同企业有关的社会责任，现在也越来越多地涉及政府、大学、非营利基金组织等。这就向管理人员，尤其是企业高层管理人员提出这样一个问题：为履行社会责任，他们在做些什么？他们为什么不能更多地承担一些社会责任呢？下面将通过一些对管理人员社会责任方面的相关关键词的阐述对上述问题进行讨论。

1. 社会责任和社会反应

企业的社会责任就是要认真地考虑公司的行动措施对社会的影响。到目前为止，对企业参与社会活动的争议仍在进行。

社会反应是指一家企业以对自己与社会彼此有利的方式，把公司经营活动即政策方针同社会环境联系起来的能力。

社会责任与社会反应之间的主要差别在于后者更注重行动措施和"企业怎样做出反应"。

互动环节：企业参与社会活动有何利弊？

赞成企业参与社会活动的人认为，企业参与社会活动有以下有利之处。

（1）公众的需求发生变化，导致期望值改变。既然企业经营得到社会的认可，那么它就应该对社会的需求做出反应。

（2）创造更为良好的社会环境对社会与企业双方都有利。因此，社会活动需要企业的参与。

（3）企业拥有大量的权力，本应承担相应的社会责任。

（4）现代社会是一个相互依存的系统，企业的内部活动会对外部环境产生影响。

（5）企业通过参与社会活动创造一个良好的公众形象，使其能吸引顾客、员工和投资者。

（6）企业拥有各种资源，企业应该让其人员，尤其是有才干的管理人员和专家去解决一些社会问题。

反对企业参与社会活动的人认为，企业参与社会活动有以下不利之处。

（1）企业的首要任务是严格从事经济活动，以实现利润的最大化，企业的社会化有可能降低经济效益。

（2）归根到底，社会必须因企业的社会参与付出很高的代价。企业参与社会活动可能会使企业负担过量的成本，从而使企业无法调配资源用于社会性活动。

（3）企业参与社会活动可能造成国际收支平衡能力下降。企业实施社会计划的费用可能会被企业加到产品价格中去，这样，在国际市场上从事销售的公司就会处于不利地位，而与他们竞争的其他国家的公司却不必承担这类社会成本。

（4）企业拥有足够权力，而额外的社会参与会进一步增强其权利和影响。

（5）企业界人士缺乏处理社会问题的技能，他们所接受的培训和经验与经济密切相关，因此他们的技能不一定适用于处理社会问题。

（6）目前缺乏企业对社会应负的相关责任，除非这些社会责任得到完善，否则，企业不应该参与社会活动。

许多事例说明，只有依靠政府颁布法规才能实施社会变革。然而，许多企业和其他部门的管理人员发现，做一些解决社会紧迫问题的工作对他们是有利的。例如，许多企业从过滤大烟囱的污染物和出售、利用这些回收废料中赚了钱，有些公司因在平民区建造低成本公寓住房而获利。换言之，企业为解决社会问题做出贡献并不一定意味着净支出。

2. 反应和预先反应

生存在一定环境中并对之做出反应，并不意味着管理人员仅在面临压力时才做出反应。由于企业不能对社会意料之外的事态发展迅速做出反应，因此企业必须通过预测来预见事态的发展，如一家对事态反应敏捷的公司在没有推出新产品之前，不会坐视产品过时和销售额下降。同样，一个政府机构不会在找到实现其目标的其他办法之前就坐视法规过时和丧失信誉。任何企业都不应该坐视问题的发展而事先不做好面对问题的准备，预先反应是计划过程中的一个关键环节。

2.3 管理的伦理道德

韦氏第九版《新大学词典》把伦理道德定义为：一个探讨好与坏的是非问题以及讨论道德责任与义务的学科。企业伦理道德涉及真实与公正原则，有着诸多的表现形式，如社会期望值、公平竞争、广告、公共关系、社会责任、消费者自主权、企业的行为等。

1. 伦理道德理论

在各类组织中，管理人员在信息、影响力和资源方面进行竞争，在选择目标与实现目标的手段方面都存在冲突的可能，采用何种标准指导伦理道德行为的问题变得尖锐起来。

在规范的伦理学领域中已经形成3种基本的道德理论：第一是功利主义理论，提出计划和行动应由结果来评价，其基本指导思想是计划和行动应该尽可能地给大多数人提供尽可能多的好处；第二是基于权利的理论，主张所有人都享有基本权利，如思想自由、言论自由、正当法律行为等；第三是公正理论，要求决策者以公平、平等和公正为指导原则。

温州家族企业的发展可以说是一个典型的关于诚信的例子。温州人不会忘记，多年前，温州冒牌劣质鞋充斥市场，导致上海、杭州等十几个城市火烧温州鞋，大小商场贴出安民告示："本店无温州鞋"。温州一时成了假冒伪劣的代称，其市场损失无法计算。最可怕的是，其后若干年，尽管温州人做了很多努力，付出巨大代价，但至今都没能完全挽回当时造成的恶劣影响。

2. 伦理道德的制度化

在各类组织中，管理人员在信息、影响力和资源等方面竭尽全力，采用各种手段进行竞争，有些手段是合理合法的，而有些却违反了基本的道德规范，从而产生众多丑闻，这种现象在国内外的企业中可以说都层出不穷。在报纸上会经常看到国内外的一些财经丑闻，如雀巢公司生产的奶粉掺入了不利于人体健康的成分。创立于1913年、总部设在芝加哥的安达信，是全球五大会计师事务所之一。它代理着美国2300家上市公司的审计业务，占美国上市公司总数的17%，在全球84个国家设有390个分公司，拥有4700名合伙人，2000家合作伙伴，专业人员达8.5万人，2001年财政年度的收入为93.4亿美元。就是这样一个强盛的企业，与美国最大的能源公司之一——安然能源公司（以下简称安然公司），共同做假账，欺骗消费者，结果败露，两家在各自行业中的巨无霸型公司都已宣告破产。

安然公司是1985年由休斯敦天然气和北方天然气公司合并而成的，主要从事电力和天然气的交易业务，安然公司在股市上曾显赫一时，1997年还只有17美元，可是到了2000年，这只股票神奇地飙升到了90美元的高位，令投资者们暗暗称奇。而且安然公司每个季度的盈利都增长迅速，接连翻番，还曾被著名的财富（Fortune）杂志评选为美国企业500强，2001年度第七位。安然公司的突出表现引起了美国证券管理委员会的注意，能源业务只占该公司盈利的13%，那么其余的盈利又是怎么回事呢？后来的调查发现，安然公司在过去的5年中财务严重作假，通过虚报5亿美元盈利的方法实现了飙升神话。如今这家靠作假支撑了多年的公司已经于2001年宣告破产。安然公司的财务丑闻使众多投资者遭受了严重的经济损失，并引起大批职员失业，美国企业也因此陷入诚信危机。安然公司拖欠债权人的债务额约为670亿美元，对于每1美元的债务，债权人有望获得14.4~18.3美分的清偿。但这一数额大大低于公司破产后债务清偿的平均水平，大概只相当于安然公司多数债权人预期偿额的一半。

安然公司破产也使许多大银行受到牵连，其中JP摩根公司和花旗集团因涉嫌通过设计复杂的财会计划替安然公司掩盖债务而受到美国证交会的调查。

随后美国又爆出了一系列重大财务丑闻，美国有关部门制定了新的法规并加大了监管力度，以图恢复民众信心。

上述丑闻的揭露从一定程度上说明了美国法制的健全和完善，这是不是意味着，这批过去几个月来在财经版面上频频曝光的不负责任的公司领导最后都会锒铛入狱呢？虽然会有更多的起诉，其中一部分也会有结果，但调查骗子公司是一场极具风险的游戏。监督公司的法律非常模糊，陪审团要理解抽象的金融概念也很困难，而有专人出谋划策的公司领导们则有的是规避责任的伎俩。安达信的案子说明了政府日后将会面临的困难。联邦政府差点输掉这场官司，尽管他们有内部知情人、脉络以及目睹安然垮台整个细节的陪审团。哥伦比亚大学法学院教授约翰·科菲说："经过安达信的案子之后，没人会再说什么案子稳操胜券这样的

第2章 管理与社会

话了。"此外,许多激起民愤的权力滥用竟然全都是合法的。公司可以交出一些完全符合公认会计准则的误导性财务报表。而且只要董事会同意,高层领导们就可以在不违反任何法律的前提下获得巨额的收入和大量的特权。由于监督公司行为的法律都很薄弱,刑事或民事诉讼根本无法完全替代规范改革,不管"白宫"的决心有多大。

大公司都聘有许多律师,他们擅长创建那些能使最高领导们免罪的文件。过分的行为都通过各种净化形式变得合法了,这些净化形式有:为有问题的决定作证的档案备忘录,董事会的批准通过,外部律师和会计师的授意许可。即使首席执行官或首席财务官促使培育了腐败的企业文化,他们仍可以找到合理的理由声称毫不知情。

由此看来,要想使企业的经营活动符合道德伦理的规范,光靠提倡遵守企业伦理道德规范还远远不够,下面举的案例也许有些不可思议,但它从一个方面反映了在德国,一个人如果诚信缺失将要付出怎样的代价。

一个夜晚,天下着小雪。有个德国人抱着侥幸心理驾车闯了红灯,结果被一个睡不着觉的老太太发现。没隔几天,保险公司的电话就到了:"你的保险费从明天开始增加1%!"

"为什么?"

"我们刚刚接到交通局的通知,你闯了红灯。我们觉得你这种人很危险,所以保险费要增加1%。"

这个人心想,那我就退保,去另外一家保险公司投保。但当他找到别的保险公司时,那家公司也要求他的保险费比别人多1%。原来,全德国的保险公司通过网络都知道他有一次闯红灯的不良记录,所以每一家保险公司都会增加他的保费。

没过多久,他的太太也问他:"老公,银行突然通知我们购房的分期付款从15年改成10年,到底发生了什么事?"

"实在对不起,因为我前几天闯了红灯。"

太太生气地说:"啊!闯红灯?我们家已经没有钱了,你还做出这种事情?你自己想办法吧!"

不久,他的宝贝儿子从学校回来:"爸爸,老师叫我把学费用现金送过去,说不能分期付款了。"

当儿子得知这一切都是因为爸爸闯红灯造成的时,感到不可思议:"啊,爸爸你闯红灯?难怪同学们都笑我,下星期我不想去学校了,真丢脸!"

由上述案例可以看出,仅仅对伦理道德规范进行表述不足以确保实施,一方面,政府还需要加强法律规范的建设,从法律上对企业的伦理道德进行规范管理;另一方面,企业的管理人员,尤其是高层管理人员有责任来创造一种组织环境,以伦理道德制度化方式来促成理性决策。这就意味着,需要将伦理道德理念与日常经营活动结合起来。

根据一项研究项目所收到的反馈意见,提高伦理道德标准最主要的两个因素是:①曝光和宣传;②信息灵通的公众日益增长的关注。为了使伦理道德规范生效,必须制定实施规范的条款。不良伦理道德的管理人员应当对他们的行为负责,尽管实施伦理道德规范并非易事,但只要有这个规范,就能够通过清晰的期望值来提高管理人员的伦理道德行为。另外一个能够提高伦理道德标准的因素就是在高等院校中进行伦理学和价值观的教育,使未来的企业经营者尽早形成规范的伦理道德观念。

思 考 题

1. 在当今复杂的商业环境中有哪些商业机会？请具体说明。
2. 就环境管理问题采访一位商业人士，并在班上做报告。对这位商业人士的观点做出评价。
3. 找出并讨论一些地球悲剧的例子，与班级同学讨论如何才能避免这些悲剧。
4. 想想目前有哪些公司在环境方面拥有最好或最坏的名誉？他们为什么会获得这些名誉？
5. 讨论你所在的环境中目前在回收利用方面所做的努力。作为消费者有什么期望？会出现什么样的商机？
6. 同学或身边的其他人正在对环境做些什么？有什么建议？
7. 企业管理人员的主要社会责任是什么？政府部门管理人员的主要社会责任是什么？在过去一些年中，这些责任是否有变化？是怎样变化的？
8. 为什么说企业的外部环境对所有管理人员都非常重要？管理人员能否免受外部环境的影响？
9. 选择并阅读相关管理杂志或网站上发表的有关伦理道德问题的一篇文章，将全班分成小组，用本章所涉及的伦理道德理论来分析文章中的问题。

案例资源

上海福喜为多家食品企业提供过期食品原料

上海福喜食品有限公司（以下简称福喜公司）成立于1996年4月4日，其母公司美国福喜集团是一家在全球17个国家拥有50多家食品公司及工厂的国际化食品集团，集团总部位于美国芝加哥。福喜公司是美国福喜集团在中国投资的第二个国际标准的肉类、蔬菜加工企业，拥有一条鸡肉加工生产线、一条牛肉/猪肉加工生产线。

2014年7月20日，据上海广播电视台电视新闻中心官方微博报道，福喜公司被曝因使用过期劣质肉而被调查。

福喜集团的全球主要客户包括麦当劳、肯德基、必胜客、东方既白、小肥羊、卡夫食品、沃尔玛、雀巢、星巴克、棒约翰、吉野家、德克士、7-11、星期五餐厅、汉堡王、美其乐、赛百味、宜家、华莱士、达美乐等，此事一出，一批国际知名快餐品牌纷纷中枪。

调查表明：福喜公司涉嫌有组织实施违法生产经营行为。同时，主要涉案食品已基本锁定，分别为2014年6月18日及30日利用过期原料加工的麦乐鸡、烟熏风味肉饼以及利用过期和霉变的牛肉加工的小牛排，共计5108箱。

2014年7月22日，在上海市食品药品监督管理局（以下简称上海市食药监局）和公安调查组的约谈中，福喜公司相关责任人承认，对于过期原料的使用，公司多年来的政策一贯如此，且"问题操作"由高层指使。

随着调查深入，福喜事件又生出了新的疑点，根据上海电视台记者暗访获得的线索，福喜公司在厂区之外还有一个神秘的仓库，专门把别的品牌的产品搬到仓库里，再换上福喜自己的包装。

随即福喜全球主席兼首席执行官谢尔顿·拉文向上海市食药监局报告福喜总部对福喜事件采取的整改措施，表示公司将严格遵守中国法律配合调查，全面承担责任。

2014年7月30日，上海市食药监局再度约谈福喜集团具体负责中国投资运营的主要负责人、福喜全球高级副总裁兼亚太区总经理艾柏强等，责成福喜总部配合监管部门深入调查，主动配合有关部门推进案件查办工作。

2014年7月30日，汉堡王美国宣布，该公司全面停止向美国福喜集团中国子公司的采购。

事发后，国家食药监总局发布消息，部署全国各地立即彻查福喜公司问题食品，封存福喜公司所有原料和产品，对企业的违法违规行为要追根溯源，一查到底，严肃查处。国家食药监总局还要求各地食药监管部门全面彻查欧喜投资（中国）有限公司（上海福喜食品有限公司投资方）在河北、山东、河南、广东、云南等地投资设立的所有食品生产企业；迅速对使用福喜公司产品的餐饮服务单位进行全面突击检查，责令餐饮服务单位立即停止销售、使用并就地封存福喜公司生产的所有食品。

无论一个品牌快餐连锁店在母国或其他国家执行多么严格的食品安全标准，信誉有多高，作为流入地，如果不对其进行有效监督，他们一样会慢慢地"变质"，变成不守规矩的"坏孩子"。这些"过期变质肉"凭什么优先给中国消费者食用？是我国食品安全法规不管吗？当然不是。现行的《食品安全法》第二十八条明文规定，禁止生产经营"腐败变质""污秽不洁"的食品。

除了企业责任外，政府监管是否落实到位也是值得深思的问题。有关专家就该事件表示，靠企业监管确实难以达到预期效果，应该加大政府监管力度，从源头抓起。监管部门判断食品企业的所作所为是否合规以及行政监管的依据，是以企业是否具备符合标准的管理体系为标准的。但目前，似乎我们的食品安全体系等标准终究只是白纸、文字。

"标准化"的"化"才是保证产品质量和食品安全的核心问题。如何将"化"落到实处？一位有过食品安全执法经历的标准化专家在接受媒体采访时表示，这需要依法建立健全食品安全监管的长效机制，需要依法对监管者实施责任问责。当市场能够靠有效的机制良性运转起来，当"标准"从文字变成行动后，消费者的餐桌安全才会真正有保障。

思考题

1. 根据福喜公司的诚信缺失行为，分析不同的道德观是如何影响决策制定的。
2. 上海"福喜"事件说明一个公司的行为将会对社会产生哪些方面的影响？
3. 社会环境对公司竞争地位和合法性的影响有哪些方面？

实践教学环节：案例分析的方法和技巧

1. 案例分析的原则

1）实际

现实中不存在完整的案例，也没有任何案例可以提供进行分析、提出建议所需要的全部信息。同样，决策者在进行决策时也不会有进行决策所需要的全部信息。因此，在进行案例分析时，要对未知事件做合理的假设，并明确地陈述这一假设，同时做出恰当的分析与决策，关键是假设要尽可能切合实际。

2）有据

案例分析的最重要之处不在于提出怎样的观点，而在于如何收集论据支持这一决策，又如何实施这一决策，要给观点提供充足的论证。

3）现实

要避免提出超过组织能力的行动方案，要切合实际。要估算实施建议需要多少资金，要确保建议可行，在进行案例分析时不要忽略一切不利于建议的论点和信息。相反，应指出几个可行性方案的优、缺点，要努力证明论证的合理性和客观性。例如，针对学生在案例课时阅读案例不方便的特点，教师提出建议给每人配一台计算机，这明显是一个异想天开的、不现实的解决方法。

4）具体

不要做诸如"公司应当采取渗透战略"这样笼统的概括。要具体说明做什么、为什么做、何时做、如何做、在何处做以及由谁做这样的问题。

5）创新

案例分析的目的在于使提出建议者考虑现时与企业相关的所有事实与信息，提出各种可行的方案，对它们进行选择，并捍卫他们的建议。将自己置身于当时决策者进行战略决策的场景中，基于当时可得到的信息，设想会如何做。

2. 案例教学简介

案例教学方法与传统的讲授方法非常不同。在讲授教学中学生只需很少的，或根本不需要课前准备。而在案例教学中以学生发言为主，教师则提出问题，鼓励学生进行分析和交流，从而促进课堂讨论。要准备沿着这样的思路进行讨论：你将做什么？为什么这样做？何时做以及如何做？从案例中寻找论据来支持自己的论点和判断。不要畏惧反对意见，要乐于向同学们陈述建议。应尊重他人的观点，但当可以论证一个更好的方案时，要敢于反对多数人的观点，这也是一种创新，基于事实的有理有据的创新。在课堂上讨论案例是令人兴奋和具有挑战性的事情，要避免做一个沉默的观察者。

3. 案例教学步骤

（1）课前准备：提前两周通知学生案例讨论的主题，并给学生分组，每组人数不超过7人，并指派一名组长负责相关的组织工作，将案例提纲的电子版通过邮件或其他形式发给每组组长，同时布置每个小组到网上或图书馆查询相关资料，在团队充分合作的基础上准备好提纲、课件、案例宣讲的形式，同时指派一名代表届时到讲台上做案例宣讲，其他小组作为评委给宣讲者打分。通过此过程锻炼学生的组织协调能力、信息处理能力和制作书面资料的动手能力。

（2）宣布规则：进行案例宣讲前宣布相关规则，如时间要求、评分规则、方法等。

开始案例宣讲：要求学生根据事先所做的准备在规定的时间内就案例中的某个问题发表本小组的观点并进行论证，这个过程可以对学生的口头表达能力、逻辑能力、使用转换能力、承受能力等进行很好的训练。

口头宣讲通常按两部分进行评分：宣讲内容和宣讲效果。宣讲内容包括案例分析的质量、数量、正确性和恰当性，是否包括了主要问题，是否具体而不笼统，是否有错误，提出的建议是否具有可行性。宣讲效果的评判则包括是否吸引听众、观点陈述是否有说服力，以及语调、目光及姿态是否恰当等。只有通过明确的表述说服他人，精彩的观点才有价值。

（3）教师点评：通过点评对每个小组的案例宣讲进行必要的激励、指导和控制，从而使案例宣讲能按确定的导向进行下去，从而最大程度达到教学目标。

（4）反馈：以热情的语言和掌声给取得好成绩的小组和学生以充分的肯定，以此激发学生参与活动的兴趣和积极性。同时对本班各小组以及平行班之间的案例宣讲情况进行综合评点，从而帮助学生横向、纵向了解此次案例宣讲的成绩与不足，以便在以后的案例宣讲中加以积极有效地改进。

4. 口头表达技巧

口头表达技巧测试（请学生判断是否正确）：

（1）发言分为三部分：闪光点、介绍和结尾。

（2）因为你是专家，让听众参与到发言中就不是好主意。

（3）在发言过程中，不要道歉。

（4）穿着舒适得体能减少焦虑。

（5）当一位上校面向普通百姓发言时，他应避免使用军事专业术语。

（6）因为手势可能造成理解混乱，所以避免使用它。

（7）充满激情的发言会使人质疑。

（8）空间关系学利用肢体语言来传达信息。

（9）你不必到会场去检查设备的性能，因为那是主办人的责任。

（10）准备时，大声练习是有害的，它会使你在真正发言时迷失。

（1）错；（2）错；（3）对；（4）对；（5）对；（6）错；（7）错；（8）对；（9）错；（10）错。

如果在口头表达方面存在问题，可从以下几方面加以改进。

1）控制怯场

怯场是一个很正常的反应。几乎每一位演讲者都不同程度地经历过怯场，尽管怯场从未完全消失过，但演讲者也能学会控制胆怯，从而使发言更完美。以下是克服怯场的一些建议。

（1）对自己的准备材料要了如指掌。充分的准备能给人自信，因为你比听众知道得更多。例如，让一个非常爱好篮球的同学谈谈篮球，就算他不是一个健谈的人，他谈得也一定比其他方面好。

（2）让听众参与。把注意力从演讲者转到听众中，营造一个更轻松的谈话氛围，不要为了演讲而演讲，而要想到能带来什么样的效果。

（3）目光和听众保持接触。从广义上讲，听众包括所有沟通的对象，当你演讲时，听众是在座的同学；当你应聘时，听众就是应聘主管；当你将来当了管理者或业务员时，听众就是你的下级和客户。不管是什么样的听众，都应该和别人保持适度的目光接触，因为目光接触能加强听众的参与，能让听众觉得说话者是在跟他说话，并且是真诚的。最有效的方法是目光随意地停留在一位听众身上一会儿。

(4) 放松。在发言前一定要放松，不同的人有不同的放松方法，有些人采用深呼吸，有些人想象自己进行发言时成功的情景，还有些人采用放松肌肉的方法。

(5) 使用自己的风格。每个人都有自己独特的风格，不需要模仿他人，但可以从他人那里借鉴一些技巧。

(6) 带点幽默感。幽默是演讲中的调料。优秀的演讲人和有吸引力的演讲内容只有加上恰到好处的幽默才能创造出成功的演讲。所以当遇到怯场心理的袭击时，不妨用"幽默"化解，在听众轻松的笑声中"解脱"自己。

2）计划和准备

一旦能够控制怯场情绪，发言的成功与否就取决于事先的准备时间了。要避免篇幅过长、过细、内容混乱、模糊不清、无聊或离题。下面的步骤将帮助演讲者做好准备工作。

(1) 确定目标。首先也是最重要的一步，是明确发言的目的和原因。目的就是想得到的发言效果。明确发言的目的，要问自己3个问题。

① 发言目的：劝说某人？教授某人？解释某事？报告某事？

② 发言结束后，我想让听众知道什么？

③ 我希望听众有什么感受？

(2) 分析听众。明确目标后，为听众量身定做发言，使之适合听众口味。

(3) 组织发言稿。发言中最有力的是什么？想让听众接受的是什么？确定了上面两个问题，就开始组织发言提纲，使它支持"闪光点"。当然，发言的内容可以包含几个方面的意思，但它们都应有助于强化主要观点。准备发言稿时应注意以下几点。

① 设计一个有趣的开场白。应该吸引听众的注意力使他们听你讲，以听众十分感兴趣的话题抓住听众。可以讲一个与主要观点密切相关的有趣故事或事例，引用名言警句或令人震惊的数字，或者恰当地使用幽默。

② 说明时间安排。先告诉听众将要讲什么，接着讲什么，最后回顾所讲过的，并总结归纳出或再次强调观点。

③ 主要内容。当吸引住听众的注意力后，就应该以最直接、最有趣的方式阐述要讲的内容，在组织内容时应注意：开头和结尾的内容比中间记得要清楚，注意力只能持续很短的时间，然后慢慢减弱。

④ 控制发言节奏。每过一段时间停顿一下，使听众重新集中注意力。可以适当使用幽默、讲一些故事、做一些练习，要求听众活动身体等。

⑤ 加深听众记忆的技巧。第一，重复，主要观点要反复强调，确保听众正确掌握和记牢；第二，利用故事和事物的相似点将观点和听众了解的东西联系起来（尽量举恰当的例子说明观点）；第三，利用声音的抑扬顿挫抓住听众的注意力；第四，让听众沉浸在演讲者的发言中，可以使用提问、手势、声音效果和其他任何能抓住听众注意力的方法。

(4) 练习和想象成功：如果可能，最好进行一些排练，在课堂上没机会排练，可以在心里默念，不要试图记住发言稿的全部内容，那样声音会很僵硬，使人觉得你在背诵和朗读而不是在发言。最后一步是想象进行发言时成功的情境。奥林匹克运动员经常通过这种方法达到最佳状态。研究表明，想象练习和真正的练习有同等效果。想象一个成功的结果能使你有机会体验成功，使发言时更自信。

3）演讲方式

计划和准备虽然必要，但不能确保成功。无论文章结构多么合理，内容多么富有逻辑，但如果发言时表现糟糕，也注定要失败。下面的方法对提高表达有所帮助。

（1）充满激情。只要听众能从发言人的言谈举止中感受到他的激情，他们也会忽视他的不足。充满激情的介绍能调动听众的兴趣，去了解为什么他会如此充满激情。发言时，就好比在跟朋友进行愉快的交谈，要避免大声喊叫或说教。

（2）保持目光接触。前面已经讲过，就不再强调了。

（3）恰当进行肢体活动。肢体活动能保持听众的注意力，它能起到强调重点、建立融洽关系和传递信号的作用。在这一点上，变化是关键，可以时而站，时而动，时而说，时而听，时而打手势。靠近听众和与某些听众建立默契。当面向全体听众时，要退回原位。

（4）使用恰当的手势。避免使用能分散听众注意力的手势，如使钥匙叮当作响、手指缠绕头发（主要是女生）等。恰当的手势是自然的，它能强调演讲者的发言。听众少时，面部表情和手势变化要小。听众多时，手势要夸张、戏剧化。

5. 成功进行案例分析的提示

（1）将案例分析和宣讲看做一件产品，它必须具备有竞争力的特色，以便使它不同于并优于其他同学的案例分析。

（2）如果不能向听众传达，再好的思想也会被浪费掉。因此在形成想法的过程中，要考虑到如何取得最佳的表现效果。

（3）对听众要保持积极的态度，要以工作的态度而不是应付的态度来对待问题。

（4）在准备过程中反复阅读案例，以免漏掉细节。

（5）要有幽默感。

（6）要形成鼓励参与小组活动和鼓励互相影响的氛围。不要过于匆忙地评判小组成员。

（7）要充分利用每一次难得的机会发表自己观点，因为其后可能要等上若干年才能有在企业中发表决策建议的机会。

（8）简洁、流畅的表达会使发言大为增色。

第2篇 计划工作

第3章 关于计划的一般理论

 学习目标

学完本章节,应该了解以下要点:
1. 计划的概念;
2. 计划的类型以及各类计划之间的相互关系;
3. 制订计划的基本步骤;
4. 关于计划的几种见解的辨析;
5. 计划的方法。

 引导案例

华为技术有限公司(以下简称华为)创建于1988年,2014年华为销售收入实现2879亿元人民币,在世界500强中排名285位,比2013年的第315位又提高了30位。2014年智能手机销量7500万部,排名世界第三。随着经营业务的迅速发展,华为的国际化战略进程也在持续进行。

华为的国际化过程是从易到难的,采用的策略是"农村包围城市,最后夺取城市"。在企业国际化的进程中,开始阶段企业没有进出口经营权,也没有从事国际商务的经验,所以很难接到订单。因此,华为首先与深圳的近郊香港的电信企业合作,然后在发展中国家开拓市场,在这个过程中促进了华为产品和服务质量的提高,使其更加接近国际标准。

2000年之后,华为逐步开拓市场,在泰国、马来西亚等亚洲国家和非洲区域都取得了良好的业绩。在此之后,华为才开始向发达国家进军。

综上所述,华为在国际化过程中的策略是"农村包围城市,最后夺取城市"。

华为公司从1997年开始系统地引入世界级管理咨询公司,建立与国际接轨的基于IT的管理体系。在全球市场的管理与组织手段上,华为全球化的IT体系有效地支持华为业务运作;IT支撑系统建设的指导思想是,华为的办事处开到哪里,IT的通信专线就铺到哪里,华为的各种通信管理系统就延伸到哪里。办公、财务、物流、管理等方面的IT化,是华为能在总部的统一指导下,有序进行各个国家市场拓展的原因之一。华为已经在海外建设了50多个通信网络节点,并在独联体、亚太、拉美、中东北非、欧洲、南非等区域设立了大区的服务器,基本形成了覆盖全球的广域网络体系。在集成产品开发(IPD)、集成供应链(ISC)、人力资源管理、财务管理、质量控制等诸多方面,华为与IBM、Hay Group、PWC、FhG等公司展开了深入合作。经过多年的管理改进与变革,以及以客户需求驱动的开发流程和供应链流程的实施,华为具备了符合客户利益的差异化竞争优势,进一步巩固了在业界的核心竞争力。

管理学原理与应用（第2版）

作为一家非上市公司，华为筹集资金最有效的思路，显然就是"孵化一条能赚钱但是与主营业务关系较疏远的产品线——合资或者独立——卖掉或上市"。与此同时，华为的"门户"逐渐开放。曾有研究华为的专家公开透露，任正非做大华为的想法是，与世界级企业建立整体的战略资本关系，让华为在国际化和向世界级企业迈进的道路上获得更全面直接的支持。华为试图通过"先私募引入战略投资者，再整体上市"的基本路径来借船出海、做大华为。2001年开始，华为广泛地与IBM、摩托罗拉、英特尔、马可尼、NEC等美国、欧洲、日本的国际大企业接触，打算出让25%~30%的股份，同时吸收5~6家企业投资入股并成为华为的战略合作伙伴。华为希望在完成私募后，去海外整体上市。为了平衡各方的利益并拥有控制权，华为设想每家战略投资者的持股比例均不能超过5%。任正非甚至亲自与IBM洽谈。华为只考虑策略投资者的资本会得到增值的合作，而没有考虑技术、市场交换方面的合作。而IBM当然认为如果是IBM占小股的合作模式，就必须和华为的核心业务的合作一起考虑才行。投资与业务和市场方面的合作不是分开的，而是连在一起的。

上述案例说明了计划的作用——不仅要在创造企业及建立一个竞争优势时起作用，而且也要维持优势，以对抗不断进入的竞争者。

3.1 计划的概念及类型

1. 计划的概念

要形成有利于员工努力工作的群体氛围，管理人员最主要的任务，就是要确保人人都能理解群体的使命以及实现使命和目标的方法。要使群体的努力有成效，其成员一定要明白群体期望他们完成的是什么。这就是计划工作的职能，而这项职能在所有管理职能中是最基本的。计划包括确定使命和目标以及完成使命和目标的行动，这需要制定决策，即从各种可供选择的方案中确定行动步骤。计划工作是一座桥梁，拉近了现在和将来之间的距离。

同时有必要指出，计划和控制是不可分割的，仿佛管理上的连体人，试图抛开计划进行控制的做法是徒劳的，这是因为，人们不知道他们要达到的结果是什么，而控制离开计划也一样是寸步难行。

综上所述，计划可以定义为：计划是关于组织未来的蓝图，是对组织在未来一段时间内的目标和实现目标途径的策划和安排。

2. 计划的类型

计划的类型很多，为便于研究和指导实际工作，有必要按各种方式对计划的类型进行分类。

1）按企业职能分类

计划按企业职能分类主要有生产计划、财务计划、供应计划、劳资计划、安全计划、人员培训计划等。这类计划的技术和方法是各类专项管理所要研究的内容。

2）按计划所涉及的范围分类

计划按其所涉及的范围分类可分为上层管理计划、中层管理计划、基层管理计划。通常上层管理计划与长期的战略性计划有关，中、基层管理计划与短期的战术执行计划有关。

3）按计划的内容分类

计划按其内容分类可分为专项计划和综合计划。专项计划又称为专题计划，是指为完成某一特定任务而拟订的计划，如基本建设计划、新产品试制计划等。综合计划是指对组织所做出的整体安排。综合计划与专项计划之间的关系是整体与局部的关系。专项计划是综合计划中某些重要项目的特殊安排，专项计划必须以综合计划作为指导，避免同综合计划相脱节。

4）按计划所涉及的时间分类

计划按其所涉及的时间分类可分为长期计划、中期计划、短期计划。长期计划往往是战略性计划，它是规定组织较长时期的目标及实现目标的战略性计划。短期计划通常是指年度计划，是根据中长期计划规定的目标和当前的实际情况，对计划年度的各项活动所做出的总体安排。中期计划则介于长期、短期计划之间。上述3种计划相互衔接，反映事物发展在时间上的连续性。

5）按计划的表现形式分类

计划按其表现形式分类可分为使命、目标、战略、政策、程序、规则、规划、预算等。

（1）使命或宗旨。使命或宗旨表明了企业的基本目的、作用或任务。各种有组织的活动，只要有意义，就应该有使命或宗旨。在各种社会系统里，企业具有社会赋予它们的基本职能或任务。例如，企业的目的是生产和销售产品，提供服务；法院的目的是诠释法律和执行法律；大学的目的是从事教学和研究。

具体来说，如杜邦公司的使命是"通过化学方法生产出更好的产品"。20世纪60年代，美国国家宇航局的使命是先于俄国人把人送上月球。

（2）目标或目的。目标或目的是指活动所针对的最终结果。他们不仅代表计划的重点，而且代表组织、人员、领导和控制职能所要达到的最终目的。

目标是在使命指导下提出的。它具体规定企业及其各个部门的经营管理活动在一定时期要达到的具体成果，从确定目标起，到目标分解，直至最终形成一个目标网络。目标不仅是计划工作的终点，构成组织全部计划的基础，而且也是组织工作、人员配备、指导与领导工作和控制活动所要达到的结果。

（3）战略。多年来，军队使用"战略"这个词，是指针对敌人可能或不可能做的事情而制定出来的总体规划。战略这个词通常含有竞争的意味，管理人员越来越多地使用它，主要反映在企业经营活动上。

战略是为了完成使命和目标而对发展方向、行动方针以及资源配置等提出的总体规划。战略是指导全局和长远发展的方针，它不是要具体地说明企业如何实现目标，主要是指明方向、明确重点和确定资源分配的优先次序。

战略是分层次的，如从事多元化经营的企业，其战略可以分为3个层次，即企业总体战略、事业战略和智能战略。由于企业间的直接竞争是在事业层次上展开的，因此事业战略又被称为竞争战略。

（4）政策。政策也是计划，因为政策是指导或沟通决策思想的全面陈述或诠释。并非所有的政策都是"陈述"，因为政策只是从管理人员的活动中含蓄地反映出来。例如，一个公司的总裁也许仅仅是为了方便，严格地遵循从公司内提升职工的做法，这种做法可能会被下属人员看做为政策而认真执行。实际上，管理人员特别要注意的是，一定要防止下属把那些不能作为惯例的管理决策理解为政策。

政策是指确定决策的范围，确保决策和目标保持一致，并有利于目标的实现。政策有助于事先确定问题的性质，不需要每次重复分析相同情况，同时把其他计划统一起来，使管理人员能够在向下授权的同时，仍然对其下属所做的工作实施有效控制。

（5）程序。程序也是计划。它规定了如何处理那些重复发生的例行问题的标准方法。程序是指导如何采取行动，而不是指导如何去思考问题。程序是按时间顺序对必要的活动进行的排列。程序是行动指南，而不是思想指南。因此，程序是详细列出必须完成的某类活动的具体方法。

制定程序的目的是减轻管理人员决策的负担，明确各个工作岗位的职责，提高管理活动的效率和质量。此外，程序通常还是一种经过优化的计划，它是对大量日常工作过程及工作方法的提炼和规范化。

程序和政策之间的关系。例如，公司政策规定可以给员工假期，为落实这项政策所建立的程序，将规定具体度假时间表以免造成工作混乱，确定带薪休假的工资额和支付办法，建立考勤制度以确保每位员工享有假期，最后详细说明申请休假的办法。

（6）规则。规则是针对具体场合和具体情况允许或不允许采取某种特定行动的规定。规则常常容易与政策和程序相混淆，所以要特别注意区分。

规则阐明了具体的必须要做到的或不能做的要求，而且没有例外的余地。规则的本质是反映一种必须或无须采取某种行动的管理决策。规则不同于政策，政策的目的是通过给管理人员留有酌情处理的余地而指导他们的决策，而规则在运用中没有自行处理的余地。规则与程序的区别在于规则不规定时间顺序，可以把程序看做一系列规则的总和。规则和程序，就其实质而言，旨在抑制思考。所以，有些组织只是在不希望它的员工运用自由处理权的情况下才加以采用。

（7）规划。规划是综合性的计划，包括目标、政策、程序、规则、任务分配、步骤、要使用的资源等。在通常情况下，规划要有预算支持，规划对一个组织来说，通常是很大的，如一家航空公司计划用4亿美元购买一个机群的喷气式飞机，或者为了提高数以千计的主管人员的素质和能力而制定的五年规划。

（8）预算。预算是一份用数字表示预期结果的报表，可以称为一份"数字化"的计划。预算在很多公司是最基本的计划手段，它迫使公司提前编制以数字表述的预期现金流量、费用和收入、资本支出、工时等。关于预算，将在第17章做详细的介绍。

3.2　如何制订一项完善的计划

在进入本章节之前，先进行一个关于计划方面的简单测试，内容如下所述。

自我评价测试：你是否是一个优秀的计划者？

（1）我的个人目标已经清楚地写在纸上了。

（2）我的多数生活都是浮躁而无规律的。

（3）我很少能快速做出决定。

（4）我准备了一本台历或约会记录来提醒我要做的事。

（5）我把要做的事情归类为"行动"和"延期的行动"。

（6）我通常为我要做的事情确立开始行动的日期及最后期限。

（7）我通常征询他人的意见。

（8）我相信一切问题都可以立即解决。

优秀的计划者会选择如下答案：

（1）是；（2）不是；（3）是；（4）是；（5）是；（6）是；（7）是；（8）不是。

互动环节：如果让你制订一个郊游活动的计划，你会怎样做？有哪些具体的步骤？

然后请你对照下面关于计划制订的标准流程，看看你的计划逻辑是否完善，有没有哪些程序是你事先没有想到的？

计划制订的程序如下所述。

1. 收集资料，进行情况分析

一项完整的情况分析要研究过去的事件，分析现有的条件，估量机会并对未来的趋势进行预测。这一步骤的目的是对计划假设存在的问题进行确认和诊断。其内容包括：对未来可能出现变化和预示的机会及威胁进行初步分析；分析自身的长处和短处，了解自身能力所在；列举主要的不肯定因素，分析其发生的可能性和影响程度。

2. 确定目标

请看以下一段过路人和路边小店店主的对话。

过路人说："请你告诉我，我从这儿应该走哪条路？"

店主回答道："那取决于你想去哪里。"

过路人说："我不在乎去哪里。"

店主回答道："那么，你走哪条路就无所谓了。"

与过路人不同的是，大多数人、大多数企业都有自己想达到的目标。这些目标需要通过一个艰难的过程才能达到。因此，如果是一个组织，就非常有必要确定如何能帮助员工有效地实现他们的个体工作目标，最终达成组织的总体目标。

企业目标给制订计划指明了方向，而这些反映企业目标的计划又规定了各个主要部门的目标，主要部门的目标又依次控制下属各部门的目标，自上而下，依此类推。换言之，目标形成了一个层次体系。如果下级部门的管理人员了解企业总体目标及其下属部门目标，那么基层部门的目标将会制订得更精确。

计划是管理者为达到目标所采取的行动和方法。计划中应包括为达到目标所采取的行动计划、需要的资源和可能遇到的困难。例如，海尔公司为了达到进入世界500强的目标，会制订一系列的计划，包括公司的整体战略计划、进入某个新行业的项目可行性计划、推广某种产品的营销计划等。很难想象，像海尔这样的公司如果没有制订出一系列不同类型的计划，公司经营将会出现怎样糟糕的局面。

3. 确定可选择的方案

确定目标以后，还需制订出未来要实现的几种可选择的方案。这个步骤具有很强的创造性，鼓励管理者和员工对即将执行的计划进行大胆的设想。

更加常见的情况不是找出可供选择的备选方案,而是减少备选方案的数量,以便分析最有希望的方案。计划工作者通常必须进行初步审核,以便发现最有希望的方案。

4. 对备选方案进行综合平衡

一项目标及计划制订出来以后,决策者必须对每一项可供选择的目标和计划的优势、劣势、可能产生的效果及可行性进行评估、排序,甚至去掉一些不值得进一步考虑的目标。例如,IBM曾经优先有机会购买复印技术,但它们放弃了;而施乐公司从中看到了潜力,接下来正如以后所看到的,复印机成了施乐公司的核心产业,为其带来了巨大的利润。但后来施乐公司的研发部门发现了鼠标技术,却没有投入很多的人力、物力进行深入的科技研发和市场营销,结果丧失了重要的市场机会。

5. 实施

管理者一旦选定了目标和计划,就必须实施计划以实现既定目标。这个过程非常重要。

要成功地实施计划,还要求将计划与组织的其他系统相联系,包括预算和奖酬、激励机制等。如果一项计划不能得到充足的财务支持,计划就可能夭折。

6. 监督和控制

计划是进行中的过程,管理者必须依据各个单位不同的目标和计划进行持续的监督和控制,以便出现状况时会有相应的应对措施。

关于计划的典型见解,先提出关于计划的下述观点:

(1) 计划和其他管理人员密切相关。每一个部门都有自己的目标和行动方案,通过计划工作来明确这个目标以及实现该目标的途径是每一个部门管理人员的职责。计划部门的职责通常只是负责组织的基本业务的安排,如学校的教学计划、制造企业的生产计划、商业企业的零售计划等。

(2) 当环境不断变化时,计划也要不断调整,因此计划具有灵活性。计划工作的意义不仅在于结果,计划过程本身就富有许多积极的意义。计划活动将促使人们去思考如何干和怎么干,搞清这两个问题本身就很有意义。例如,某班计划在中秋或国庆组织一项班级活动,那么作为组织者就必须考虑活动的时间、地点、是否请老师,请哪些老师,其他还有哪些准备工作,将分别让谁去做这些工作,在室内还是室外,如在室外,天气不好的话,将怎样补救等,如果事先做一个计划将这些问题都考虑进去,那么,就会减少活动过程中出现纰漏的可能性。

(3) 从未有人可以说,计划一经制订就不能修改了。合理的计划应该是一种持续进行的活动,它应当是被推敲过的,并且是清晰地衔接在一起的,因此它比只存在于高级经理头脑里的一套模糊的假设更容易修改。例如,美国南加利福尼亚爱迪生公司是一家电力公用事业公司,向加利福尼亚州的390万居民提供服务。为此公司制订了12种未来的方案,这些方案分别针对经济景气或不景气、中东石油危机、环境主义的传播以及其他的突发情况制订相应的应对计划,事实上制订这些计划反而提高公司在遇到种种问题时处理问题的灵活性而不是降低灵活性。

3.3 制订计划的具体方法

1. 环境扫描

环境扫描是指过滤大量信息,找出目前的趋势,并描绘未来的各种可能景象。环境扫描意味着既要收集到大多数人不可得的信息,又要对信息进行分类以区分什么是重要的,什么不重要。

可口可乐公司经过广泛调查后改变了可口可乐的口味,结果引起消费者的极大不满,最终又恢复了原来的口味,究其原因是该公司的调查人员没有考虑到企业的外部环境中顾客的心理需求这一因素。由此可见进行全面细致的环境扫描对企业的重要意义。在进行环境扫描时,可考虑从以下几方面分析:目前的竞争者是谁?产品或服务存在的替代品是什么?公司是否依赖有势力的供应商?是否依赖有势力的顾客?

2. 预测

预测是指尽可能精确地预计未来哪些变量会变化,如为进行投资,公司要预测对产品和服务的需求。现在有许多专业咨询公司专门为不同规模的企业提供预测服务,他们基于经验和量化的预测模型建立了一整套针对不同行业的预测体系。例如,康柏公司(一家生产计算机的公司,2006年已和惠普合并)在1996年,基于自身在行业内的从业经验以及相关的量化预测模型,得出一个预测结果,即在未来较长时间内,价格低于1000美元的低价位计算机会走俏,于是他们投入大量人力、物力、财力进行低价计算机的研发和生产,经过努力,使每台计算机的成本降低了100多美元,最终康柏公司成为最早销售低价计算机的公司,以至于后来康柏持续多年靠低价计算机赢得丰厚利润。由此可见,建立在科学预测基础上的决策,对企业至关重要。

3. 基准化

基准化是指与其他公司相比,对一家公司的基本功能和技术进行评估的过程。基准化的目标是对其他公司"最好的行为"进行全面的分析,努力实现低成本和高效益。例如,计算机的生产,就计算机本身来讲,有硬件和软件之分,一台计算机生产出来以后,还涉及向销售商供货、广告宣传、定价、售后服务等问题,一个计算机制造商只有在这诸多方面做得都比较完善,才有可能使自己的产品具有竞争力,在众多的计算机品牌中脱颖而出,挖掘和巩固更多的消费者,为此厂商必须通过多方面努力,研究在某一环节上做得最好的企业,并以这些企业为标准,提高自己在这一环节的质量,降低成本,以使最终的产品具有更高的性价比,这一过程,就是一个基准化的过程。例如,施乐公司的主要业务是复印设备,它投资了一个基准化项目,就是对世界"一流"的67家公司进行调查,其中许多公司并不属于复印行业,通过对大量的不属于同行业的公司如福特、惠普、美国联邦快递公司等企业的研究,使施乐在提高效率和综合竞争力方面取得了长足的进展。

思 考 题

1. 你认为计划与组织绩效有什么关系？
2. 请给卓越亚马逊的总裁一些建议，以帮助他维持卓越网的竞争优势。
3. 企业唯一的目标是"将企业利润最大化"，你同意吗？请解释。
4. 一位管理者如何能有效地使用他/她的可支配时间？
5. 你的五个最重要的个人目标是什么？它们是长期的还是短期的？这些目标是否可以考核？
6. 有人对制订长期目标表示异议，因为他们认为不可能知道未来会发生什么。这是一种可取的明智的态度吗？为什么？

实践教学环节：如何做一个完善的商业计划书

如果你认为已经发现了商业机会，也有潜力成功，那么是否该有所行动呢？将从何入手呢？那就是一个详尽的计划和分析，它将有助于说服其他人同你一起干，帮你避免重大失误，这也是管理的要旨。

这个时代，创业的人太多。创业就需要资金，说服别人给你投资，不是一件容易的事情，所以要写商业计划书。其实，商业计划书不仅是企业的融资文件，也是企业的战略计划书。

正式计划的第一步是机会分析，包括对产品或服务的描述、对机会的评价、对企业家（你自己）的评价、将创意付诸实施的具体行动和所需资金。在机会分析中需要回答的问题包括：我的创意要满足哪些市场需求？对于这些市场需求我掌握了哪些观察资料？哪些市场调查数据可用来描述这些市场需求？这一市场存在哪些竞争？我如何看待这些竞争行为？这种活动的盈利点在哪里？

机会分析的重心是帮你判断该项投资是否值得。接下来的商业计划就要列出正式创业所要做的所有工作了。

1. 商业计划书的概念

商业计划书（Business Plan）是一份全方位的项目计划，其主要意图是递交给投资商，以便于他们对企业或项目做出评判，从而使企业获得融资。商业计划书有相对固定的格式，它几乎包括投资商所有感兴趣的内容，从企业成长经历、产品服务、市场、营销、管理团队、股权结构、组织人事、财务、运营到融资方案。只有内容翔实、数据丰富、体系完整、装订精致的商业计划书才能吸引投资商，让他们看懂你的项目商业运作计划，才能使你的融资需求成为现实，商业计划书的质量对你的项目融资至关重要。

目前中国企业在国际上融资成功率不高，不是项目本身不好，也不是项目投资回报不高,而是项目方商业计划书编写的草率与策划能力让投资商感到失望。商业计划书的起草与创业本身一样,是一个复杂的系统工程,不但要对行业、市场进行充分的研究,而且还要有很好的文字功底。对于一个发展中的企业,专业的商业计划书既是寻找投资的必备材料,也是企业对自身的现状及未来发展战略全面思索和重新定位的过程。

"拥有商业计划书的企业平均比没有商业计划书的企业融资成功率要高出100%"。这是安信达公司在2002年所做的一个调查结论,根据该调查,仅仅30%被调查的企业有书面商业计划书,这是国外的情况。在中国,根据2003年做的一个同样性质的调查,结论比国外更悲观,仅仅8%被调查企业有较为规范的书面商业计划书。

2. 撰写商业计划书应注意的问题

那些既不能给投资者以充分的信息也不能使投资者激动起来的商业计划书,其最终结果只能是被扔进垃圾箱里。为了确保商业计划书能"击中目标",撰写商业计划书时应注意以下几点。

1) 关注产品

在商业计划书中,应提供所有与企业的产品或服务有关的细节,包括企业所实施的所有调查。这些问题包括:产品正处于什么样的发展阶段?它的独特性怎样?企业分销产品的方法是什么?谁会使用企业的产品,为什么?产品的生产成本是多少,售价是多少?企业发展新的现代化产品的计划是什么?把出资者拉到企业的产品或服务中来,这样出资者就会和企业家一样对产品有兴趣。在商业计划书中,企业家应尽量用简单明了的语言来描述每件事。商品及其属性的定义对企业家来说是非常明确的,但其他人却不一定清楚它们的含义。制订商业计划书的目的不仅是要出资者相信企业的产品会在一定范围内产生革命性的影响,同时也要使他们相信企业能充分证明它的论据。商业计划书对产品的阐述要让出资者感到:"噢,这种产品是多么富有创意、多么令人鼓舞啊!"

2) 敢于竞争

在商业计划书中,企业家应细致分析竞争对手的情况。竞争对手都是谁?他们的产品是怎样的?竞争对手的产品与本企业的产品相比,有哪些相同点和不同点?竞争对手所采用的营销策略是什么?要明确每个竞争者的销售额、毛利润、收入以及市场份额,然后讨论本企业相对于每个竞争者所具有的竞争优势,要向投资者展示,顾客偏爱本企业的原因是:本企业的产品质量好,送货迅速,定位适中,价格合适等,商业计划书要使它的读者相信,本企业不仅是行业中的有力竞争者,而且将来还会是确定行业标准的领先者。在商业计划书中,企业家还应阐明竞争者给本企业带来的风险以及本企业所采取的对策。

3) 了解市场

商业计划书要给投资者提供企业对目标市场的深入分析和理解。要细致分析经济、地理、职业以及心理等因素对消费者选择购买本企业产品这一行为的影响,以及各个因素所起的作用。商业计划书中还应包括一个主要的营销计划,计划中应列出本企业打算开展广告、促销以及公共关系活动的地区,明确每一项活动的预算和收益。商业计划书中还应简述企业的销售战略?企业是使用外面的销售代表还是使用内部职员?企业是使用转卖商、分销商还是特许商?企业将提供何种类型的销售培训?此外,商业计划书还应特别关注销售中的细节问题。

4）表明行动的方针

企业的行动计划应该是无懈可击的。商业计划书中应该明确下列问题：企业如何把产品推向市场？如何设计生产线，如何组装产品？企业生产需要哪些原料？企业拥有哪些生产资源，还需要什么生产资源？生产和设备的成本是多少？企业是买设备还是租设备？解释与产品组装、储存以及发送有关的固定成本和变动成本的情况。

5）展示你的管理队伍

把一个思想转化为一个成功的风险企业，其关键的因素就是要有一支强有力的管理队伍。这支队伍的成员必须有较高的专业技术知识、管理才能和多年工作经验，要给投资者这样一种感觉："看，这支队伍里都有谁！如果这个公司是一支足球队的话，他们就会一直杀入世界杯决赛！"管理者的职能就是计划、组织、控制和指导公司实现组织目标的行动。在商业计划书中，应首先描述整个管理队伍及其职责，然后分别介绍每位管理人员的特殊才能、特点和造诣，细致描述每个管理者将对公司所做的贡献。商业计划书中还应明确管理目标以及组织机构。

6）出色的计划摘要

商业计划书中的计划摘要也十分重要。它必须能让读者有兴趣并渴望得到更多的信息，它将给读者留下长久的印象。计划摘要将是企业家所写的最后一部分内容，但却是出资者首先要看的内容，它将从计划中摘录出与筹集资金最相干的细节，包括对公司内部的基本情况、公司的能力以及局限性、公司的竞争对手、营销和财务战略、公司的管理队伍等情况的简明而生动的概括。如果公司是一本书，那么计划摘要就像是这本书的封面，做得好就可以把投资者吸引住。它会给投资者这样的印象："这个公司将会成为行业中的巨人，我已等不及要去读计划的其余部分了。"

3.商业计划书的主要内容

1）计划摘要

计划摘要列在商业计划书的最前面，它浓缩了商业计划书的精华，涵盖了计划的要点，以便读者能在最短的时间内评审计划并做出判断。

计划摘要一般要有以下内容：公司介绍、主要产品和业务范围、市场概貌、营销策略、销售计划、生产管理计划、管理者及其组织、财务计划、资金需求状况等。

在介绍企业时，首先要说明创办新企业的思路、新思想的形成过程以及企业的目标和发展战略。其次，要交代企业现状、过去的背景和企业的经营范围。在这一部分中，要对企业以往的情况做客观的评述，不要回避失误。中肯的分析往往更能赢得信任，从而使人容易认同企业的商业计划书。最后，还要介绍企业家自己的背景、经历、经验和特长等。企业家的素质对企业的成绩往往起关键性的作用。在这里，企业家应尽量突出自己的优点并表示自己强烈的进取精神，以给投资者留下一个好印象。

在计划摘要中，企业还必须要回答下列问题。

（1）企业所处的行业、企业经营的性质和范围。

（2）企业主要产品的内容。

（3）企业的市场在哪里，谁是企业的顾客，他们有哪些需求。

（4）企业的合伙人、投资人是谁。

(5) 企业的竞争对手是谁,竞争对手对企业的发展有何影响。

计划摘要要尽量简明、生动,特别要详细说明企业自身的独特之处以及企业获取成功的市场因素。如果企业家了解他所做的事情,摘要仅需 2 页纸就足够了。如果企业家不了解自己在做什么,就算写 20 页纸以上也不能将问题说清楚。

2) 产品(服务)介绍

在进行投资项目评估时,投资人较关心的问题之一就是企业的产品、技术或服务能在多大程度上解决现实生活中的问题,或者风险企业的产品(服务)能否帮助顾客节约开支,增加收入。因此,产品介绍是商业计划书中必不可少的一项内容。通常,产品介绍应包括以下内容:产品的概念、性能及特性、主要产品介绍、产品的市场竞争力、产品的研究和开发过程、发展新产品的计划和成本分析、产品的市场前景预测、产品的品牌和专利。

在产品(服务)介绍部分,企业家要对产品(服务)做出详细的说明,说明要准确,也要通俗易懂,使不是专业人员的投资者也能明白。产品介绍最好附上产品原型、照片或其他介绍。一般地,产品介绍必须要回答以下问题。

(1) 顾客希望企业的产品能解决什么问题,顾客能从企业的产品中获得什么好处?

(2) 企业的产品与竞争对手的产品相比有哪些优缺点,顾客为什么会选择本企业的产品?

(3) 企业为自己的产品采取了何种保护措施,企业拥有哪些专利、许可证,或与已申请专利的厂家达成了哪些协议?

(4) 为什么企业的产品定价可以使企业产生足够的利润,为什么用户可能会大批量地购买企业的产品?

(5) 企业采用何种方式去改进产品的质量、性能,企业对发展新产品有哪些计划等。

虽然赞美自己的产品是推销所必需的,但应该注意,企业所做的每一项承诺都是"一笔债",都要努力去兑现。要牢记,企业家和投资家所建立的是一种长期合作的伙伴关系。空口许诺,只能得意于一时。如果企业不能兑现承诺,不能偿还债务,企业的信誉必然要受到极大的损害,这是真正的企业家所不屑为之的。

3) 人员及组织结构

有了产品之后,创业者第二步要做的就是结成一支有战斗力的管理队伍。企业管理的好坏,直接决定了企业经营风险的大小。而高素质的管理人员和良好的组织结构则是管理好企业的重要保证。因此,风险投资家会特别注重对管理队伍的评估。

企业的管理人员应该是互补型的,而且要具有团队精神。一个企业必须要具备负责产品设计与开发、市场营销、生产作业管理、企业理财等方面的专业人才。在商业计划书中,必须要对主要管理人员加以阐明,介绍他们所具有的能力,他们在本企业中的职务和责任,他们过去的详细经历及背景。

4) 市场预测

当企业要开发一种新产品或向新的市场扩展时,首先要进行市场预测。如果预测的结果并不乐观,或者预测的可信度让人怀疑,那么投资者就要承担更大的风险。这对多数投资家来说都是不可接受的。

市场预测首先要对需求进行预测:市场是否存在对这种产品的需求?需求程度是否可以给企业带来所期望的利益?新的市场规模有多大?需求发展的未来趋向及其状态如何?影响

需求的因素都有哪些？其次，市场预测还要对企业所面临的竞争格局进行分析：市场中主要的竞争者有哪些？是否存在有利于本企业产品的市场空当？本企业预计的市场占有率是多少？本企业进入市场会引起竞争者怎样的反应？这些反应对企业会有什么影响？

在商业计划书中，市场预测应包括以下内容：市场现状综述、竞争厂商概览、目标顾客和目标市场、本企业产品的市场地位、市场区域和特征等。

企业对市场的预测应建立在严密、科学的市场调查基础上，企业应尽量扩大收集信息的范围，重视对环境的预测和采用科学的预测手段和方法。企业家应牢记的是，市场预测不是凭空想象出来的，对市场错误的认识是企业经营失败的主要原因之一。

5）营销策略

营销是企业经营中最富有挑战性的环节。影响营销策略的主要因素有以下几个。

（1）消费者的特点。

（2）产品的特性。

（3）企业自身的状况。

（4）市场环境方面的因素。

在商业计划书中，营销策略应包括以下内容：

（1）市场机构和营销渠道的选择。

（2）营销队伍及其管理。

（3）促销计划和广告策略。

（4）价格决策。

对创业企业来说，由于产品和企业的知名度低，很难进入其他企业已经稳定的销售渠道中去。因此，企业不得不暂时采取高成本、低效益的营销战略，如上门推销、大打商品广告、向批发商和零售商让利，或交给任何愿意经销的企业销售。对发展企业来说，它一方面可以利用原来的销售渠道，另一方面也可以开发新的销售渠道以适应企业的发展。

6）生产制造计划

商业计划书中的生产制造计划应包括以下内容：产品制造和技术设备现状；新产品投产计划；技术提升和设备更新的要求；质量控制和质量改进计划。

在寻求资金的过程中，为了增大企业在投资前的评估价值，企业家应尽量使生产制造计划更加详细、可靠。一般地，生产制造计划应回答以下问题：企业生产制造所需的厂房、设备情况如何；怎样保证新产品在进入规模生产时的稳定性和可靠性；设备的引进和安装情况，谁是供应商；生产线的设计与产品组装是怎样的；供货者的前置期和资源的需求量；生产周期标准的制定以及生产作业计划的编制；物料需求计划及其保证措施；质量控制的方法是怎样的；相关的其他问题。

7）财务规划

财务规划需要花费较多的精力来做具体分析，其中就包括现金流量表、资产负债表以及损益表的制备。流动资金是企业的生命线，因此企业在初创或扩张时，对流动资金需要有预先周详的计划和进行过程中的严格控制；损益表反映的是企业的盈利状况，它是企业在一段时间运作后的经营结果；资产负债表则反映在某一时刻的企业状况，投资者可以从资产负债表中的数据得到的比率指标来衡量企业的经营状况以及可能的投资回报率。

财务规划一般要包括以下内容。

（1）商业计划书的条件假设。

（2）预计的资产负债表、预计的损益表、现金收支分析、资金的来源和使用等。

可以这样说，一份商业计划书概括地提出了在筹资过程中企业家需做的事情，而财务规划则是对商业计划书的支持和说明。因此，一份好的财务规划对评估风险企业所需的资金数量，提高风险企业取得资金的可能性是十分关键的。如果财务规划准备得不好，会使投资者觉得企业管理人员缺乏经验，从而降低企业的评估价值，同时也会增加企业的经营风险，那么如何制订一份好的财务规划呢？这首先要取决于风险企业的远景规划：是为一个新市场创造一个新产品，还是进入一个财务信息较多的已有市场。

着眼于一项新技术或创新产品的创业企业不可能参考现有市场的数据、价格和营销方式。因此，它要自己预测所进入市场的成长速度和可能获得的纯利，并把它的设想、管理队伍和财务模型推销给投资者。而准备进入一个已有市场的企业则可以很容易地说明整个市场的规模和改进方式。企业可以在获得目标市场的信息的基础上，对企业头一年的销售规模进行规划。

企业的财务规划应保证和商业计划书的假设相一致。事实上，财务规划和企业的生产计划、人力资源计划、营销计划等都是密不可分的。要完成财务规划，必须要明确下列问题：

（1）产品在每一个阶段的销售量有多大？

（2）什么时候开始产品线扩张？

（3）每件产品的生产费用是多少？

（4）每件产品的定价是多少？

（5）使用什么分销渠道，所预期的成本和利润是多少？

（6）需要雇用哪几种类型的人？

（7）雇用何时开始，工资预算是多少？

4．商业计划书框架

（1）简介：①企业的名称和地址；②主要负责人的姓名和地址；③企业的性质；④融资需求陈述；⑤报告的保密性陈述。

（2）执行概要：三到四页纸，概括介绍整个商业计划。

（3）行业分析：①未来展望及趋势；②竞争对手分析；③市场细分；④行业预测。

（4）风险投资概要：①产品；②服务；③企业规模；④办公设备和员工；⑤企业家的背景资料。

（5）生产计划：①制造过程；②工厂；③机器和设备；④原材料供应商的姓名。

（6）营销计划：①定价；②经销；③促销；④产品预测；⑤控制。

（7）组织计划：①所有权形式；②合作人或主要股东的资格认定；③领导权限；④管理层背景；⑤组织成员的任务和职责。

（8）风险评估：①评价企业弱点；②新技术；③应急计划。

（9）财务计划：①预计收入；②现金流量预测；③预计资产负债表；④盈亏平衡分析；⑤资金来源及运用。

（10）附录：①信件；②市场调查数据资料；③租赁或合同；④供应商的报价表。

第4章 决 策

学习目标

学完本章节，应该了解以下要点：
1. "理性决策模式"的6个步骤及其局限性；
2. 决策的特点；
3. 有限决策者的行为；
4. 现实中决策的影响因素；
5. 如何改善决策制定的质量；
6. 危机中如何决策。

引导案例

坐落在法国的欧洲迪士尼乐园开张两年后，尽管每月的游客达到了100万，但每天的损失也达到了100万美元，仅1992—1994年两年间，亏损就达到10亿美元之多。究其原因，主要是该游乐园的经营者在经营过程中出现的一系列决策失误。主要的决策失误包括：第一，成本大大超出预算。由于先前迪士尼乐园在日本的经营成功，决策者就将建立日本迪士尼乐园的一些做法运用到欧洲，如欧洲迪士尼乐园设定的门票价格为42.25美元，不仅比美国的门票高，而且比欧洲其他主题公园的门票都要高得多。在设定这一价格时，完全忽略了欧洲经济正处于不景气之中。结果这种高价位的门票分流了许多游客。第二，没有将欧洲人在中午吃正餐的传统考虑进去，造成游乐园内所有的就餐地点以快餐居多，并且中午人满为患，许多人不耐烦等待，跑到公园外面就餐，从而对这个时段的游客量产生了影响。第三，迪士尼制作的动画电影《大力神》对原著的歪曲激怒了欧洲人，一家欧洲的主要报纸评述说：卡通形象歪曲和滥用了欧洲文化的一个基本传说。这也从一定程度上影响了客流量。这些大大小小的决策失误导致了欧洲迪士尼乐园的巨额亏损。

在迪士尼乐园亏损时，某些竞争对手却大发其财，欧洲主题公园就是其中之一。它坐落在德国，临近法国和瑞士边境，规模比迪士尼乐园要小。迪士尼乐园没有考虑文化差异，但是欧洲主题公园的管理层却非常熟悉欧洲人的习惯，在一项调查中，游客被要求就清洁度、价格、时间、游览专线、特别表演等方面打分。调查结果显示，法国游客愿意带着装满面包、奶酪和葡萄酒的篮子，所以游客们可以自带食品到主题公园（但迪士尼乐园不允许）。此外，欧洲主题公园的门票也比迪士尼乐园便宜得多。

（资料来源：[美]托马斯·贝特曼，思考特·斯奈尔.管理学——构建竞争优势[M].4版.王雪莉，译.北京：北京大学出版社，2004.）

上述案例表明，正确的决策对组织来说非常重要。管理者，尤其是企业的高层管理者每天的主要工作就是不断进行各种决策,经常做出好的决策可使管理者成为有效的管理者。虽然一些决策无关紧要,但另一些决策能改变企业的命运。既然决策是如此重要的环节,那么本章将先从决策的制定开始介绍。

4.1 理性决策的制定过程

决策就是人们在行动之前对行动目标与手段的探索、判断和选择。

最好的决策者是理性的。他或她会在特别的条件限制下,做出价值最大的、最佳的决策,这样的决策制定依据 6 个步骤及其特殊假设,理性决策的制定过程如图 4.1 所示。

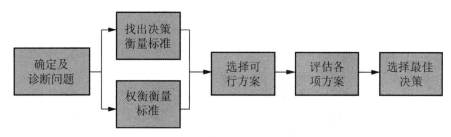

图 4.1 制定理性决策的 6 个步骤

如图 4.1 所示,理性决策的起始是诊断问题,紧接着第 2 步是找出衡量决策的标准。在此步骤中,决策者需判定与决策相关的事宜,而决策者的兴趣、价值观、个人偏好等都会影响此过程。由于每个人的观点不同,因此确认衡量标准是非常重要的。另外,在本步骤中未被确认的因素皆被视为与决策无关。

第 3 步是权衡衡量标准。在此步骤中,需要强调的是并非每个衡量标准的重要性都相同。因此,此步骤是先衡量先前确定的标准,并给出优先顺序。

第 4 步是选择解决问题的可行方案,在这个步骤中无须评估这些方案,只需列出可行方案。

在第 5 步中,决策者需谨慎分析、评估和衡量各项方案,通过评估和比较后,每个方案的优缺点都可以很容易地看出。

第 6 步是选择出最佳决策,以"期望值"来评估,期望值最高的方案即是最佳方案。

可以用 6 步骤模型来说明决策如何制定。以选择要学的科系为例,高中毕业后,你该怎么做?假设你已决定继续升学,你必须列出与决策有关的标准,可能包含经济能力、个人兴趣、学校声誉、学费、学分、地理位置以及社交活动等。之后,衡量优先顺序,分 1~10 个等级,如经济能力的权重是 10 分,社交活动是 4 分,则对决策而言,经济考量的重要性是社交考量的 2.5 倍。评估后即可列出你可能选择的学校清单。对有些人而言,这张清单可能包含数个学校。经过比较和评估后,这些学校的优缺点就可以一目了然了。以理想决策原则选择期望值最高的学校,即可做出最佳的决策。

上述理性决策包含 6 个假设。

(1)问题明确:决策者充分掌握问题的信息。

(2)已知的选择:决策者可明确找出相关限制及列出可行的方案。进一步地,决策者明白每一可行方案的可能结果。

（3）清楚的选择：通过排序与权重可反映出衡量标准与可行方案的重要性。

（4）持续的选择：每个决策的衡量标准都是持续且稳定的。

（5）无"时间"或"成本"限制：因为没有时间及成本限制，决策者能获得标准与可行方案的充分信息。

（6）最大化效益：理性决策者将选择期望值最高的方案。

理性决策模型所基于的上述假设表明，在现实中需要对某个真实的问题做出决策时，理性决策模型具有较大的局限性，这其实是由决策的特点所决定的。

4.2 决策的特点

1. 结构欠缺

通常遇到的决策问题基本上有两种类型，一种是有先例可循的，在以前曾经做过的决策。例如，公司老板给员工发的工资数量，在相当长一段时间内也是基本不变的，如果算错了，员工和老板之间只要核实工资数量就会知道正确与否。再如，学生到学校报到的步骤等。上述决策都属于程序化决策，做出这种决策一般是比较容易的。但有一些决策，如联想公司推出什么类型的计算机会超过竞争者而更受顾客欢迎？再如，2003 年我国遭遇非典，旅游公司、饭店等服务企业采取怎样的策略才能使业绩不至于下滑等，这些都是全新的、无先例可循的并且没有固定结构的决策。这种类型的决策需要决策者发挥创造力和想象力去摸着石子过河，这种类型的决策的特点就是结构欠缺。

2. 确定性和不确定性

不确定性意味着管理者要在信息不全的情况下知晓每个不同行动的结果。信息不完全是指管理者做出的很多决策，事先都不可能获得完全的信息。例如，企业制定竞争策略时，只能得到竞争对手或竞争环境中部分的信息而不可能得到全部信息，因此，企业就不能确定决策是否完全正确。

3. 风险

速溶咖啡已经成为人们非常喜爱的一种饮料，但雀巢公司当年推出速溶咖啡这一新型咖啡品种时，却遭遇了不小的波折。在产品销售初期，速溶咖啡的销量很差，为此，雀巢公司进行了一次广泛的市场调查，结果非常出人意料，原来是广告惹的祸。在雀巢咖啡的广告里是这样一个画面，酒吧里，一对情人在浪漫的气氛中约会，喝的是香浓的雀巢速溶咖啡，可结果却遭到了受众的误解。很多家庭主妇不买速溶咖啡的原因居然是她们看了广告后认为：只有懒惰的家庭主妇才会买速溶咖啡。由此可见，企业在做出一项决策时，常常会在不经意间与风险不期而遇。即使像速溶咖啡这样一种在当时来讲非常富有创意而方便实用的新型产品，都有可能遭遇风险。

4. 冲突

决策中的冲突主要表现在两个层面，一个层面是决策者的心理冲突。例如，一个职位有 3 个候选人，决策者选中了一个人就意味着要伤害另外两个人。另一个层面是不同的团队和个人之间。例如，对于产品决策，不同部门会有不同的主张，营销部门要求有更多的产品来适应消费者，工程部门要求更高质量的产品，而生产部门要求降低生产成本。由此看来，没有对抗或完全满意的决策是不存在的。

互动环节：某企业选拔中层管理者时确定4条管理标准：知识、技能、思维和态度。如果你是决策者，你认为哪条最重要？这是哪种类型的决策？

4.3 决策的影响因素

当大家选择去读一所大学的时候，是否考虑过所有可能的选择？是否是计算过每个选择的期望值之后才选定最合适的大学呢？相信大家的答案是否定的。其实，多数人的答案都是否定的，大家所做的选择可能是最合适的但不一定是最佳的决策。

实际上，在现实的决策中，人们很少也很难做到完全理性化。首先，没有一个人能做出影响过去的决策，因此决策一定是针对未来而做出的，而未来肯定会涉及不确定因素；其次，人们很难确定所有可能用来实现目标的备选方案，尤其是当决策涉及要做从未做过的事时更是如此。此外，在多数情况下，即使使用现有的最新分析方法和计算机，也不是所有的备选方案都是可以加以分析的。因此，很多时候人们处理复杂问题的能力是有限的，因此这里所说的理性其实是一种有限的理性。

那么，在有限理性的情境下，通常会遇到以下几种障碍。

1. 心理偏见

（1）抱有侥幸心理。例如，赌博游戏，尽管已经有许多人无数次证明是不能赢的，但还是有一些人相信自己有赢的技巧并不断参加赌博。其实绝大多数赌博都注定是输多赢少。在商务运作过程中，这样的过分自信会使当事人由于忽略风险以及对客观评估存在侥幸心理而导致失败。

（2）框架效应：也是一种路径依赖效应。例如，管理者表示愿意在一个项目中进行大量投资，其实70%的成功率和30%的失败率说的是一个道理，但70%的成功率如果被说成30%的失败率对决策者就会产生更大的影响。再如许多人比较怕坐飞机，但是不害怕开车，原因是他们认为坐飞机比较危险，那是因为人们把开车的事故率套用在搭乘飞机上，那么平均每周会有两架客机坠落。媒体对于飞机失事的报道特别重视，因而造成大众高估坐飞机的危险，而低估开车的风险。

美国铁路两条铁轨之间的标准距离是4英尺8.5英寸，这是一个很奇怪的标准，究竟是从何而来的呢？原来这是英国的铁路标准，而美国的铁路原先是由英国人建的。那么为什么英国人用这个标准呢？原来英国的铁路是由建电车轨道的人所设计的，而这个正是电车所用的标准。电车的铁轨标准又是从哪里来的呢？原来最先造电车的人以前是造马车的，而他们是沿用马车的轮宽标准。那么马车为什么要用这个一定的轮距标准呢？因为如果那时候的马车用任何其他轮距，马车的轮子很快会在英国的老路凹陷的路辙上撞坏的。因为这些路上的辙迹的宽度是4英尺8.5英寸。这些辙迹又是从何而来的呢？是古罗马人所定的，因为在欧洲，包括英国的长途老路都是由罗马人为他们的军队所铺的，4英尺8.5英寸正是罗马战车的宽度。如果任何人用不同的轮宽在这些路上行车，他的轮子的寿命都不会长。那么，罗马人为什么用4英尺8.5英寸作为战车的轮距宽度呢？原因很简单，这是战车的两匹马屁股的宽度。

下次在电视上看到美国航天飞机立在发射台上的雄姿时，留意观察在它的燃料箱的两旁有两个火箭推进器，这些推进器是由一家公司设在犹他州的工厂所提供的。如果可能的话，这家公司的工程师希望把这些推进器造得粗一点，这样容量就可以大一些，但是他们不可以，因为这些推进器造好之后是要用火车从工厂运送到发射点，路上要通过一些隧道，而这些隧道的宽度只是比火车轨宽了一点，不要忘记火车轨道的宽度是由马的屁股的宽度所决定的。

2. 个体差异

决策制定模式认为人们在两个层面上有差异，一是思考方式，有些人比较有逻辑且有理性，他们会有条不紊地处理信息；二是对于模糊的接受度，有些人需要将资讯的模糊程度降至最低，有些人则可以同时处理不同的想法。将这两个层面的差异用图区分开，可以得到4种决策模式：指导型、分析型、观念型和行为型，如图4.2所示。

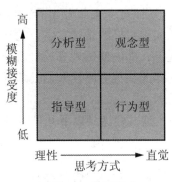

图 4.2　决策模式

指导型决策者对模糊接受程度低，并且追求理性，他们有效率且有逻辑，但是，他们往往会为了追求效率而未充分利用信息，只评估少数的选择方案，这一类型的决策者的特点是速度快。

分析型决策者相对于指导型决策者而言，他们的模糊接受度较高，因此，他们会搜寻较多的信息，并且思考较多的选择方案。分析型决策者是审慎的决策者，他们较能够应付环境的变化。

观念型决策者考虑的选择方案既多且范围广泛，他们较重视长远的规划，并且善于找出创造性地解决问题的方法。

最后一种是行为型决策者，这一类型的决策者善于与他人一起工作，他们关心同僚和部属的成就，他们会接受别人的建议，也很重视会议沟通的方式，这一类型的决策者会尽量避免冲突，并且期望被接受。

不同的决策模式不仅为人们提供了观察个人差异的框架，而且也让人们知道，为什么对于同样的问题不同的人会做出不同的选择。

互动环节：请同学们在听完这种方法以后也测试一下你的决策偏好属于哪个方面？你认为哪种类型的决策更可能引导人们做出正确的决策？

3. 时间压力

假如世界暴发大规模的甲型流感，这对各级政府和医疗机构在短时间内做出果断、正确决策的能力提出了极大的考验。这就说明，很多决策者做出决策从客观上并不一定有充足的时间。尤其在今天迅速变化的商业环境下，最宝贵的就是决策敏捷并保持稳定。在某些时间敏感度高的情境下，如果决策者花很长时间来决策，就会带来严重后果，甚至灾难。例如，当某一天的《纽约时报》上了印刷机后，时报总编忽然跟他的三个助手发生了争论，争论的问题只是某一英文单词如何分节，据说争论持续了48分钟之久，恰好占去了该报有效印刷时间的一半，决策者们在纠缠于细枝末节的时候全然忘记了保证时报每天的发行份数以及发行时间是更紧迫的决策目标。《纽约时报》是美国全国发行量数一数二的主流报纸，可以说时间和数量就是金钱和效率，耽搁了48分钟的印刷时间，可以想象会出现什么灾难性的后果。

互动环节：在现实生活中是否存在最佳决策？

4. 道德发展的程度

道德与决策是相关的，因为许多的决策都涉及道德层面，认识到这一点，可以帮助人们了解如何在决策时应用道德标准。

许多研究确认了道德发展的三个层次，每个层次包含两个阶段，随着阶段顺序的增加，个人的道德判断越来越不容易受外界的影响，如图4.3所示。

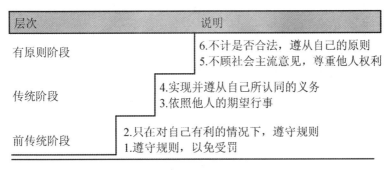

图 4.3 道德的发展阶段

在前传统的道德层次时代里，人们会以事后可能遭遇的下场来判断事情的对与错。传统时期的道德阶段，认为维持传统的秩序以及达成他人的期望，就是道德的行为。有原则的道德层次下，个人根据自己的信念来定义道德标准，而不受所在团体或社会的影响。

研究道德的发展阶段可以得出以下结论：首先，这些阶段是渐进的；其次，没有人保证道德发展是持续发生的，他们遵循社会的法律规则；最后，管理者的道德发展阶段越高，他们越倾向于进行道德决策。

5. 文化差异

理性决策模式未考虑到文化上的差异，如中国人的决策方式不同于美国人。因此，应该认识到，决策者的文化背景会严重影响到问题的选择、分析的深度以及逻辑与理性，也会影响决策者的时间观念以及对他人能力的信任程度。

4.4 如何改善决策制定的质量

提高决策制定的质量有以下几条建议。

1. 分析情境

通过分析决策的环境,如国家文化、组织文化以及组织的政治气氛,可以改善决策的制定。国家文化的差异会影响决策者是否采用团体决策的方式,在重视个人主义的国度里,要谨慎处理员工抵制团体决策的态度。在高度个人主义的国度里,员工对团体决策的抗衡程度普遍高于集体主义的社会。企业若在个人主义强盛的国家,如美国、瑞典、意大利、法国、英国实施团体决策,应该特别地留意;相反,某些国家,如希腊、日本、墨西哥、新加坡等,他们的员工则欢迎团体决策。

理性广为西方国家所接纳,但不是所有人都能认同,因此,在不重视理性的国度里,千万不要强行采用理性的决策模式或理性地做决策,有时候那些不理性的决策可能是最有效的。

2. 综合理性分析与直觉

理性分析与直觉判断并不冲突,二者一并采用的时候,可以改善决策的效能。随着个人管理经验的增加,决策者应该在理性分析的基础上提高对直觉的重视程度。

3. 选择适合工作需要的决策模式

没有一种决策模式是适合所有工作的,组织内的工作和文化一样,存在着差异。如果能适合工作,决策模式将可以增进决策效能。所有的管理工作都是不一样的,管理有创意的作家和管理柜台人员的方式不一样。例如,指导型决策者适合管理证券经纪人;分析型决策者适合管理会计师、市场研究人员以及财务分析师;观念型决策者适合管理公司计划人员、预测人员,或者其他有创意的人员;而那些团体领导人则最适合由行为型决策者来担任。

4. 使用激发创意的技术

一般人容易墨守成规,面对曾经遇到过的问题,马上会想起过去的解决方法。除非以前有不好的经验,否则,大部分人会采取与过去相同的方法来解决问题。这种方式的好处是简单省事,然而,当有一个更好的方案存在时,采取过去的方式就成了一种损失。

为避免上述的缺失,可以通过搜寻创新解决方案来改善决策效能。另外,还要避免太理性和感性的思考,避免对决策结果实用性的忽视,不断地问自己"如果这样那么会怎样"以及不要害怕失败。

5. 洞察偏见

每个人都有偏见,但很少有人能意识到偏见的存在。有些偏见仅会制造小问题,有些则影响重大。如果能了解偏见对判断所造成的影响,就可以改变决策制定方式,进而减少偏见。

4.5 危机中如何决策

在现实生活中,很多决策要求管理者在大量压力下进行的,如绑架人质、劫匪劫机、非典、核泄漏等。与2005年的美国南部飓风,政府的救援措施缓慢相比,9·11事件发生后,时任纽约市长的朱利安尼的表现就相当出色,他在接到消息后,立即终止所有活动,立即赶往出事地点,并且在去出事地点的途中,在车里接受记者采访,表现了纽约市政府及他本人对事件果断的处理态度，同时让全美国乃至全世界的人们都看到，美国政府在第一时间在还很危险的现场慰问受难者并采取相应的处理措施，显示了非常高的危机处理技巧。他通过电视广播发表讲话稳定市民的情绪，短时间内发布了几百个关于维护安全和救援的火线命令，前往医院安慰失踪者的家属，又4次返回遭受袭击的现场视察。他在电视讲话中深切哀悼罹难者，对恐怖分子表达绝不妥协的立场，同时一再表明世贸大厦一定会重建！他还强调安全以抵挡悲观论，驳斥要求封锁纽约消息的主张，并且推动纽约股票交易所和全美棒球联盟重新开张，以证明纽约依然活生生地存在着。在危机发生之后，朱利安尼明智地把动员社会参与放在了危机管理的重要位置，如发动群众进行城市救援、动员公众开展大范围的献血活动和募捐工作。这不仅降低了政府救治危机的成本，提高了效率，还使公众更多地了解到真相，去除恐惧，缓解了危机在公众中产生的副作用。在经历短暂的混乱后，纽约市民很快镇定下来，他们知道了危机是什么，懂得了镇定和互助是克服危机的最好方法。本来这是一个不折不扣的灾难和危机，但朱利安尼不但从很大程度上挽回了危机造成的不利影响，而且还能化腐朽为神奇，不仅让全世界人民看到了纽约的效率和信心，也将自己塑造成为一个拯救世界的英雄。由此可见，良好的危机处理技巧是一个优秀管理者必要的技能，同时在关键时刻还能树立良好的公众形象。

而美国南部的飓风灾难，因为对危机的处理不当使小布什的支持率跌至他连任以来的最低点。无穷无尽的电视画面显示，又饥又渴的受灾人员无法逃离汪洋中的新奥尔良灾区，陷入困境的灾民满眼无助……世界上最富裕的超级大国震惊之余，有议员开始发难，认为布什政府针对"卡特里娜"飓风灾区所做出的反应是"巨大的失败"，甚至布什本人也承认，政府此次对灾难的反应太慢，令人无法接受。美国有线电视新闻网的网络调查显示，人们对布什的不满主要表现在两个方面：在飓风到来前未能引起足够重视，使政府资源动员和准备不充分而造成不必要的损失；飓风到来后，政府低估了灾情，没有立即到受灾现场指挥救灾，如"卡特里娜"登陆新奥尔良的第二天，布什还乘坐专机到亚利桑那州推销社会保障计划。在飓风袭击后的第三天，大批国民警卫队仍未到达新奥尔良进行救援。同时由于布什政府缓慢的救援行动使陷入极度困境中的黑人和穷人极度恼火，遭到了国内外一片种族歧视的谴责。民主党参议员卡明斯对布什批评说：美国不能允许贫困，也不能以年龄和肤色来决定人们的生死命运。黑人饶舌男歌手凯恩·韦斯特在国家广播公司主持的赈灾筹款直播节目中，直接讽刺美国的立国方针就是要"尽量不死不活地帮助贫苦、黑皮肤和不富裕的人"。

上述案例表明，心理压力和缺少时间使决策者的思路单一，因而难以考虑大量的选择方案，或者忽略行动的长期后果。因此，为了改善危机决策质量，可从以下方面进行决策管理。

（1）通过强调公司的价值观和社会责任，以及监督员工的行为和道德状况能够避免一些危机。

（2）如果发生危机，应该立即公布让整个世界都知道的日常管理、危机预警和反应，并将全面深入调查。

（3）一个问题的解决可能会产生其他问题，因此密切注意实施和监控至关重要的问题。虽然许多公司还没有意识到危机管理，但从提高决策质量从而提高管理效能的角度来说是迫切需要的。

思 考 题

1. 回顾你曾经做出的一些有风险的决策。你为什么愿意承担风险？你是如何处理的？从中你学到了什么？

2. 你认为你是什么决策类型？对你意味着什么？

3. 回忆你最近做出的一个困难的决策。描述其管理决策特征。

4. 你认为管理者在做决策时，会遵循本章所介绍的决策步骤吗？哪一个步骤被忽视或没有恰当的关注？

5. 假设你是一个大型公司的CEO，公司的一批油品在海上运输过程中发生了泄漏，导致上千加仑油流入大海。你将如何处理此项危机？

6. 讨论使用群体决策的优缺点，并用个人经历作为例子加以说明。

7. 就"决策是管理人员的首要工作"这一说法发表自己的看法。

8. 为什么常常把经验称为不仅是做决策代价昂贵的基础，而且还是做决策危险的基础？管理人员怎样才能做到最有效地利用经验？

9. 回忆自己所做出的一个创造性解决问题的决策。这一解决方法源于群体的讨论，还是个人努力的结果？试着重新将这一创造性的过程勾勒出来。

案例资源

诺基亚——成也手机，败也手机

企业资优生诺基亚，一直遵守奉为真理的常胜法则，为什么却不敌自创新规则的苹果？当游戏规则悄悄改变，诺基亚给出了什么启示？

诺基亚没落，不只是手机产业的竞争浮沉，更深的意义是，当范式转换加速来到，过去的成功思维需要常常重新检讨，不只企业，个人也是如此。

以前，我们学到的是要贴近市场，要专注，不断提高竞争门槛，加强核心竞争力，就能基业长青。真的是如此吗？

现况是，敌人从哪里来，已经越来越难预料。廉价航空改写航空业的服务规则，逼得传统航空公司一一破产；经营内容的报纸，被经营服务的网站逼到关门。这都是过去十年内，成功者被原本"看不见、看不起"的对手逼到墙角的故事。

案例的背后，六个大家习以为常的规则已经改变。

1. 聆听消费者，就能找出大卖的新产品？

诺基亚善于聆听消费者是出了名的。当年诺基亚打败摩托罗拉（Motorola），其中一个原因是，诺基亚按照生活形态区分使用族群，为每个族群量身打造手机，为了贴近消费者，诺基亚在全球一百多国都有团队，随时掌握目标客户层的变化。

一个最经典的案例是，有一年，中国诺基亚发现，诺基亚最高阶的商务手机，全中国卖得最好的地方竟是黑龙江。这款手机的特色是附有键盘，能收发 E-mail。为了解使用者，诺基亚派人到黑龙江调查，"结果是，这支手机的主要用户是大陆的黑道，因为手机贵、气派，打起人来也很顺手。"一位诺基亚高阶主管回忆。诺基亚把每一支手机的族群，都调查得一清二楚。功课做得这么彻底，为什么还会输？

诺基亚谨守聆听消费者的老方法，但苹果的方法却是"你看，世界照我的方式走。"

2. 打败第二名，就能稳坐第一名宝座？

为了保持龙头地位，诺基亚把焦点放在如何拉开和第二名的距离上。生产、销售一支手机是一项复杂的大工程，诺基亚高峰时期却同时有约五十款手机在市场上流通，用"机海战术"把对手逼得喘不过气来。诺基亚也参与手机各项标准制定，透过整合资源，降低成本。

每个月的市占率变化，就是各个公司衡量成败最重要的成绩单，2006年时，诺基亚和第二名的市占率差距12个百分点以上。

这种比名次的逻辑要重新思考了。光看排名是"只有在静态，变化没那么大的情况下才适用。"如果碰到跨界对手，光看市占率，会变成竞争时的盲点。

3. 打仗，当然要找一直赢的战将主导才对？

2006年，诺基亚决定整顿公司时，任命的是CEO康培凯（Olli-Pekka Kallasvuo），就是诺基亚自己培养的精英。康培凯有法学硕士学位，在诺基亚服务30年，从法务人员一路历练，靠着战功出线，成为公司CEO。

相较起来，乔布斯（Steve Jobs）却不适合做执行长。他曾因为表现不佳，情绪化地坚持己见，最后被自己创办的苹果董事会开除。接着他幸运地在电影业找到转机，才再次回到苹果。奇异前执行长杰克·威尔许（Jack Welch）曾说，"人对了，事就对了。"但公司培养30年的战将，却未必打得过一般人眼中性格古怪的失败者。

范式转换时代，连杰出的定义都会改变，过去有效率，能省成本才算杰出，可是只专注在成本和效率上，习惯沿着既有的成功模式发展，遇到破坏式创新时，同样手足无措。

未来领导人的必要条件，是要有新世代产品开发、破坏式创新的经验，"年轻时去尝试、去闯荡，会更有想象力，即使失败都无妨"，少了自己摸索这一过程，当游戏规则改变时，随即就会变得十分慌乱。

4. 身为老大就不能放弃当老大？

诺基亚的另一个决策关键是，当iPhone崛起后，诺基亚要不要放弃主导地位，和刚崛起的Android阵营合作。诺基亚选择走自己的路，当初若抓住Android，诺基亚也许还有反击的机会。

诺基亚的路，任天堂也曾走过。它在红白机时代是游戏机的霸主，当时游戏设计才是游戏机的竞争重点，1980年，任天堂却在游戏机大战中落败，索尼（Sony）用更好的硬件规格、更棒的影音效果颠覆了任天堂对游戏的定义，很长一段时间，任天堂是靠掌上型游戏机才得以存活下来。

索尼游戏机问世18年后的2006年，任天堂才推出Wii，重新用体感游戏争回市场地位。一旦游戏规则改变，最好的方法不是跟随别人，而是重新定义出下一个破坏式创新。

任天堂的做法就是：回到原点重新学习，他们没有跟着索尼推出高画质、高成本的产品，也没有回到自己的强项——游戏设计，它们以"如何设计全家人都玩的游戏"从头开始，才打败索尼。

成功，通常都是天时、地利，但是这些要素，很可能不会再来，面对新挑战，须忘记自己过去的成功，拥抱新的条件、环境，重新思考，才可能重返舞台。

5. 身为领导者，跟我合作的，也要是一百分？

身为当时手机行业的龙头企业，为了提高产品竞争力，诺基亚不只对自己的要求越来越高，对周边的合作厂商也是如此，以前，在台湾有资格替诺基亚设计手机软件的公司，都是通过软件合格标准的大公司，个人工作室很难抢到诺基亚的软件商机。

苹果却刚好相反，苹果iPhone刚推出的时候，最红的iPhone软件不过是让手机变成乐器的简易模拟器，连把屏幕设成单色、让iPhone变成一面镜子等简单的功能，都可以是一个程序，品质参差不齐，但这群杂牌军，却打败了诺基亚的正规军。

无法面对更简单、价格更低的对手，诺基亚因此而陷入困境，台大副校长汤明哲形容，诺基亚面对的是"分母的困境"，公司越来越赚钱后，再也没有不赚钱这个选项，习惯了一支手机赚200元，反而不知如何面对一支手机只赚5元的低价手机。

低价手机让市场慢慢产生质变，山寨机从另一头侵蚀了诺基亚的订制化能力，"这个模式是集体定制化（Mass Customization）"，汤明哲说，山寨机让千千万万人来帮你做研发，更贴近用户，"8个喇叭，让某个地区农夫耕田也听得见铃声的农民机，因为量有限，诺基亚愿意做吗？"汤明哲说。

现在，领导品牌不再只要思考"怎么推出更好、更贵的产品"，而是一百分的产品能赚钱，20分、30分的产品照样能赚钱。

像日本大厂优衣库（Uniqlo），到印度卖100日元的内衣裤，如果以传统思维，习惯了一件1000日元，在印度只有十分之一的价格，是降低品质。但它把自己从"先进市场的服饰品牌"变成"新兴国家的服饰品牌"，有可能变成服饰业的联发科。

6. 营收获利创新高就代表公司没问题？

2007年，诺基亚的营收、获利都创新高，光看这两个数字，难以判断诺基亚的盛世即将结束。

"以后只看营收、获利已经没有太大的意义"。像《财富》五百大企业，只按营收排名，刚推出手术房的通用汽车，在2011年的财富五百大，还是名列第8，营收并不能反映公司的实力。

将美国《彭博商业周刊》（Bloomberg BusinessWeek）用的四个排名指标："营收成长率、获利成长率，还有股东权益报酬率、每股盈余"放在一起看，才能看出公司价值。市值比营收更能反映一家公司的真实价值。

"公司不是不朽的，树长不上天，公司也要面临人性、组织上的挑战。"温肇东分析，现在企业老大面对的难题是，一个没有地图、指标的新世界就此展开，上路之后，连对手是谁，都要你自己定义。

（资料来源：百度文库资料修改.）

思考题

1. 诺基亚成功的地方分别有哪些？
2. 诺基亚失败的原因有哪些？

第 5 章 战略管理

学完本章节,应该了解以下要点:
1. 战略管理的概念;
2. 能够通过相关案例解释战略和战术;
3. 战略管理的过程;
4. 战略的 4 种类型;
5. 战略的 3 个层次;
6. SWOT 矩阵的具体内容,并试着运用此战略分析模式解决实际问题。

三个石匠的寓言

有人问三个石匠他们正在干什么。
——第一个回答:"我在混口饭吃。"
——第二个回答:"我在做全国数一数二的石匠活儿。"
——第三个回答:"我在建造大教堂。"

这个故事出现在管理大师彼得·德鲁克的著作《管理实践》一书中。通过三个石匠对自己未来的预期,形象地说明了战略目标在战略管理中的重要意义,它从很大程度上决定了一个企业未来的发展趋势。第一个石匠的自我期望值太低,在职场上,此类企业缺乏自我启发的自觉和自我发展的动力,最终可能会成为一个平常且平庸的企业。第二个石匠的自我期望值过高,此类企业很可能是个特立独行、笑傲江湖但却可能好高骛远的企业。第三个石匠的目标才真正与工程目标、团队目标高度吻合,其自我启发意愿与自我发展行为才会与组织目标的追求形成和谐的合力。

一个优秀的管理团队,必然会制定一个合理并合乎时宜的企业目标,只有这样,这个目标才有可能内化到每一个员工的心中,并落实到每一个员工的行为中去。

5.1 战略管理的概念

战略管理就是制定、实施和评价使组织能够达到其目标的、跨功能决策的艺术与科学。战略管理致力于对市场营销、财务会计、生产作业、研究和开发及计算机系统进行综合的管理,其目的是帮助企业战胜它的竞争者,最终取得成功。对于一个企业来说,它也许扭转不了其所处的政治、经济、科技等大的环境，但通过适当的战略规划、战术整合以及其他一系列的营销活动，完全可以使自己超过各方面的竞争对手，成为行业中无可争议的霸主。回顾那些世界著名的跨国企业，毫无例外的都拥有良好的战略管理。战略管理可使企业更主动地塑造自己的未来。据美国一家著名的调查公司在20世纪90年代末所做的一项历时3年的针对101家零售、服务和制造企业的纵向调查显示：与那些不进行系统规划的公司相比，采用战略管理的企业更明显地增加了销售、盈利和提高了生产率。另一项研究表明，在公司可能实现的盈利能力的提高中，有高达80%是靠改变公司的战略方向而实现的。

诺基亚1865年建立公司时，是坐落在芬兰北部的一家木浆工厂，其后，它的主营项目分别经历了橡胶加工、化工、电缆制造等一系列的变化，经过几十年持续不断适应经营环境的战略调整和管理，于20世纪60年代才开始从事电信行业，一度成为世界著名的大型跨国公司。从上述对诺基亚历史的简单回顾不难发现，这家已有一百多年历史的企业，能成功地成为著名的大型跨国公司，很大程度上要归功于其决策层成功的战略管理。

5.2 战略与战术

前面的计划章节中，已经谈到过战略和战术，现在将这个概念做一个详细的解释。

战略一词，在我国已经有很久的历史，我国古代著名的史书《左传》和《史记》中已有"战略"一词。在西方，战略一词来源于希腊语"Strategos"，其含义是"将军"，引申为指挥军队的艺术和科学。

军事战略和经营战略之间存在着基本的区别。经营战略的制定、实施和评价的出发点是进行竞争，而军事战略的出发点是进行对抗。然而军事对抗与商业竞争又非常相似，以至于很多战略管理技术两者都可以通用，商业战略家可以吸收军事思想家经过长期提炼而得出的真知灼见。著名的兵书《孙子兵法》就是一部划时代的军事战略、战术著作，而《三国演义》原本是一部精彩绝伦的小说，看过小说的人都知道，里面有很多天才的军事战略和战术方面的描述。正因为如此，民间有一个精辟的概括，叫少不看"红楼"，老不看"三国"，其实，这两本书同时也是很好的管理教材。目前不仅美国西点军校把这两部作品作为西点学员必读的军事教材，而且美国、欧洲、日本等很多发达的资本主义国家和地区的企业都在研读《孙子兵法》和《三国演义》，以从中吸取中国古人无与伦比的智慧，从而应用到当今的经营实践中。

经济和军事组织都必须适应变化并不断改进方能取得成功。当环境和竞争条件要求企业战略发生变化时，企业如果不能做到这一点，那就意味着注定要在商战中失败。拿破仑是法国人最引以为骄傲的英雄，同时也是一位著名的军事战略家，直到现在，他还是很多人崇拜的偶像。拿破仑之所以能够走向胜利，很大程度上是因为他的敌人仍采用适用于以往战争的战略、战术和组织形式时，他已经领先一步调整了自己的战略。而他在滑铁卢战役中遭遇惨败的原因恰恰是他对敌人采用了"以往行之有效"的战略，而敌人则以新的思维建立了不是适用于过去，而是适用于未来的战略。

不管是从国内还是国外来讲，战略一词都和战争有着密不可分的联系。由此看来，从战略角度上讲，商场上竞争的激烈和残酷程度一点都不亚于真正的战场，因此，人们将商场形象地比喻为一个没有硝烟的战场。

战略是决定企业的长期基本目标和目的，选择企业达到这些目标所遵循的途径，并为实现这些目标与途径而对企业重要资源进行的管理。

战术，也称策略，是在战略的基础上，制订与组织的特定部门相关的特定目标和计划。战术强调的是每个部门持续实现战略计划中与本部门相关的部分。例如，阿迪达斯原来经营的是运动装和运动鞋，后来他们制定了一个新的战略——产品多样化发展战略，为实现此战略，他们采取的一项重要战术就是收购所罗门公司，所罗门公司是生产滑雪设备、高尔夫球杆和自行车零件的，对所罗门公司的收购就意味着阿迪达斯已进入与此相关的领域，以实现自己的多元化战略目标。

互动环节：举例说明什么是战略以及在此战略下的战术。

5.3 战略的种类

1. 稳定型战略

稳定型战略是指在企业的内外部环境约束下，企业准备在战略规划期限内使企业的资源分配和经营状况基本保持在目前状态和水平上的战略。企业采取稳定型战略也就意味着企业经营方向及经营产品在其经营领域内所达到的产销规模和市场地位都大致不变或以较小的幅度增长或减少。

采取稳定型战略的企业，一般处在市场需求及行业结构稳定或者较少动荡的外部环境中，因而企业所面临的竞争挑战和发展机会都相对较少。但是，有些企业在市场需求以较大幅度增长或是外部环境提供了较多发展机遇的情况下也会采用稳定型战略。这些企业一般来说是由于资源状况不足使其难以抓住新的发展机会，而不得不采用相对保守的稳定型战略态势。

以 Patagonia(巴塔哥尼亚)公司为例，管理者考虑到环境因素，所以选择维持现状，不做特别的改变。例如，聚酯纤维是从石油中提炼而成的，有明显的污染问题，而使用棉花或羊毛等原料也不是最佳选择，因为在种植棉花时，为了扑灭棉花的害虫，棉农会喷洒有毒的杀虫剂，这将使土地变得贫瘠，也使得生产出来的棉花含有甲醛；另外，羊毛产自绵羊，而过度放牧，将使地球变得脆弱，甚至成为不毛之地。所以，Patagonia 公司开始减少 30%~40% 的产品种类，它目前产品的颜色选择只有过去的一半。

2. 增长型战略

增长型战略是一种使企业在现有的战略基础上向更高一级目标发展的战略。它以发展作为自己的核心内容，引导企业不断地开发新产品、开拓新市场，采用新的生产方式和管理方式，以便扩大企业的产销规模，提高竞争地位，增强企业的竞争实力。增长型战略是一种比较流行、使用较多的战略态势。

在实践中，增长型战略有许多种不同类型，主要有集中型增长战略、一体化战略和多样化战略。

集中型增长战略主要集中于单一产品或服务的增长，以快于以往的增长速度增加企业目前的产品或服务的销售额、利润和市场份额等，它比较适合于那些对企业的产品或服务的需求处于增长趋势的业态。

一体化战略是指企业充分利用自己在产品、技术、市场上的优势，根据物资流动的方向，使企业不断地向深度和广度发展的一种战略，它有利于深化专业分工协作，提高资源的利用深度和综合利用效率。此战略又可细分为前向一体化、后向一体化和水平一体化3种战略。

根据现有业务领域和将来业务领域之间的关联程度，可以把多样化战略分为横向多样化、纵向多样化、复合多样化3种战略。横向多样化是以现有的产品市场为中心，向水平方向扩展业务领域，也称为水平多样化或专业多样化。纵向多样化是指虽然与现有的产品、市场领域有些关系，但是通过开发完全异质的产品、市场来使业务领域多样化。复合多样化是一种增加与企业目前的产品或服务显著不同的新产品或服务的增长战略，即企业所开拓的新事业与原有的产品、市场相关性不大，所需要的技术、经营方法、销售渠道必须重新取得。

3. 紧缩型战略

紧缩型战略是指企业从目前的战略经营领域和基础水平收缩和撤退，且偏离战略起点较大的一种经营战略。与稳定型战略和增长型战略相比，紧缩型战略是一种消极的发展战略。一般地，企业实行紧缩型战略只是短期的，其主要目的是避开环境的威胁和迅速地实行自身资源的最优配置向其他产业转移。可以说，紧缩型战略是一种以退为进的战略态势。

采取紧缩型战略的企业可能出于各种不同的动机。从这些不同的动机来看，有3种类型的紧缩型战略，即适应型紧缩、失败型紧缩和调整型紧缩战略。

适应型紧缩战略是企业为了适应外部环境而采取的一种战略。这种外部环境包括经济衰退、产业进入衰退期、对企业产品或服务的需求减小等。在这些情况下，企业可以采取适应型紧缩战略来度过危机，以求发展。

失败型紧缩战略是指由于企业经营失误造成企业竞争地位虚弱、经营状况恶化，只有采用紧缩战略才能最大限度地减小损失，保存企业实力。失败型紧缩战略的适用条件是企业出现重大的内部问题，如产品滞销、财务状况恶化、投资已明显无法收回等情况。

调整型紧缩战略的动机则既不是经济衰退，也不是经营失误，而是为了谋求更好的发展机会，使有限的资源分配到更有效的使用场合。因此，调整型紧缩战略的适用条件是企业存在一个回报更高的资源配置点。为此，需要比较的是企业目前的业务单位和实行紧缩战略后资源投入的业务单位。在存在着较为明显的回报差距的情况下，可以考虑采用调整型紧缩战略。

4. 混合战略

混合战略是其他3种战略态势的一种组合，其中组成该混合战略的各战略态势称为子战略。从混合战略的特点来看，一般是较大型的企业采用较多，因为大型企业相对来说拥有较多的战略业务单位，这些业务单位很可能分布在完全不同的行业和产业群之中，它们所面临的外界环境、所需要的资源条件完全不相同。

5.4 战略管理的过程

1. 确立宗旨、远景和目标

宗旨是组织基本的目的和价值取向，也是组织的经营范围。战略远景是在宗旨以外，描述公司前进的方向和公司的最终目标，远景更为形象地表明了公司的长期方向和战略意图。

宗旨、目标和远景，看上去似乎是一些条条框框的概念，但它却是一个公司的精髓和灵魂，公司任何具体的经营运作都要围绕着这些总体的战略思想。例如，一个快餐经营者如果为自己制定的目标是养家糊口，那他也许永远只能做一个快餐店的小老板，如果他雄心勃勃地想成为全国快餐大王，那就会激励他对自己提出更多的要求，不断挑战自我的极限，也许结果他真的能成为快餐行业的巨无霸。玫琳凯化妆品有限公司的战略宗旨是分享关怀，这个宗旨就比仅仅是化妆美容的范围要大得多，在此宗旨指导下，企业提供的除了化妆品本身之外，还在销售化妆品的过程中融入了一些文化因素，如它倡导一种美容精神，那就是一个漂亮的女人除了要做外表的美容，还要做精神的美容，所谓精神的美容就是保持积极、健康、年轻的心态，以快乐、平和的心情乐观地对待生活，这实际上是对消费者的一种人文关怀，其意义要远远超过化妆品本身，从这个视角去审视企业经营，又会发现新的经营领域，这就使它的营销视野广泛了许多。

再如荷兰皇家壳牌公司的战略宗旨：在满足客户、员工、供应商和公众期望的基础上，最大化股东的利益。我们是皇家荷兰壳牌集团的独立经营的公司，受益于集团在世界范围内的知名度和技术支持，并为此做出自己的贡献。远景：我们的目标是成为美国第一，并在我们的业务领域内处于世界领先。我们要以无比的责任感和提供高商品价值的能力征服客户。我们，壳牌人，是实现这一远景的关键，并因我们的敬业、能力、改进的紧迫感和我们共享的价值观而与众不同。

从上述描述可以看出，壳牌公司的战略宗旨和远景既远大，又具有很强的现实性，并不是那种可望不可即的虚无缥缈的海市蜃楼。

2. 分析外部环境中的机遇和威胁

（1）行业和市场分析：行业构成、行业增长和行业力量。

（2）竞争者分析：主要竞争对手及其市场份额、竞争者的目标、战略优势和劣势。

（3）政治和监管分析：法律制度及政治对行业的影响。

（4）社会分析：现有的和潜在的社会问题、客户、环保或类似的对行业产生影响的社会团体。

（5）人力资源分析：包括企业内部的人力资源状况，如人员的学历结构、技术结构、人力成本情况等，此外外部环境中的劳动力情况的分析对企业也是非常重要的，如对一些劳动密集型的企业，它要制定一个销售额达到一定数量的发展规划，必须要了解未来所能提供的劳动力是否能支撑企业的这项规划。再如有报道说海尔公司要进入金融投资领域，以它做电器的出身，它就必须在人力资源方面进行慎重考虑，公司是否具有足够的可以支撑它进入这个行业的专业人员。

（6）宏观环境分析：影响行业供给、需求、增长、竞争和利润等经济因素。20世纪90年代后期，美国人的家庭装修出现了一种新的流行趋势，因为包工的价格太贵，又不一定能满足个人的喜好，同时自己动手做一些装修工作又很能体现装修者的个性，很有一种创造的乐趣，所以许多人开始自己搞装修。于是许多大型家居超市应运而生。其中家居仓库劳氏公司做得最为成功，主要原因在于他们对市场的宏观环境进行了成功的扫描和分析。他们从各种市场调查结果得知：80%的家庭装修都由女性发起，而大部分女性消费者不喜欢到无趣的商店买东西，于是劳氏大力改造购物环境，营造"愉悦的购物体验"。结果，广大的妇女消费者都涌向走亲切路线的劳氏卖场，劳氏公司的市场占有率得到了极大的提高。

3. 分析内部环境中的优势和劣势

内部分析可使战略决策者对公司的技术储备、资源储备和职能部门的运营水平有全面的了解。

毋庸置疑，战略计划受到内部资源的强烈影响。资源有多种形式，可粗略地分为两大类：①有形资产，如房地产、生产设备、原材料等；②无形资产，如商誉、文化、专有技术、专利和在学习中积累的经验等。例如，迪士尼公司的有形资产包括酒店和主题公园等，无形资产包括品牌、天才的能工巧匠、服务客户的文化等。

成功的内部分析可以使企业清楚地了解如何通过资源进行竞争。只有在一定的条件下，资源才能成为取得竞争优势的资源。

（1）如果资源可以使客户从产品或服务中获取更大的性价比，那么资源就带来了竞争优势。例如，沃尔玛先进的存货控制系统可以使他们基本上实现零库存，从而可以将成本控制在最低限度，这样在和同行业的竞争中无疑就会占据优势地位。

（2）如果资源是稀缺的，是竞争对手不能得到的，则它是能带来优势的源泉。例如，德国的企业在竞争中就形成了独到的特点，那就是他们通常不会像许多中国企业那样在性能、技术含量等方面没什么差别的产品市场上进行两败俱伤的恶性价格竞争，而是专注于特定的细分市场。正因为如此，德国的许多即使是作坊式的小企业都有自己独特的技术专利，形成难以模仿的资源。德国的机械业很发达，其实也是得益于这种竞争文化。南京地铁用的自动扶梯链条（学名为梯级传动链）全部是德国的堪特沃尔夫链条。这是一种用于自动扶梯上的链条，也是同行业中最著名的品牌。这个企业规模不大，地址也在不起眼的乡村，但这个企业已有上百年的历史。它从材料的选购到整个零件的加工成型一直到装配完成都是在作坊式的工厂里做出来的，但经过几代人不断地改进，在这一市场上形成了无与伦比的优势，看似相同的链条，其价格和国内同类型产品相差三倍，即使这样，每年来自世界各地的订单仍然源源不断。

（3）如果资源被有效地组合在一起，就能增强整体的竞争优势。例如，用于电器外表的塑胶模具行业（如手机按键），日本的工艺虽然很好，但价格却很贵，而同样的工艺质量，中国台湾的产品则是价廉物美，其中的一个重要原因就在于中国台湾企业在这个行业独特的经营模式和经营理念，如制作一部手机上的按键大约要经过七道工序，而每道工序都有独特的技术要求，技术上都有一些诀窍。在中国台湾，就有不同的加工作坊在不同的工序上有得天独厚的优势，并且因为有优势就会在行业中形成特立独行的品牌效应，于是不同的工序可以去找这道工序生产最好的作坊，结果最后生产出的模具不仅是最好的，而且价格上也有一定的优势。同时对于这些小作坊式企业来说，也不会形成恶性竞争，因为每个作坊都有自己的细分市场和特色,最终形成了一种稳定、良好的竞争氛围。

如果资源是有价值的、稀缺的、不可模仿的和有组织的,它们就可以被看作公司的核心能力。简单地说,核心能力就是指公司优于其竞争对手之处,可能是独一无二的技能和知识,也可能是某种运作模式。例如,本田公司的核心技术在于小型发动机的设计和制造,索尼公司的核心能力在于对产品的微型化创新,联邦快递的核心能力是后勤保障和客户服务。再如美国的汽车行业,通用公司一贯被认为是在市场营销方面具有核心能力,而福特公司是以质量独树一帜,克莱斯勒的核心能力则是设计和工程。

下面是进行内部资源分析的一些要素。

(1) 财务分析:包括对企业经营环境与经营特性的分析、企业会计政策及其变动分析、财务报表项目及其结构分析、财务能力分析、企业综合分析与评价等。通过对财务分析可以了解掌握企业经营的实际情况,企业的行业地位、盈利能力、经营效率、偿债能力、发展能力等财务能力,并针对现状做出综合分析与评价,预测企业未来的盈利情况与产生现金流量的能力,为相关经济决策提供科学的依据。例如,杜邦公司的财务分析体系以净资产收益率为龙头,以资产净利率和权益乘数为核心,重点揭示企业获利能力及权益乘数对净资产收益率的影响,以及各相关指标间的相互影响作用关系。层层分解至企业最基本生产要素的使用,成本与费用的构成和企业风险,满足经营者通过财务分析进行绩效评价的需要,在经营目标发生异动时能及时查明原因并予以修正。

(2) 人力资源分析:主要包括人力资源数量分析、人员类别的分析、人员的素质分析、人员年龄结构和职位结构分析等。上述分析将有助于一个组织最大限度削减经费、降低成本、创造最佳效益,从而提高竞争优势。有报道说海尔公司要进入金融投资领域,以它做电器的出身,它就必须在人力资源方面进行慎重考虑,公司是否具有足够的可以支撑它进入这个行业的专业人员。

(3) 市场营销审计:主要包括市场营销环境审计、市场营销战略审计、市场营销组织审计、市场营销制度审计和市场营销生产率审计等。市场营销审计作为企业市场营销管理和控制的重要工具,可有效地克服市场营销活动中的盲目性。我国企业目前亟待开展并强化市场营销审计工作。运用市场营销审计这一企业战略控制的工具,不仅能够及时揭示营销存在的问题,减少不利因素的影响,还有助于企业将潜在的市场机会转化为现实市场机会,同时对企业制定理性的竞争策略,提高企业营销效益,节约营销资源,规避营销风险等都有着重要的理论和现实意义。

(4) 运作分析:高效率的生产与运作是企业在市场竞争中获取优势的关键,因此生产与运作分析是现代企业管理的重要内容,也是科学管理的重要组成部分。苏宁公司把握空调市场其他经营企业服务不好这一机遇,在服务方面加大投入,取得巨大成功,之后又适应市场需要,走电器经营多元化道路,在全国各大城市发展综合电器连锁店。

4. SWOT分析和战略形成

在对外部和内部环境进行分析后,战略决策者获得了有关战略形成所需要的信息。SWOT是优势(Strength)、劣势(Weakness)、机遇(Opportunity)、威胁(Threat)4个英文单词的第一个字母。多年来,人们一直用SWOT矩阵分析公司所处的竞争环境,这样就形成了4组不同的战略选择,见表5-1。

表 5-1　SWOT 矩阵的战略选择

内部因素 外部因素	内部优势（S）： 如管理、运作、财务、市场营销、研究与开发、工程等优势	内部劣势（W）： 与"优势"中相对应的薄弱环节
外部机会（O）： 如目前和未来经济状况；政治和社会变革；新产品、服务和技术	SO 战略：极大－极大。 可能是最成功的战略，可以充分利用组织的优势和机会	WO 战略：极小－极小。 如为了利用外部机会，制定发展战略用以克服薄弱环节
外部威胁（T）： 如能源短缺、竞争以及上栏"外部机会"中相似的因素	ST 战略：极大－极小。 如用内部优势来抵消外部威胁或规避外部威胁	WT 战略：极小－极小。 如收缩、清算或合资，用以降低薄弱环节和威胁带来的负面影响

（1）WT 战略把薄弱环节和威胁减小到最低点，可以称为"极小－极小"战略。这可能意味着公司需要组建合资企业、收缩甚至清算。

（2）WO 战略力图使薄弱环节降低到最低点，同时使机会扩大化。这样，在某些方面存在薄弱环节的企业，通过企业自身解决这些问题，或者从外界获得所需要的能力（如技术或具有所需要的技能的人员），以便使公司能充分利用外部环境中的机会。

（3）ST 战略是利用组织的优势去对付环境中的威胁，目的是将组织优势最大化，把威胁减少到最低程度。这样公司可能利用技术、财务、管理或营销的优势，来化解竞争对手的新产品带来的威胁。

（4）SO 战略是最理想的局面。管理人员可以扬长避短，抓住外部机会，同时发挥公司内部优势。显然，企业的目的是从矩阵的其他象限移动到 SO 战略项下。如果公司存在薄弱环节，就要努力去克服，将其化为优势。如果他们面临威胁，就要迎头面对，泰然处之，以便能够将精力集中在机会上。

此外，企业的战略一般分成以下 3 个不同的层次。

（1）公司战略：又称总体战略，是企业最高层次的战略。它需要根据企业的目标，选择企业可以竞争的经营领域，合理配置企业经营所必需的资源，使各项经营业务相互支持、相互协调。

（2）业务战略：是指组织为建立并加强其在市场中的竞争地位而采取的主要行动。

（3）职能战略：由组织的每个职能部门来完成，对业务战略提供支持。

制定公司战略是企业高层管理者的主要职责，制定业务战略是企业业务部门领导层的主要职责。除此之外，这 3 个层次战略的制定与实施过程实际上是各级管理者充分协商、密切配合的结果。可见公司战略、业务战略和职能战略一起构成企业的战略体系。在一个企业内部，企业战略的各个层次之间相互联系、相互配合，每一个战略层次都构成了其他战略层次赖以发挥作用的环境，任何一个战略层次的失误都会导致企业战略无法达成预期目的。例如，星巴克的一项业务战略是星巴克的咖啡文化战略，其职能战略是由人力资源部门实行的，整体思路是向其 20000 名员工灌输为客户服务的激情，这项计划被称为"合伙人"。为此，星巴克雇用年轻、热情和善于沟通的员工。员工的平均年龄是 26 岁，85%的员工受过高中以上的教育。星巴克对他们进行严格的培训，"煮一杯最好的咖啡"是所有合伙人必须在6个星期内完成的一门课程,如牛奶要煮到150℃,但不要超过170℃。培训的另一个项目是如何灌装一磅装的咖啡,一点不多,一点不少。"客户服务"教会员工为人处世的技巧,包括保持自尊、学会倾听与求知等,公司还为所有员工提供健康保险和股票期权。公司的人力资源计划收到了良好的效果。员工流动率低于同行平均水平50%,公司的业绩增长也令人瞩目,现在除了美国国内的1000多家星巴克分店外,海外也成立了近2000家分店。

5. 战略实施

与计划一样,制定了适当的战略还不够,战略经理必须保证新战略的实施是有效果并且是有效率的。研究者发现,高明的技术和好的计划并不能确保成功,这主要反映在两个趋势上。第一,组织对实施有了更深入的理解。战略必须得到合理的组织结构、技术、人力资源、信息系统、企业文化和领导风格等方面的支持。第二,许多组织在战略计划的实施中,越来越多地鼓励各个层次的管理者都参与战略的制定。

6. 战略评价

战略评价目的是评价组织战略过程中是否存在差异,如果存在差异,就要采取相应的更正行动。例如,企业每年年底进行的各种财务结算和审计,就是为了评估实际的结果与年初之间是否有偏差,如有偏差,偏差在哪里?获得这些数据之后,就可以在第二年进行改进。这个过程其实就是一个典型的控制过程。

思 考 题

1. 通用电气前总裁杰克·韦尔奇曾说过:"与其让别人掌握你的命运,不如你自己来主宰。"在战略管理中,这句话有什么含义?
2. 在汽车行业,如通用汽车、大众汽车和丰田汽车公司,你认为什么是核心竞争力?以丰田、日产、奔驰、大众为例,说明这些能力是如何帮助他们与国外竞争者进行竞争的?
3. 挑选一家你感兴趣的企业,了解其经营状况,找出其优势和薄弱环节。它外部环境中的特殊机会和威胁是什么?
4. 你如何评价你所在学校学院的战略管理?
5. 怎样才能有效地实施战略?
6. 战略管理与组织绩效有什么关系?

案例资源1

联想收购摩托罗拉,29亿美元究竟买到了什么

2014年1月30日,联想集团以29亿美元的价格从谷歌手中收购了摩托罗拉移动,多少令人有些诧异,不是黑莓,不是HTC,也不是酷6,而是摩托罗拉移动。在陆续收购IBM PCD业务、IBM X86服务器业务后,联想终于在其短板——移动业务——下了一次狠手。

对于联想来说，多了摩托罗拉移动的加持，联想在移动业务上的发展定会更平顺。

据悉，当联想完成本次收购后，摩托罗拉旗下的3500名员工，其持有的2000项专利，以及摩托罗拉移动品牌和商标组合，全球50多家运营商的合作关系都将归于联想移动业务集团，由刘军掌控。收购自然是有利有弊，我们不妨来看看联想究竟在这次收购中获得了什么，以及还面临着哪些问题。

联想获得了什么？

1. 专利

作为移动通信领域的先驱，摩托罗拉手中握有大量专利资源，这对于任何一家公司或者企业来说，都是一笔非常宝贵的资产，包括谷歌，也包括联想在内。专利是厂商与厂商间直接较量的最佳武器，凭借专利，可以极大程度上限制其他公司产品的研发，从而保障自己在市场中的有利地位。联想在这一点上一直处于不利位置，而如今有了摩托罗拉移动的加持，联想在专利领域便间接积累了大量专利资源，这对于联想进军并立足国际舞台是有重要意义的。

2. 品牌

联想集团本次收购摩托罗拉移动，不仅获得了3500名员工和2000项专利，同时拿下了摩托罗拉的品牌和商标。对于联想而言，收购摩托罗拉似乎并不能在短期内带来明显的效益，但重要的是联想直接获得了进军全球市场的门票。虽然摩托罗拉目前的市场份额持续呈现缩水状态，但其品牌价值和市场影响力仍然不可小觑。相比之下，联想虽同样占有一定的市场份额，但其主要销往地区仅包括中国、印度尼西亚等新兴市场。可以说，摩托罗拉在全球市场的品牌影响力，要比联想成熟并且大的多，借助摩托罗拉成形的品牌效应，将会大幅加快联想进军国际市场的步伐。

3. 合作关系

联想之所以在海外市场迟迟没有太多出色的表现，除了品牌影响力不足外，渠道合作关系也是一方面的原因。联想PC(个人计算机)业务虽然坐拥全球第一，其海内外公共关系和相关渠道也建设得有模有样，但在智能手机领域，联想并没有太多的建树。反观摩托罗拉，通过多年的全球布局，摩托罗拉在全球市场内拥有非常强大的公共关系以及品牌形象，这些都有助于联想在海外市场的发展和扩张。

4. 研发

谷歌CEO拉里·佩奇曾在其官方博客写道，谷歌自收购摩托罗拉后，一直在协助整个Android生态系统的建立，以及摩托罗拉团队的重建。摩托罗拉拥有出色的产品设计和技术研发团队，这些人的加入将为联想注入新的活力。

联想面临着哪些问题？

1. 重建摩托罗拉

谷歌花了几年的时间重建摩托罗拉，但从摩托罗拉目前的市场份额来看，一直处于缩水状态，即便其在近期内推出了Moto X和Moto G两款优秀产品，但就事实来看并不能带来多少改变。联想接手后，又应该如何去做？

2. 文化整合

企业并购最大的困难是文化整合，对于联想和摩托罗拉来说，文化差异是必然存在的，在人事、行政等方面的管理和调度也不尽相同，如何能在最短的时间内达到最佳的整合效果,是联想需要考虑的。当然,在这方面上,联想已经有着非常丰富的经验,不论是收购 IBM PCD 还是 NEC,都曾遇到同样的问题,而从事实来看,联想在这方面处理得非常得当。

3. 用户流失

对于并购的两家企业来说,暂时性的用户流失是在所难免的,即便是 IBM PCD 这样的成熟业务,在被联想收购之际也出现了这样的问题。对于联想,把握住大部分的用户和客户是非常必要的,其中不仅包括普通消费者等零散用户,还包括企业、集团等大型客户。

总而言之,联想收购摩托罗拉移动的结果是双赢的。对摩托罗拉来说,在危难时刻得到联想的鼎力支撑,将有助于其在软件服务领域的规划发展,而"解脱"之后的谷歌也能够将更多精力投入 Android 生态系统的建设中。而对联想来说,收获摩托罗拉的意义重大,不仅获取了宝贵的专利资产,丰富完善其产品线,同时依靠着摩托罗拉强大的品牌影响力,以及成熟的供应商和销售渠道,为其进军国际市场奠定了坚实的基础。

(资料来源:天极网手机频道.)

思考题

1. 你如何看联想公司对摩托罗拉的收购?
2. 联想对摩托罗拉的收购属于哪一层次的战略?制定这一层的战略需要考虑哪些因素?

案例资源2

柯达——成也胶卷,败也胶卷

曾几何时,柯达几乎就是影像行业的代名词。在过去的一个世纪,无论是世界历史上发生的那些重要时刻,还是我们每一个地球人生活中一些弥足珍贵的美好瞬间,都离不开柯达胶卷强劲的技术支持。

在 20 世纪八九十年代,具有鲜明特色的柯达胶卷冲印店遍布大街小巷,"傻瓜相机"与柯达胶卷和那个年代最流行的歌曲、最新潮的服饰一起,作为一种标志性的文化符号,深刻地存留在了人们的集体记忆里。

"我能做的都做了,是不是还有什么在等着我?" 1932 年,处于事业高峰的美国胶片巨头柯达公司创始人乔治·伊斯特曼因疾病自杀前留下这样的遗言。这句遗言,从很大程度上也反映了这位伟大的企业家求新求变的经营理念和强烈的忧患意识。

回顾柯达公司 130 多年的发展历程,重温对于柯达公司来说,那些流光溢彩的重要华彩段落,不难发现,几乎都伴随着令人眼花缭乱,充满创意的各种创新。

事实上,柯达公司以其百多年的扎实积累,厚积薄发,造就了自己在影像行业的辉煌,尤其是柯达胶卷的巨大市场份额也在情理之中。

看到一个统计,2003 年,柯达仅在中国就拥有了 8000 家连锁冲印店,这就不奇怪为什么那个年代,满世界都是柯达专卖店了。由此也可以看出,柯达巨大的市场规模。

但美人终会迟暮,柯达也终难永葆青春。

在柯达的巅峰期,胶卷业务曾为其带来了巨大的商业收益。在"胶卷时代",柯达曾占据全球2/3的市场份额，柯达品牌的胶卷几乎成了胶卷的代名词，正因为如此，柯达的决策层对这项业务沉溺得不顾一切，难以自拔，以至于严重忽视了曾与公司发展如影随形的创新与变革理念，流连在既往传统的产业和品牌美梦中徘徊不前。

岂不知市场不相信品牌，只相信该品牌后面的产品所彰显的市场魅力。以往消费者青睐柯达，并不仅仅因为柯达本身，而是因为柯达的产品有着它致命的吸引力。可有一天，当这些曾经让消费者着迷的产品特质不复存在的时候，就会被毫不留情地淘汰。这才是市场不变的规则。

人们作为其他角色的时候，也许有一种名叫"忠诚"的可贵的性格特点，可一旦自己的角色转换为消费者的时候，立刻就会毋庸置疑地显示见异思迁的一面。

原本，企业潜心于其核心产品，将产品做深做透做到极致，这是一个不错的经营思路，但这种执着必须建立在市场需求这一基础之上。其实，柯达以往在影像行业所取得的辉煌业绩，也跟其经营者们适时瞄准市场需求甚至让产品超越市场预期，从而令消费者产生惊喜感有很大的关系。

以往没有数码相机的时候，传统相机就成了消费者别无选择的选择，柯达占领了先机，因而能在胶卷业务上取得巨大成功，但进入数码时代，数码相机所拥有的传统相机所无可比拟的优势，使数码相机成了传统相机难以逆转的替代者，在这种情况下，柯达如果不能赋予传统相机以更新更炫的性能，那么，胶卷就会立刻由"掘金者"的角色转换为它的"掘墓者"。

之前有过一则报道，说柯达通过百年积累，拥有1100多项专利，可想而知，柯达胶卷的恢宏业绩与背后强大的技术支撑不无关系。但柯达不是充分利用这些珍贵的资源为下一步的业务发展做准备，而是东奔西跑，联络相关企业试图出卖这些专利，以期获取周转资金，不由唏嘘：柯达这是怎么了？这无异于饮鸩止渴啊。

柯达有过这样自豪的口号："你只要按下快门，其他的交给我们。"但现如今，也许最具有讽刺意味的在于，在按下快门以后，柯达公司可能将长久定格于灿烂辉煌的过去了。

在这个变革日新月异的时代，唯有"变革"才是不变的道理。不在变革中涅槃，就在变革中灭亡。

柯达真可谓是成也胶卷，败也胶卷。由此看来，胶卷本身没有问题，问题是柯达该如何在胶卷上做文章，并做出像它以往所做的那些"锦绣文章"。

（资料来源：秦虹.管理的气质.南京：东南大学出版社，2014.）

思考题
1. 从战略管理的角度分析柯达失败的主要原因。
2. 柯达破产对企业战略管理有什么启示？

实践教学环节：如何写一篇管理学小论文

1. 小论文简介

小论文是指篇幅较小的论文，字数为1500~3000字，小论文与作文不同，它具有学术的性质,以一种论文的表达方式,内容是在研究学术或评论事件,让学生以自由的短文叙述,目的在于了解和提升学生以下方面的素质和能力。

(1) 创造力。
(2) 对学科专业的理解深度和灵活度。
(3) 对信息的判断与运用。
(4) 生活态度与价值观。
(5) 文字表达能力。

2. 小论文的类型

(1) 叙述说明型:这种题目就像以前写过的议论文,针对最近最新发生的重大时事、人物等来抒发个人的看法。
(2) 情境假设型:命题者提供一个明确的情境,同学们就该情境所规定的条件去写作,通常这类论文的思路是:假如你是……,你会如何处理这个问题?
(3) 心得感想型:会让同学观看一段影片,或阅读一篇文章或书籍,再让同学发表心得感想。

3. 小论文写作的步骤

小论文的写作包括以下步骤。
(1) 选择题目:限定主题范围,务求具体明确,并要考量完成的可行性。
(2) 拟定初步大纲:是暂时性的文章架构,以确定收集资料的方向,可随时依据收集到的资料和实际情况需要进行适当修正。
(3) 收集资料途径包括:①请教老师,获得重点提示;②利用图书馆、网络等各种资源,所得资料应注明出处来源,如书名、篇名、著者、版次、出版社,期刊的期数、页数等,以供进一步的整理和运用。
(4) 整理与评估资料:将收集到的资料加以分析、整理,并做好笔记,但要将自己的心得与他人的著作加以区分,若有直接引用的,必须注明来源,以免有剽窃之嫌。
(5) 整理思路:拟定详细大纲,以初步大纲为架构,再对照自己所收集的资料,拟定更详细的提纲。
(6) 正式撰写:小论文和作文不同,作文重视遣词造句,小论文则注重思考能力与架构,因此需要文字简洁,条理分明,将参考资料重点标出,再进行重新组合,加上自己的看法,就写成了一篇小论文。

4. 小论文的格式

1) 标题

标题是文章的眉目。各类文章的标题样式繁多,但无论是何种形式,总要以全部或不同的侧面体现作者的写作意图、文章的主旨。小论文的标题一般分为总标题、副标题、分标题几种。

副标题和分标题:为了点明论文的研究对象、研究内容、研究目的,对总标题加以补充、解说,有的论文还可以加副标题,特别是一些商榷性的论文,一般都有一个副标题,如在总标题下方,添上"与××商榷"之类的副标题。

另外,为了强调论文所研究的某个侧重面,也可以加副标题,如《如何看待现阶段劳动报酬的差别——也谈按劳分配中的资产阶级权利》《开发蛋白质资源,提高蛋白质利用效率——探讨解决吃饭问题的一种发展战略》等。

对于标题的要求,概括起来有三点,一要明确。要能够揭示论题范围或论点,使人看了标题便知晓文章的大体轮廓、所论述的主要内容以及作者的写作意图,而不能似是而非、藏头露尾,与读者捉迷藏。二要简练。论文的标题不宜过长,过长了容易使人产生烦琐和累赘的感觉,得不到鲜明的印象,从而影响对文章的总体评价。标题也不能过于抽象、空洞,标题中不能采用非常用的或生造的词汇,以免使读者一见标题就如堕烟海,百思不得其解,待看完全文后才知标题的哗众取宠之意。三要新颖。标题和文章的内容、形式一样,应有自己的独特之处。

2)内容提要

内容提要概括论文的中心论点、研究角度及研究方法,还可以对研究成果进行简单的价值评估。论文提要应写得简明扼要,一般应控制在300字以内。对同学们的要求是100~200字。

写作内容提要的目的如下。

(1)为了使老师在未审阅论文全文时,先对文章的主要内容有一个大体上的了解,知道研究所取得的主要成果、研究的主要逻辑顺序。

(2)为了使其他读者通过阅读内容提要,就能大略了解作者所研究的问题,如果产生共鸣,则再进一步阅读全文。在这里,内容提要成了把论文推荐给众多读者的"广告"。

因此内容提要应把论文的主要观点提示出来,便于读者一看就能了解论文内容的要点。论文提要要求写得简明而又全面,抓住要点。例如,一篇题为《新经济背景下家族企业的管理创新》的论文其内容提要如下:

本文就新经济背景下家族企业的管理创新进行深入探讨,认为新经济具有的一系列全新的特点,新经济背景下我国家族企业的管理必须进行创新。同时,对于我国家族企业如何面对新经济的挑战、如何进行管理创新提出了九条有效建议,具有重大的理论意义和现实价值。

本文内容由4个部分构成:家族化企业及其优劣势分析、新经济的概念和特点及对家族化管理的挑战、新经济背景下家族企业管理创新对策建议。

3)关键词

关键词可以看做一组以词语形式表达的摘要,它比摘要更为简明。所摘出来的关键词必须能真正起到关键作用,如《新经济背景下家族企业的管理创新》的论文其关键词为黑体字部分。

4)正文

正文一般包括序(绪)论、本论、结论3部分。

(1)绪论要简洁,迅速地把读者导入本论文,使人一看就知道作者要研究什么问题,准备如何研究,有何意义。

① 研究目的、理由和意义。

② 提出问题(主要回答"你发现了什么问题"),表明作者的见解和主张。

③ 说明论证方法。

④ 对本课题研究历史做简要回顾，简要地交代研究的起点，特别是表明论证过程中使用的新的思维方法。

⑤ 概括介绍论述的问题或提示问题讨论的结果。

（2）本论是论文正文的主要部分，在这一部分中，作者将集中地对绪论中提出的问题加以分解、分析，并提出解决方案。（主要回答"你想怎么解决这一问题""你是依据哪些理论提出解决问题的办法的"）

（3）结论是学术论文的最后部分，是围绕本论文所做的结束语。结论部分的任务是将已经在绪论中提出的中心论点在分析之后加以归纳总结。

① 作者对研究的课题得出的答案。

② 作者对研究的课题提出探讨性的意见。

③ 对课题研究的展望。

这三者的关系是：绪论中所提出的问题，经过本论部分的充分分析论证，自然地得出结论。

5）参考文献

参考文献又称参考书目，它是指作者在撰写论文过程中所查阅参考过的著作和报纸杂志，它应列在论文的末尾。列出参考文献的好处在于：当作者本人发现引文有差错时，便于查找校正。

当然，论文所列的参考文献必须是主要的，与本论文密切相关的，对自己写论文起重要参考作用的专著、论文及其他资料。

参考文献的格式为"姓名：文献名　页数　发表处　发表时间"。

5. 小论文常见的毛病

（1）题目不妥。其中包括题目过大，所定题目的容量超过了论文应有的限定；题目过小，所定题目难以准确概括论文内容；题目过旧，不能恰当表现论文的见解；题目过长，文字欠精练。

（2）观点不妥。其主要表现为观点空泛，泛泛而谈；断章取义，牵强附会；主观片面，有失全面；零星散乱，缺乏概括。

（3）论证不力。其主要表现为有理无据，缺少佐证；理据相悖，自相矛盾；论据不足，缺少说服力；材料失实，不能说明问题；堆砌材料等。

（4）语言不精。其主要表现为用词不准确；句子不简练；语意空虚，没有实质内容；语意含混，意思纠杂；条理不清，逻辑紊乱等。

（5）表、图繁杂。其主要表现为表、图使用过多；表、图安排不当；表、图粗制滥造。

6. 提高论文质量的关键

1）论点鲜明

（1）中心论点是属于全局性的东西，具有战略意义。它是纲，"举一纲而万目张"，一篇文章只能有"一纲"，一篇论文只能有一个中心论点。

（2）分论点从属于中心论点，它具体地、深入地从多方面或多层次阐释和证明中心论点。

（3）中心论点的要求：①正确；②深刻，写出"人人心中皆有，人人笔下所无"的见解来,如"转化一个后进生,等于培养一个优秀学生"的命题;③集中,中心论点要单一、明确和突出,必须从头到尾一条线,中心论点贯穿全篇;④新颖,要写出新鲜活泼的东西,切忌"千人一面"。

采用开门见山的方式提出论点的论文最多。因为开门见山提出论点,就占有了心理上的"先入为主"的优势,能起到引导读者理清思路的作用,使读者能循路而入。

开门见山提出论点还有一个好处,一下子就能打开议论的口子,立论鲜明,易于展开。

有的论文,中心论点在文章的中间部分提出,先由论述引出论点,再由论点深入论述。有的论文,结论就是中心论点。

2)论证有力

(1)论证的一般方法。论证,是运用论据来证明论点的全部推理过程,首先要对占有的材料进行分析,形成正确的概念,再用准确的概念进行恰当的判断和合乎逻辑的推理。

(2)归纳和演绎。归纳是从特殊到一般的逻辑推理,演绎是从一般到特殊。从人类认识史来看,科学及社会的进步主要运用了归纳法。例证法即举例法,就是运用归纳推理,说服力很强。

(3)分析和综合。分析是在思维中把一个事物分解成各个属性、部分、方面,分别加以研究。综合是把分解开来的各个属性、部分、方面再综合起来。西方科学思维传统善于分析。东方思维传统着重已成的综合。其实,两者应当辩证统一,先后有序。因果分析法,遵循的是"提出问题—分析问题—解决问题"的认识规律。

(4)具体和抽象。具体是指客观存在的或在认识中反映出来的事物的整体,是具有多方面属性、特点、关系的统一。抽象是指从具体事物中被抽取出来的相对独立的各个方面、属性、关系等。科研认识的规律是,首先从具体到抽象,而更高的认识还要从抽象到具体。

第 6 章 构建竞争优势

 学习目标

学完本章节，应该了解以下要点：
1. 竞争优势的来源；
2. 竞争优势的构建；
3. 保持持续竞争优势的因素；
4. 迈克尔·波特及他的竞争战略分析框架。

 **引导案例**

太阳马戏团的"蓝海"战略

太阳马戏团是堪与迪士尼媲美的加拿大"国宝"，是世界上规模最大、收益最高也最受欢迎的表演团体之一。它每年有 11 个节目在全球巡演，足迹遍及四大洲的 100 多个城市，拥有 5000 万名观众，年收入达到 4 亿美元，是加拿大最大的文化产业出口商。

太阳马戏团的成功之所以不同凡响，是因为在它进入这个市场时，按照传统观点，马戏行业已是一个不再有吸引力的"夕阳产业"，电影、电视、网络、游戏的普及蚕食着行业的生存空间。但太阳马戏团走出了一条超越传统马戏竞争的路——把马戏和富于艺术感染力的舞台剧相结合，在马戏表演中加进各种时尚元素，使马戏表演满足更多年龄层次及其他审美层次观众的观赏喜好。太阳马戏团没有在请明星艺人、名驯兽师上与对手硬碰硬，它的原创剧目没有动物，也不聘用明星，而是用马戏的表演讲述完整的故事。他们的演出服装艳丽，运用灯光、音效、舞美等技术，把魔术、杂技、小丑等与舞台剧相结合，制造出一种超乎想象的奇妙效果，不仅吸引了马戏爱好者，也赢得了那些经常光顾剧院的观众。这样，太阳马戏团将其他马戏团远远地甩在身后，超越了一般意义上的竞争，享受了独有的高利润。

他们体认到赢在未来唯一的选择，就是要彻底跳出同行竞争，另辟蹊径，吸引全新的客户群。他们的策略如下：

（1）消除了传统马戏的动物表演、中场休息时的叫卖小贩。

（2）减少了特技表演带来的惊险刺激。

（3）太阳马戏团提升了它的票价，缔造前所未有的成功转型。

（4）太阳马戏团创造出了许多同行业没有提供的价值——①肢体新艺术：它招募一批体操、游泳和跳水等专业运动员，让他们踏上另一座舞台成为肢体的艺术家；②感官新体验：它运用炫丽的灯光、华丽的服饰、撼人的音乐加上融合歌舞剧情的节目制作，创造感官上的新体验。许多成年观众以及企业团体因此成了忠实观众，这些新客户让太阳马戏团挣脱了传统的桎梏，走上了"蓝海"的道路。

（资料来源：改编自百度文库的相关资料．）

6.1 竞争优势的来源

竞争优势是指企业所处的一种状态，即企业以自身的资源或者组织能力为基础，能够提供被顾客认为是物有所值的产品或服务，并比竞争对手创造更多的顾客价值。

竞争优势来源于顾客让渡价值。顾客让渡价值是菲利普·科特勒在《营销管理》一书中提出来的，他认为"顾客让渡价值"是指顾客认知总价值与总成本之间的差额。

顾客认知总价值是指顾客购买某一产品与服务所期望获得的一组利益，它包括企业的产品价值、服务价值、人员价值和形象价值等。

顾客认知总成本是指顾客为购买某一产品所耗费的时间、精力、体力以及所支付的货币资金等，因此顾客总成本包括货币成本、时间成本、精神成本和体力成本等。

由于顾客在购买产品时，总希望把有关成本包括货币、时间、精力和体力等降到最低限度，而同时又希望从中获得更多的实际利益，以使自己的需要得到最大限度的满足，因此顾客在选购产品时，往往从价值与成本两个方面进行比较分析，从中选择出价值最高、成本最低，即"顾客让渡价值"最大的产品作为优先选购的对象。

企业如果能向顾客提供比竞争对手具有更多"顾客让渡价值"的产品，就能在竞争中战胜对手，吸引更多的潜在顾客，使自己的产品为消费者所关注，进而购买本企业的产品。由此可见，顾客让渡价值是企业获得竞争优势至关重要的来源。

为此企业可从两个方面改进自己的工作：一是通过改进产品、服务、人员与形象，提高产品的总价值；二是通过降低生产与销售成本，减少顾客购买产品的时间、精神与体力的耗费，从而降低货币与非货币成本。

6.2 竞争优势的构建

企业为了生存和取胜，就必须比竞争者更有优势。需要比竞争者更能为顾客提供有价值的产品。那么优势是不是越大越好呢？现在有研究者提出了这个问题，并且认为为了获取竞争优势，企业就必然要在人、财、物上进行更多的投入，其实更经济的法则是只要你比竞争对手多一点优势就好。下面将从成本、创新、速度和质量4个方面阐述竞争优势的构建要素。

1. 成本

成本竞争力意味着产品的成本足够低，以使公司能够实现利润和对顾客来说富有吸引力的产品价格。注意这里所说的产品包括有形产品和无形服务。如果公司能够低价提供有吸引力的产品，那它多半都能卖得出去。这项策略目前是我国的很多企业普遍采取的策略，如格兰仕微波炉在20世纪90年代所成功采取的微波炉市场"清洗"策略，以很高的产品性价比打败了松下等著名国外品牌；但成本竞争也有难以避免的某些弊端，如我国向国外销售的很多商品都是技术含量比较低的商品，唯一的杀手锏就是低价，因此在对外贸易中容易引起反倾销诉讼。现在美国、日本和欧盟的很多国家的政府和企业，为了本国企业的利益，经常以低价倾销为理由来抵制我国的低价商品，况且成本的降低一定是有一个极限的。因此低价并不是屡试不爽的必胜法则。要想取得竞争优势，还需要其他策略的配合。

2. 创新

创新就是提供新产品和服务。目前的商业环境充满了风险、残酷的竞争以及其他种种难以想象的不确定因素，企业如果不能通过不断地变革、创新来超越自我，使自己变得强大，那就只有苟延残喘甚至消亡。半导体制造商一直设法以稳定的速度缩小晶体管的体积，让集成电路比先前更小而运算速度更快。特别是在个人计算机方面，几乎是每18个月到24个月就有更新、更快的计算机芯片问世。如果不更新，就很有可能丧失竞争优势。

电影能够最快、最直观地让消费者感受到创新所带来的震撼。100多年的电影史从某种程度上也可以看作视听技术的创新史，从默片到有声片，从黑白片到彩色片，从小银幕到宽银幕，再到遮幅式银幕，再到计算机制作大幅度参与电影制作，以及最近兴起的3D电影技术……技术创新全面推动了电影视听效果的进步，不断地突破电影表现能力的极限，而且每一次技术创新都能带动整个电影产业的发展，并在市场上取得丰厚的回报。

而这一次轮到的是《阿凡达》。多年前曾以一部感天动地的《泰坦尼克号》获得18亿美元票房的好莱坞导演詹姆斯·卡梅隆，2009年推出了其最新的一部力作《阿凡达》。《阿凡达》最大的卖点是全片3D和CG（Computer Graphics，计算机制图技术）技术的突破。CG核心意思为数码图形。随着时代发展，CG的含义有所拓展，但是依然没有超出这个核心意思。此片在全球放映期与我国电影贺岁档期冲突，因此被安排到了元旦后放映，其结果是此片除了在全球创下上映仅17天即全球票房冲破10亿美元大关这个令人瞠目结舌的纪录外，再次在中国创下一个史无前例的纪录：120元以上的最高票价，以及不预定，就买不到两天后IMAX放映厅的票。

本片在CG技术创新上达到了一个前所未有的高度。其中重点表现在3个方面，一个是整部影片的CG制作量相当之大，如片中的潘多拉星球上的所有场景都是CG制作的，可以说《阿凡达》创造了一个瑰丽奇美的梦幻世界，而且这个世界呈现在我们眼前的影像是如此的真实和细腻。上一次电影中的凭空创造是《金刚》，但金刚的故事还是在地球上的一个岛，且只有自然活动没有人类痕迹，而潘多拉则完全是一个虚拟的星球，其中有着各种各样生物活动的痕迹。这么一个虚构的世界却是如此令人信服，充分说明细节可以将一个虚构的故事讲述得真实可信，也充分说明了在细节的制作上，这部电影达到了一个多么高的地步。

其次，影片中第一次"无中生有"地生成潘多拉星球上的大森林。过去制作森林，一般都要先去找一片森林，打上光，拍一些视频回来做蓝本，而这一次完全没有出外景的过程，全程通过CG技术进行制作，这片森林的层次如此丰富，从树叶到树干，而且都是在运动中的状态，呈现出来的影像效果是如此逼真。特别值得一提的是，本片中森林场景里的灯光几乎都是运用CG里的光照技术来实现的，据说导演和制作部门在这个环节已经放弃了传统电影拍摄中的灯光术语，完全使用CG中的光照术语来交流，这除了在技术上达到了一个相当的高度外，同时也带给人们一个创作观念上的革新，即以后拍电影是不是还需要"出外景"？是不是还需要"美工师来置内景"？或许在不久的将来，人们完全可以坐在家里就制作出一部CG电影。

最后一点是全片塑造了一批有声、有色、有情、有戏的CG人物，即潘多拉星球上的纳美人，全部都是通过CG技术进行制作的，其人物的表情、眼神、形体的变化是如此细腻自然，如此地接近人类，和过去的CG人物相比，本片中有戏有台词的CG人物达到了6个，其中每个人都有自己的性格，即使是他们不说话的时候，通过他们的眼神、动作和表情，你也能看到他们的"戏"，这是一个非常了不起的成就。有些人看过此片后，居然认为这些CG人都是由演员化装扮演的，并称赞本片的"化装十分成功"，由此可见这些CG人物在片中的表演真的是达到了"以假乱真"的效果。上一次最成功的CG人物是《指环王》中的Gollum，但那个人物的表情比较单一，也比较夸张，制作的时候是通过传感器捕捉的，而这一次则放弃了传感器，完全利用计算机分析演员的表情后，一帧一帧地在画面上进行调整制作出来的。计算量和制作方法都达到了一个新的高度。

在很大程度上讲，《阿凡达》的成功是由无处不在的创新所造就的，创新与成功之间是相辅相成、不可分割的。以至于该片导演卡梅隆在谈及自己的成功时由衷地说："不要害怕尝试新鲜东西，其实那没有什么，最大的风险其实是和别人一样，不敢去冒险。"

海尔最初出口冰箱到美国市场时发现，在美国，160立升以下冰箱的市场需求量不大，像GE、惠尔普这样的国际型大公司都没有投入多少精力去开发市场。但海尔在其深入市场调研中发现了这一新的市场商机，这就是消费客户群的消费方式正在悄悄逆转。由于美国的家庭人口正在变少，小型冰箱日益受到欢迎；同时，小冰箱更受到独身者和留学生的尊崇，可小型冰箱正是原有世界级品牌打造者们不生产的缝隙产品。海尔瞄准了这一细分市场，开始集中优势，把精力都集中到160立升以下的冰箱中，并且面向全球市场。海尔的计算机桌冰箱上市后很快风靡美国大学校园，并迅速占到美国市场50%的份额。事实最终证明，海尔冰箱凭借这种源于生活、需求本身的市场细分的差异化战略，赢得了美国新生代的认可。

3. 速度

速度通常是竞争世界区分赢家和输家的因素，迅速或及时地执行、反应和传送结果。你能够以多快的速度开发并投放一种新产品？你能在多短时间内对顾客的要求做出反应？如果比竞争对手反应快，你就赢定了。

4. 质量

质量可以通过性能表现、额外特性、可靠性、与标准统一、耐用、服务水平和款型美观等标准进行衡量。

性能表现：微软操作系统、英特尔处理器等都因其卓越的性能而成为行业中无与伦比的霸主。

额外特性：如戴尔计算机，从产品本身来说，与其他品牌的计算机无本质的区别，但它可以根据顾客的需求进行个性化配置，顾客可以到戴尔公司的网站上，通过点击"自选配置"菜单将自己对计算机的各种特殊需要输入戴尔的客户服务系统，戴尔会很快按客户的需求配置计算机，并及时送货上门，这种额外的特性为戴尔公司赢得了众多客户。

可靠性：前些年，诺基亚手机能在中国市场上成为龙头企业，就是因为诺基亚手机稳定可靠的质量和性能保证。其他一些世界著名的跨国公司如IBM、松下电器、大众汽车等都是凭借其毋庸置疑的可靠性能赢得了稳定而不断扩大的客户群。

与标准统一：中国的很多企业在这方面都不太注重，如中国的很多保健品，说明书上说得天花乱坠，似乎包治百病，但实际功效却相差很远。厂家在这样做的时候已经不知不觉地使自己的产品质量在顾客的心目中打了很大的折扣。

服务：海尔的"国际星级一条龙"服务，不仅在产品设计、制造购买、上门设计、上门安装、回访、维修等各个环节有严格的制度、规范与质量标准，还细致到上门服务时先套上一副脚套，以免弄脏消费者家中的地板；安装空调时先把沙发、家具用布蒙上，服务完毕再用抹布把电器擦得干干净净；自带矿泉水，不喝用户一口水、不抽用户一支烟，临走要把地打扫得干干净净，并请用户在服务卡上对服务进行打分。可以说，顾客对海尔产品质量的认可很大程度上包含了对海尔卓越的服务质量的认可。

6.3 迈克尔·波特的竞争战略分析框架

迈克尔·波特（Michael E.Porter）32岁即获哈佛商学院终身教授之职，是当今世界上竞争战略和竞争力方面公认的权威。他毕业于普林斯顿大学，后获哈佛大学商学院企业经济学博士学位。波特博士获得的崇高地位缘于他所提出的"五种竞争力量""三种竞争战略"等战略管理理论分析模型。

迈克尔·波特对管理理论的主要贡献是在产业经济学与管理学之间架起了一座桥梁。在其经典著作《竞争战略》中，他提出了行业结构分析模型——"五力模型"，即行业现有的竞争状况、供应商的议价能力、客户的议价能力、替代产品或服务的威胁、新进入者的威胁。这五大竞争驱动力决定了企业的盈利能力，并指出公司战略的核心，应在于选择正确的行业以及行业中最具有吸引力的竞争位置。

如图6.1所示，对一个企业来说，有5种竞争力量制约着产业的竞争，这5种力量分别如下所述。

（1）竞争对手。在各种各样的商业环境中，竞争者首先必须面对行业内的其他竞争者。一旦确认了竞争者，下一步就是分析怎样竞争。竞争者可能会用诸如降价、开发新产品和广告等手段取得竞争优势，那么企业就应该思考该怎样去回应才能使自己在竞争中占到上风，获得比竞争对手更大的优势。

（2）新进入者。一项产业一旦有一定的利润发展空间，就一定会有新的竞争者不断进入这个行业。例如，人们喝的珍珠奶茶，其实成本很低，一杯珍珠奶茶成本最多不超过一元钱，可最初在市场上却要卖5元钱一杯，可以想象第一个经营此项业务的商人一定获得了很大的利润。正因为如此，后来就有越来越多的人来经营该项业务，那些后来进入珍珠奶茶市场的商人都属于新进入者。目前市场上珍珠奶茶的价格最便宜的已经降到了2元钱一大杯。这就是新进入者产生的作用。

（3）替代者。对于使用胶卷的相机来说，各方面性能更加优秀的数码相机就是其最危险的替代者。实际上，在目前的相机市场尤其是普通相机市场上，已经几乎看不到在销售的胶卷相机。

（4）供应商。供应商为企业提供必要的资源，包括原材料、信息、金融资本等，但对供应商来说，也存在一个利益的问题，因此供应商在提供资源的同时，会尽可能地提高价格，以提高自己的利益空间，如果一个企业过分依赖于一个强有力的供应商，它将处于不利地位。例如，微软在软件市场以及英特尔在芯片市场之所以有很强的垄断地位，就是因为很多计算机公司对他们有很强的依赖。

（5）顾客。没有顾客，公司不能生存，如果一个组织过多依赖顾客，就会提高顾客的讨价还价能力。例如，服装市场可以说是一个不折不扣的买方市场，一家服装价格太高，可以到另一家去买，在这种情况下，顾客的讨价还价能力就会变大。

互动环节： 请同学们结合图 6.1 说明，对于诺基亚公司来说，谁是它的新进入者、供应商、竞争对手、替代者和顾客？这 5 种力量对诺基亚手机可能产生怎样的影响？

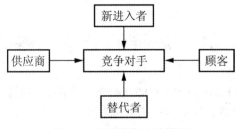

图 6.1　五种竞争力的模型

6.4　竞争战略

1. 成本领先战略

成本领先要求坚决地建立起高效大规模的生产设施，在经验的基础上全力以赴降低成本，注重成本与管理费用的控制，以及最大限度地减小研究开发、服务、推销、广告等方面的成本费用。

为了达到这些目标，就要在管理方面对成本给予高度的重视。尽管质量、服务以及其他方面也不容忽视，但贯穿于整个战略之中的是使成本低于竞争对手。成本较低，意味着当别的公司在竞争过程中已失去利润时，这个公司依然可以获得利润。

赢得总成本最低的有利地位通常要求具备较高的相对市场份额或其他优势，如与原材料供应商的良好联系等，也可能要求产品的设计要便于制造生产，易于保持一个较宽的相关产品线以分散固定成本，以及为建立起批量而对所有主要顾客群进行服务。

总成本领先地位非常吸引人。一旦公司赢得了这样的地位，所获得的较高的边际利润又可以重新对新设备、现代设施进行投资以维护成本上的领先地位，而这种再投资往往是保持低成本状态的先决条件。

实施这种战略，要求企业必须是成本的领导者，同时在成本领先的条件下，还必须使质量保持在顾客能接受的水平，如格兰仕微波炉、中国向国外市场出口的各种中低档鞋帽、服装、打火机、女孩子喜欢的头花、发夹等，采取的都是成本领先战略。企业取得成本领先优势的典型方式包括高效率地运作、规模经营、技术创新、廉价劳动力等。

2. 差别化战略

差别化战略是将产品或公司提供的服务差别化，树立起一些全产业范围中具有独特性的服务。实现差别化战略可以有许多方式：名牌形象、技术上的独特性、性能、顾客服务、商业网络及其他方面的独特性等。最理想的情况是公司在几个方面都有其差别化特点。例如，履带拖拉机公司不仅以其商业网络和优良的零配件供应服务著称，而且以其优质耐用的产品质量享有盛誉。

如果差别化战略成功地实施了，它就成为在一个产业中赢得高水平收益的积极战略，因为它建立起了对付5种竞争力量的防御阵地，虽然其防御的形式与成本领先战略有所不同。波特认为，推行差别化战略有时会与争取占有更大的市场份额的活动相矛盾。推行差别化战略往往要求公司对于这一战略的排他性有思想准备。这一战略与提高市场份额两者不可兼顾。在建立公司的差别化战略的活动中总是伴随着很高的成本代价，有时即便全产业范围的顾客都了解公司的独特优点，也并不是所有顾客都将愿意或有能力支付公司要求的高价格，如英特尔的芯片技术、安利公司的直销模式、戴尔公司的个性化计算机销售模式、劳斯莱斯轿车的手工模式等，这种战略强调高超的质量、非凡的服务、创新的设计、技术性专长或不同凡响的商标形象，关键是特色的选择必须有别于对手，并且形成强于对手的优势。

3. 专一化战略

专一化战略是主攻某个特殊的顾客群、某产品线的一个细分区段或某一地区市场。正如差别化战略一样，专一化战略可以具有许多形式。虽然低成本与差别化战略都是要在全产业范围内实现其目标，专一化战略的整体却是围绕着很好地为某一特殊目标服务这一中心建立的，它所开发推行的每一项职能化方针都要考虑这一中心思想。这一战略依靠的前提思想是公司业务的专一化能够以更高的效率、更好的效果为某一狭窄的战略对象服务，从而超过在较广阔范围内的竞争对手们。或者在为这一对象服务时实现了低成本，或者二者兼得。这样的公司可以使其赢利的潜力超过产业的普遍水平。这些优势保护公司抵御各种竞争力量的威胁。

集中在狭窄的细分市场中寻求成本领先或差别化优势。例如，格力空调多年来一直以空调为主业，形成了在空调产业技术、质量、成本等方面的国内领先优势。格力公司也许从产品的丰富性和企业的规模上都无法与海尔相比，但在空调这一领域应该是与海尔旗鼓相当甚至在某些指标上要强于海尔的。专一化战略也许对小企业来说是有效的战略，因为小企业的规模和综合实力都很有限，所以集中力量于某一个细分市场应该是比较现实而有效的选择。

思 考 题

1. 麦当劳在其产业中有哪些竞争优势？
2. 列举你所了解的公司在竞争优势4个支柱方面出色或不好的表现。
3. 将SWOT分析应用于一家你所熟悉的公司，并思考这家公司追求何种竞争优势？
4. 公司把重心放在核心竞争力的构建上，你认为这种做法将如何影响组织的结构与管理方式？
5. 假设你将建立一家公司，思考如何构建公司的竞争优势？
6. 想象如果你是一家大公司的首席执行官，你会为公司选择哪种全球竞争的方式？为什么？

7. 宏观环境和竞争环境的主要不同点有哪些？为什么？

案例资源

海尔以流程改造构建竞争优势

随着市场竞争日趋激烈，客户的需求也在趋向个性化和多样化，这就对生产厂家提出了更高的要求。国内著名企业海尔集团（以下简称海尔）经过五年多的业务流程改造，在这方面已经取得很大的成绩。海尔认为，新形势下企业运作的核心驱动力只有一个：订单。没有订单的生产，其结果只能是生产库存，库存积压，直接导致企业资金周转不灵，为解决没有市场的库存，其结果只能是降价，最终耗费了企业宝贵的资源。不彻底改变这种局面，其结果对企业而言风险之大不言而喻。所以企业的竞争其实就是速度的竞争，即获取订单并满足订单需求的速度竞争。为了更好地发挥企业的竞争优势，从而超越竞争对手，海尔选择了自我改造，也就是外界最关注的业务流程再造。

1. 业务流程改造

业务流程再造（BPR），是美国管理专家迈克尔·哈默于1990年提出的。其定义是对企业的业务流程进行根本性的再思考和彻底性再设计，从而使企业获得在成本、质量、服务和速度等方面业绩的戏剧性改善。原有的业务流程是直线式职能管理，流程再造的要求是要彻底打破原有的流程架构，海尔的业务流程改造始于1998年。按照业务流程再造的思路和集团新的战略规划要求，海尔以订单信息流为中心，通过计算机信息网络，一手抓全球用户资源网络和用户的需求，一手抓能满足用户需求的全球供应商网络，最终实现企业"三个零"目标，全力构建企业的核心竞争力。"三个零"指的是零库存、与客户的零距离和零资本运营。其中海尔自创了"一流三网"，"一流"即为订单信息流；"三网"分别是计算机信息网络、全球供应商网络和全球客户资源网络。通过"一流三网"的构建、对生产线的改造和看板管理等实现了生产的柔性化，并在供应链方面实施3个JIT（Just in Time）管理，即JIT采购、JIT原材料配送、JIT成品分拨物流，全面提高响应客户需求的速度。通过流程改造，企业实施了全面的扁平化管理，减少了企业与用户之间的层级，信息的交流变得日益畅通和透明。这些变化也慢慢地改变了海尔在客户心目中的地位，抓住了客户购买的欲望，使海尔品牌成为消费者的首选。

2. 信息系统是解决库存的根本手段

通过BBP系统交易平台，海尔集团每个月平均接到8000多个销售订单，这些订单的品种达9000多个，需要采购的物料品种达26万余种。在这种复杂的情况下，海尔物流自整合以来，呆滞物资降低了73.8%，仓库面积减少了50%，库存资金减少了67%。海尔国际物流中心（海尔配件立体仓库）货区面积7200平方米，但它的吞吐量却相当于普通平面仓库的30万平方米。同样的工作，海尔物流中心只有10个叉车司机，而一般仓库完成这样的工作量至少需要上百人。因此，海尔仓库不再是储存物资的水库，而是一条流动的河。河中流动的是按订单采购生产所需的物资，也就是按订单来进行采购、制造等活动。这样，从根本上消除了呆滞物资、消灭了库存。海尔打破了过去仓库的概念，把仓库变成一个只是为下一站配送而暂停的站，所以把它称为"过站式物流"，从根本上解决了竞争中多数企业最头痛的库存问题，少了这个后顾之忧，使得海尔能轻松面对瞬息万变的市场，并在竞争中处于优势地位。

上述过程的实现基于海尔完善的计算机网络，在这个网络中应用的最彻底的是海尔的物流管理系统。商流从订单输入接口将需求信息输入系统，物流和资金流分别通过各自的端口处理来自系统（其实也就是来自客户的）的需求信息。需求信息一旦输入系统就自动变成了客户订单，订单驱动相关部门的联动，直至客户需求得到满足为止。因此一切的采购、生产、物流配送等行为都以订单信息流为中心，将客户需求信息和能满足客户需求的供应商网络相联系，由于产品在生产之前就已经被预订，因此实现了零库存，公司从上到下严格执行的是现款现货的方式，实现了零资本运营，通过完善的物流服务使产品一下生产线就到了客户门口，实现了与客户的零距离。

3. 市场链解决工作效率的效果

流程改造对海尔而言是一个非常重要的工作，海尔必须整合现有资源，充分实现个性化。这一切要求海尔必须压扁流程，这也是海尔进行流程改造的初衷。为了实现这个初衷，海尔希望把每一个员工都变成一个老板，让每个人都创造有价值的订单。这样，每个员工都必须面对市场、都必须时刻要想到如何满足消费者的需求，使得海尔从一个3万人的企业变成3万个小企业，3万个小企业又可以瞬间组合成一个有竞争力的品牌，这种情况下才可能使海尔实现创国际名牌的目标。海尔每个员工都直接面对市场的销售利润，如果员工自己参与的型号的产品在市场上亏损，就不能得到收入，只能从海尔集团借工资、借生活费，而且只能借到6个月，如果6个月市场利润再上不来，员工直接离职。这样，市场的压力直接就传递给了员工。市场链管理机制是将员工利益与获取订单速度、完成订单的情况、满足市场需求捆绑在了一起，实现了员工主动为企业分忧。

流程改造还在继续，从某种意义上讲，对海尔而言任重道远。"不去打破现有的成功，不去打破现有的平衡，就永远不能实现新的目标"，要在竞争对手没有赶上来之前，自己主动改变，才能永远立于不败之地。毕竟永远不变的真理就是一直在变。海尔人已经掌握了信息时代创新的脉搏，任何一项改革在别的企业中员工可能存有怀疑的时候，海尔人想得最多的是创造性地执行和落实。海尔以创新捕捉流程改造的契机，以创新构建新时期竞争优势。

（资料来源：http://www.jx.cn/businese/index.asp.）

思考题

1. 海尔具体在哪些环节上实施了业务流程改造？
2. 海尔的业务流程改造给企业带来了哪些竞争优势？

第 7 章 构建新企业

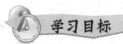 学习目标

学完本章节，应该了解以下要点：
1. 企业家人格的概念；
2. 企业家与传统经理人的不同；
3. 企业家精神的概念；
4. 创立企业的思路；
5. 成功企业家的要素。

 引导案例

成立于2012年的黄太吉中式快餐食品公司，总部位于中国北京。门店创始人赫畅是曾任职于百度、去哪儿、谷歌的互联网人，更是创始4A广告公司的创意人。

作为一家主营煎饼油条的快餐店，黄太吉开业之初就不可避免地遇到许多类似摊点都会面临的问题：豆浆油条、煎饼果子常规来讲是早餐，怎么能从早卖到晚？大家会不会频繁光顾？

做高品位的煎饼果子成本投入高，所以单价就会比一般的高，消费者会不会接受？

格调问题，如何让百姓化、平民化，甚至可以说有点"土"的煎饼果子登上大雅之堂？讲究情调的白领会不会接受？

针对上述挑战，黄太吉公司见招拆招，将营业时间定为早上7点到夜里2点半，推出夜间同步外卖活动，并打出海报"夜的黑，我们懂"。品质上，坚持用无明矾现炸油条作馅，而不是很多摊位上的薄脆。

除此以外，黄太吉还非常注重情调营销，他们在店面装潢上主打略带港式茶餐的格调；背景音乐包含了流行、爵士、蓝调等；此外还有各种接地气的宣传招贴、免费WiFi，会提醒顾客怎么行车，店内还有停车攻略，而如果不幸被罚老板会送上南瓜羹安慰。

这家10多平方米的煎饼店，13个座位，煎饼果子能从早卖到晚，猪蹄需提前预约限量发售，成为新浪微博营销的典型案例。开店10个月，"黄太吉"收入约500万元，被风投估价4000万元人民币。

黄太吉的初步成功证明了市场机遇无处不在，关键是需要有一双善于发现的眼睛，要做市场的有心人，同时还要具备一定的做企业的技巧。因为机遇总是青睐于那些掌握了企业家行为这项重要技巧的人。

(资料来源：根据网上相关资料整理.)

互动环节：你认为下列说法正确吗?

（1）企业家才能是天生的，不用后天培养。

事实：一个企业家的成长历程是相关技能、诀窍、经验的积累过程，需要多年的磨炼和自我发展。

（2）任何人都能开办企业。

事实："开办"只是简单的部分，真正的困难在于如何存活下去，如何维持以终成正果。

（3）企业家都是赌徒。

事实：成功的企业家会谨慎、科学地承担风险，他们从来不故意进行不必要的冒险，也从来不刻意躲避不可避免的风险。

（4）企业家是自己的老板，完全独立。

事实：企业家必须要周旋于许多的人际关系中，包括合作人、投资人、供应商、债权人、雇员和家庭等，不同的是企业家可以自主决定是否、何时以及如何应对这些关系。

（5）企业家应该年轻而且精力充沛。

事实：具有这些条件或许更好，但年龄绝对不是障碍。成功企业家的平均年龄是三十五六岁，还有很多人在花甲之年才开始他们的事业。

（6）一个有才能的企业家会在1~2年内成功。

事实：在企业家中流传着一句古训：柠檬的成熟只要两年半，但珍珠的形成却要七八年。极少有新人能在三四年内站稳脚跟。

7.1 成为独立企业家的原因

比尔·格罗斯只有38岁，而他却已经拥有了很多家公司。在他还是个孩子的时候，他就发明了自制电子游戏，还向朋友推销糖果来赚钱。大学时期，他设计了一台太阳能装置并且转让了他的设计，创办了一家立体声设备公司，他还曾经卖给莲花公司一个软件。1991年，他以大约1亿美元的价格卖掉了教育软件公司，1996年，他创办了理想实验室，在互联网上筹划、创办了很多公司。

为什么像比尔·格罗斯这样的企业家们会从事他们今天所从事的事业呢？那是因为前方有挑战、有潜在利润，还有他们所希望得到的巨大满足感。开创自己事业的人或许并不满足于在大公司里工作，他们总是在追求更高质量的生活，渴望着独立参与行动的感觉。他们从白手起家创业的过程中，看着自己的创意和产品逐渐被市场接纳，从中体会到了巨大的满足感、成就感。

企业家行为也是乐在其中的，有些人喜欢引起轰动，喜欢成为最引人注目的角色。企业家行为是一种破坏性活动，它打破常规，改变传统的行为模式。从根本上说，它是由一个可感知的需求而引发一些新的或者是与以往不同的东西，从而破坏现存市场条件的变化过程。

7.2 企业家的特点

如何知道自己具备了创办企业所需要的条件？表面上看没有明确的界定方法，但是，准备创办企业的人通常都具备以下特点。

1. 企业家人格

经研究发现，企业家具有一些共同的特质，包括努力工作、自信、乐观、坚定以及充满活力，但最重要、最明显的特质就是追求成就感，相信命运操之在己，并且愿意承担中等程度的风险。

企业家喜欢解决问题、设立目标，并且靠自己的力量达成所设的目标；他们喜欢独立，而不喜欢受限于他人；他们不怕冒险，但是也不会贸然行事。他们会计算风险，等到他们觉得可以控制的时候，再采取进一步的行动。

研究企业家的人格，得出两项结论：第一，具有企业家人格的人是不容易满足现状的。大组织或政府机构里的规章限制只会让企业家有更多的挫折感；第二，创业所需具备的性格特质恰好符合企业家的特质。

2. 成为企业家的要素

除了人格要素外，成为一个企业家，还需要有其他要素。在一个鼓励个人成功的文化环境里，比较容易培养出企业家，如美国的文化强调人要成为自己的上司以及追求个人的成功，这说明了为什么美国有那么多企业家。相反，在其他一些国家如爱尔兰、挪威就很少关注个人的成就感。父母也是重要因素之一，通常企业家的父母会鼓励他们上进、独立以及为自己的行动负责。再者，企业家通常会有榜样可以学习，看到别人因创新而成功的例子，会使人们更相信创新与成功的可能性。最后，以前的企业家经验，会让当事人持续企业家活动与精神。

3. 企业家与传统经理人的比较

企业家与传统经理人的比较见表 7-1。

表 7-1 企业家与传统经理人的比较

特　　质	传统经理人	企　业　家
主要激励方式	升迁、办公室、下属、权力	给予更高的独立性，提供机会与钱财
时间观念	短期目标	5～10 年的增长目标
活动	授权并监督	直接投入
风险承受度	低	高
对失败与错误的看法	尽量避免	接受

从表 7-1 里可以看出，在一个大型组织里企业家与传统经理人的不同。大体来说，传统经理人比较倾向于守成，而企业家则比较积极寻找成功的机会，但是在寻找过程中，企业家

往往需用自己的财富作为担保，而面临一些财务风险。

4. 企业家精神

企业家精神的定义非常多，如有人认为任何开设新企业的人都可以被称为企业家；还有人认为企业家是追求财富的人；也有人把"企业家"形容成大胆的、创新的、好冒险的以及风险追求者，他们通常将企业家与小型企业联系起来。综合以上几点，对"企业家精神"的定义是个体寻求机会，通过创新的方式，不考虑手头上有多少可控制的资源，努力满足大众需求与欲望的过程。

小型企业的管理者与企业家之间的关系不可混淆。因为并非所有小型企业的管理者都是企业家，有很多小型企业的管理者并不重视革新，他们和保守主义者一样，追求的只是稳定而已。

7.3 创建企业从哪里开始

很多企业家和学者都认为：企业的酝酿，往往始于一项伟大的创意；此外，一种出色的产品、一片未开发的市场和好的时机的把握都是通向成功的有效方法。

1. 创意

很多企业家和学者都认为，创业计划的酝酿，必须始于一项好的创意。一种出色的产品、一片未开发的市场和好的创业时机的把握都是通向成功的良药。

什么是创意？创意就是创造一个新主意。对于创业者来说，这个新主意可能涉及技术、产品，也可能涉及营销、管理、体制、机制、战略、战术等。

企业创意是一种突破，是对现有技术、产品、营销、管理、体制、机制等方面主张的突破。企业创意在先，实施行动在后。创意与行业无关，与岗位无关，与职务无关，与条件无关，只与人的观念、意识、智慧、勇气有关。创意是逻辑思维、形象思维、逆向思维、发散思维、系统思维、模糊思维和直觉、灵感等多种认知方式综合运用的结果。尤其要重视直觉和灵感，许多创意都来源于直觉和灵感。

干什么都要有标准，创意也要有标准。一个好的创意应该符合"五字"标准，即新（新颖）、先（先进）、实（实际）、奇（奇特）、简（简单）。我们所见到的一切产品都起源于创意，然后才有创新，再然后才有持续不断的重复制造。

聚美优品的 CEO 陈欧是一名标准的大学生创业者，他的大学生创业经历要追溯到他的第一个创业项目 GG 游戏平台。陈欧 16 岁的时候考上了新加坡南洋理工大学，作为一个资深游戏爱好者，2006 年，还在读大四的时候陈欧决定在游戏领域创业，凭着有限的资源做出了名为 GG 的游戏平台。后来，陈欧出售 GG 平台，为自己后来的创业道路做了极好的铺垫。

2009 年，陈欧回国，开始第二次创业。陈欧发现中国的广大女性消费者对于线上购买化妆品的信心不足，线上化妆品行业没有领头羊企业存在。化妆品就是新大陆。他总结出了三个"可行条件"。首先，电子商务在中国正在高速发展是不争的事实；其次，化妆品需求很大，但市场上还没有一个可信的化妆品网站；最后，做这个别的男人不好意思做的行业反倒给了自己机会。

2010年3月31日，团美网作为中国首家专业女性团购网站上线，以正品平价形象口碑相传，在短时间内取得飞速发展。后来，团美网正式启用顶级域名，更名为聚美优品，成为国内领先的女性时尚限时折扣购物平台。

2011年3月，公司成立不到一年总销售额突破1.5亿，同时也获得了来自红杉资本千万美元级别的投资。不久，聚美优品转型为团购外表的化妆品B2C网站。

2012年，陈欧为公司拍摄的"我为自己代言"系列广告大片引起80后、90后强烈共鸣，在新浪微博掀起"陈欧体"模仿热潮

——资料来源：改编自百度百科陈欧相关内容

2. 机遇

企业家们以各种不同的方式发现、创造、利用着机遇。Java是一种互联网语言，它是为保障安全而设计的，并且刚面世时，大家都认为它具有这种安全性，但一位叫索勒姆的计算机工程师并不这样认为，当他提到要开发保障Java安全的产品时，别人都认为他疯了，于是他一个人埋头于自己的研究，最终他的成果能使用户免受侵入Java系统的病毒的侵袭。而当一些普林斯顿的科学家们终于发现计算机黑客能够攻击Java的弱点时，索勒姆早已准备就绪并远远领先于那些可能的竞争对手了。

由此可见，潜在的企业家应认真思考新显现的事件和趋势，从中发现难得的机遇。

（1）科技新发现。带动了生物科技、微型计算机以及后来的电子科技的发展。

（2）人口结构的变化。中国人口结构的老年化就给为老年人服务的医务和护理机构提供了机遇。

（3）生活方式的变化和品位的提高。新的服装流行趋势、手机功能和大众健身的兴起吸引了大量创业资本。

（4）灾难。战争、自然风险，圣海伦火山的爆发造就了新型旅游业的发展。战争也成就了可口可乐公司和松下公司的大发展。

（5）能源的新发现。石油资源可能出现枯竭的现状催生了新能源、替代能源产业的兴起。

3. 下一个前沿

太空对企业家来说是一片极具吸引力并有巨大潜力的空间。以往，它都由政府推动并被波音、洛克希德这样的巨子所占领，但现在，随着卫星发射的巨大需求和空间火箭的潜在利润的存在，它更多地由商业力量推动。美国的"太空先知"是一家规模不大的企业，它以大大低于政府的价格制造了航天飞机使用的密封容器。当其他大型航空公司告知"太空先知"的CEO他们只做政府指定的东西时，这位CEO却毅然建立了自己的公司。有一家名为"克斯特勒"的航空公司更大胆，它在没有任何NASA（美国国家航空和宇宙航行局）的技术和资金支持的情况下，仅以现有成本的部分费用制成了可重复使用的卫星发射车辆。

7.4　成功企业家必备的要素

以下是企业家们成功必备的几个要素。

(1) 个性：如果一个人表现出一定的个性并且正确选择所从事的行业的话，他极有可能成为一位成功的企业家。

(2) 投入和果断：成功的企业家通常果决、顽强、严于律己，有献身精神并且能全身心地投入他们的事业中。

(3) 领导才能：他们是白手起家的创业者，是团队组织者和高级学员，也是老师。

(4) 洞察机遇：他们对顾客的需求了然于心，以市场为导向，时刻不忘创造价值和增值。

(5) 对风险、不明确以及不确定性的承受力：他们是谨慎的冒险家，极力地降低风险，勇于承受压力，解决问题。

(6) 创造力、自立以及适应能力：他们思想开放，不满足于现状，能迅速接受新知识，有高度的适应能力和创造力，善于总结并且细心。

(7) 追求卓越：他们有明确的追求，树立较高但并非不切实际的目标并且一定要达到它；他们清楚自己的弱点和优势，他们将精力投入切合实际的事情上而不好高骛远。

许多人认为还应必备"企业家气质"，而大多数学术研究者都认为"企业家气质"所指的就是上面讨论的特质。最新的研究认为成功人士有以下4种不同的类型。

(1) 个人成就型：从公司成长的艰辛工作中得到满足。他们自我创业，做事情喜欢自己做主，他们需要成就感，追求卓越，充满干劲、顽强、急切地希望自己的所作所为得到回报，并相信一个人足以成就事业。

(2) 情感型：热衷于社会交往，他们是好听众，对人热情，善于说服别人，喜欢帮助他人，并切实考虑他人的需求，他们善于感受理解、体味别人的感觉，相信社交活动对做生意很重要。

(3) 管理者型：希望有足够大的机构让他们来管理，有时他们是随着生意的扩展而从个人成就型演变而来的，他们敢于竞争，喜欢成功而痛恨失败，他们满足于受人瞩目、自信坦率。

(4) 专家型：他们是涉足商界的发明家，他们热爱创意、创新，但对缺乏实践意义的创意没有兴趣。

互动环节：你属于哪种类型？你能分别列举出几个上述类型的企业家吗？

思 考 题

1. 你认为你个人对成为一个独立企业家的兴趣如何？为什么？

2. 你如何评价你成为成功企业家的才能？你的优点和缺点有哪些？你将如何提高你的能力？

3. 列举出一些最近新建立的企业。你认为它们能够生存的机会有多大？为什么？你会给这些企业建立者提些什么建议以提高他们成功的可能性？

4. 采访一到两位企业家，问一些你感兴趣的问题，和同学们交流你的发现，看看每个人采访的结果有什么不同？还有哪些共同点？

5. 在同学中间成立小型的专门工作组，找出一项能对你的学校有积极意义的创新活动，并简要列出实施该创意的行动计划。

6. 列出一个最近关闭的企业，试着找出它失败的原因，并说明如果事先采取哪些措施它就不会失败？

7. 你认为你最有价值的资产——一种让你成功的东西是什么？为什么？

8. 如果你有机会重新来过，你是否会走同样的道路？

9. 假设你是一位企业家，你认为能让你的公司从开始一直顺利走到今天最关键的观念、技能、态度、诀窍是什么？未来五年内你将需要什么？这些东西在多大程度上是从实践中学到的？

案例资源1

米饭不仅仅是米饭　日本煮饭仙人村嶋孟
——什么叫工匠精神，看看他怎么做这碗米饭就知道了

他开的食堂菜色一般，每到饭点却门庭若市，在83岁之前，仍坚持每天工作14个小时，50年如一日，只为做这件喜欢的事。他的名字叫村嶋孟。

1. 日本当地人喜欢喊他：煮饭仙人

村嶋孟老爷子现年85岁，1963年他在大阪开了一间大众食堂，这间食堂外观不起眼，菜色寻常，却常年排大长队。大家都冲着能品尝一口由村嶋亲自煮出来的白米饭而来，村嶋老爷子也因此被日本国民喻为"煮饭仙人"。在他眼里，不好吃的叫做白饭，好吃的叫做米饭（米饭的礼貌语），只有纯正美味的米饭才堪称"银饭"。

据村嶋说，自己年轻时历经战火，曾经流落至捡面包配杂草充饥，"能吃到一碗热腾腾的白饭，就是人生一大幸事"。为此他对米饭的感情尤为笃深。老爷子烹饪白饭一煮就是50多年，至今仍沿用古法，不用电饭锅。每当他在蒸气腾腾的厨房中，赤裸上身坚守在白米锅旁控制状况时，就犹如一尊捍卫日本稻米文化与料理传统的雕塑般巍然矗立。

那如何才能烹饪出一碗最纯正的白米饭？"煮饭仙人"村嶋孟有一套复杂的流程，笔者将老爷子的秘方简化、整理后总结为六大要素：原料讲究的是人、米、水，技法上则讲求淘、煮、蒸。

2. 人是根本

为何称说人是煮饭的原料之一呢？村嶋老爷子坚信，只有最健壮的体魄才能烹饪出最正宗的米饭，这个观点与少林寺看重内家功夫的修行有异曲同工之妙。为此他每天早上4点就起床，第一件事并不是直接开始做饭，而是先在大阪的清新空气和晨光中锻炼身体。他认为这有助于集中精神。看来想做"银饭"没有好身体是不行的，毕竟村嶋孟每天的工作时间长达15个小时！

3. 米是基础

"煮饭仙人"的饭店所选用的米的原料均来自固定可靠的店主。对煮饭仙人来说，仅仅触摸这些米就知道它的品质如何。他说，如果用手抚摸优质大米，会从手心一点点感受到米丝柔而细滑的质感。相反，如果买的是普通的米，则摸上去会有类似抚摸干燥物品那种沙沙的声音，感觉自然也是硬而扎手的。

4. 水是灵魂

村嶋孟做饭用的水尤其讲究。他会将煮饭用的自来水放入装有备长炭（一种优质白炭）的大瓦罐中静置一晚上，从而把水中的漂白粉和其他杂味统统去掉。村嶋孟老爷子认为这

是替米饭注入灵魂的关键一步。对水进行处理后,"煮饭仙人"单手拿着铝锅,毫不费力地将水倒进入锅中。加水后立刻盖上盖子,把火点着,整套动作一气呵成,有种匠人独有的连贯感。

5. 淘是关键

如何巧妙地利用指间的力道是淘米的要旨所在。由于店里每次做饭的量是三升米,量其实是很大的,所以淘米也非常花费时间。一定注意不要让浓白的淘米汤被米粒吸收,而是用流水一遍一遍地细细淘,让每一粒米充分地摩擦碰撞。通过老爷子的洗米神功,可以让每粒白米相互碰撞,这样的米容易吸收水分,又能增加甜度。浸泡40分钟之后,把米放到专门用来控干水分的筛子中,去除多余的水分,并盖上干燥的布巾。由于含有了水分,米的重量较淘米之前重了一些。

6. 煮是功夫

煮是整个过程中最见功夫的一步。刚开始时要使用微火,忌用强火。十多分钟之后,看到锅周围冒出白雾之后开始计时。再隔七分钟,白色的米饭粘汁就会迫不及待地要溢出来,这时要使用"煮饭仙人"专门设计的双层锅盖,这种锅盖很重,从而能够紧紧地压住锅,提升内部的压力。

更为关键的一点是要在煮饭的过程中每隔30秒,就得及时转动锅盖和饭锅,这样白色饭汁才不会大面积溢出,而是会看到干燥的锅盖周围有一层薄沫游移。这就是为什么煮饭仙人一旦开始煮饭,就必须寸步不离灶台,即使接受日本电视台采访仍然每隔30秒就起身转动锅盖。

7. 蒸是精华

煮22分钟后,方才能开始蒸饭。蒸米饭是将所有程序进行升华的最终一步。但要注意不能继续在之前的灶中蒸饭,为了降低锅周围的温度,必须把锅从灶中拿出,再用微火蒸饭20分钟,等看到冒出白色的热气时要迅速地把米饭转移到木桶中并盖上盖子,这样即使饭冷却了,也能保持米饭纯正的香气。

如今,村嶋孟老人和他的大众食堂已经身名远扬,可他从没想过要扩大门面,对他来说,做饭是一件纯粹的开心之事,一件做五十年都不会腻的事。

在这个世界上,固然有一套标准,去定义何为专业,何为创业,在他这里,我们看到的专业和创业就是执着地坚持,找到自己的热爱,乐此不疲地坚持,何尝不是人生一件幸事。

(资料来源——改编自微信阅读频道和网易旅游相关资料
http://travel.163.com/16/0105/10/BCIFBV4S00063KE8.html)

思考题

1. "煮饭仙人"的故事给你什么样的创业启示?
2. 读完此案例后,你如何理解"工匠精神"?

案例资源2

将世界甩在身后的人——埃隆·马斯克和"特斯拉"的传奇

他的42岁好像浓缩了几次人生,拓展了人类对自身智力与能力限度的想象。乔布斯离开了,马斯克来了,后者离人更远,离神更近。

孤注一掷特斯拉

在特斯拉(Tesla)电动车的故事里,马斯克是后来者,扮演的也更像乔布斯在苹果电脑里扮演的角色。

特斯拉工厂位于加州弗里蒙特,有一段时间,这个工厂由丰田和通用联合运营。这约51.1万平方米的厂房证明了马斯克的野心,公司的人都知道,"他想把它填满"。

马斯克说,他从一开始就知道失败的系数。在接受采访时,他说,最初设想的成功率"低于50%"。首席技术工程师斯特劳伯则一直认为,这是件"不成功便成仁"的事。对马斯克来说,对电动车市场的传统思维是人们没有发现特斯拉潜力的原因之一。每年市场上卖出将近1300万辆的汽车和小型卡车,大约2%是纯电动或混合动力汽车。但他不认为ModelS或ModelX是在与其他电动车争夺消费市场的一小块,而是一起同燃油汽车竞争,如宝马或雷克萨斯。他的真正对手是整个传统汽车工业体系:什么时候,真正的竞争者,如丰田、戴姆勒、福特,会为了制造自己的电动车向特斯拉购买几亿美元的引擎和电池系统呢?他在2006年创立"太阳城",像加油站那样布局和设立电动车充电站,就是源自这种体系化的判断。他说,没有人怀疑清洁的电力是未来,但最大的不确定性在于历史进程的时刻表,即这种转变发生的时间与速度。

马斯克是在与时间打赌,踩错节奏,就成先烈。正因如此,在汽车这件事上,马斯克特别需要乔布斯式的魅力——他要成为一个布道者。他不断向媒体、向大众阐释特斯拉的理念和精神,不断说服人们相信电动车是不远的未来,并不断回击大牌媒体对特斯拉的攻击。他动用了好莱坞好友圈的影响力。2008年,第一辆Roadster发售,汤姆·汉克斯、乔治·格鲁尼、施瓦辛格纷纷买入,马斯克则抓住一切能在好莱坞电影里露脸的机会。硅谷大佬如拉里·佩奇、谢尔盖·布林也鼎力相助。他也在发布会上展示和介绍新车,他的口才原来不怎么好,也有点闷,在ModelX的发布会上,他的英语还有点磕磕巴巴,但在短短时间内,他已经逐渐成为发布会上越来越具幽默感的魅力男主角。

特斯拉初创时,马斯克主要忙于SpaceX,"二马"率领团队相继攻克了电池冷却、负载均衡到动力电子装置等多项技术难题,团队沉浸在技术突破的乐趣中,开山之作Roadster已能实现在3.6秒内从时速0加速到100公里。但马斯克的控制力无所不在。Roadster以英国莲花Elise跑车作为开发平台。艾伯哈德强烈建议使用玻璃纤维车身,但马斯克坚持选用更轻、更时髦但价格也更贵的碳纤维材料。马斯克还对Elise的车灯、门锁、座椅、底盘高度等做了升级,要Roadster必须够酷。这些改动增加了成本,拖延了进度,马斯克说:"你卖10万美元的汽车,不能看起来像个垃圾。"在汽车的微观设计上,马斯克迷恋乔布斯式的"无所不及"、事必躬亲的管理方式。

此后,马斯克又投入了三轮资本,话语权也越来越大。2005年,第一辆实验样车出炉,他领投第二轮,下半年车身模型设计完成,第二辆样车出炉,公司从 20 人扩张到 80 人。2006 年,他跟投第三轮,创始人的共同好友斯蒂夫·尤韦斯顿(SteveJuvertson)加入董事会,公司增长到 150 人。2007 年,因投产延期,现金急速见底,公司经历了变动。由于过于专注于技术创新,缺乏进度规划,不计成本,在离投产日仅剩下两个月时,特斯拉还没有向零部件供应商提供 Roadster 的全部规格和技术要求,核心部件两挡变速箱也没能研制出来,马斯克以"进度拖延、成本超支"为由,将艾伯哈特踢出了公司,塔彭宁不久也离开。

事后看,特斯拉的成功,稳定的电池系统功不可没,是技术核心。与它几乎同时、以同样路径成长起来的另一家硅谷电动车公司 Fisker,也曾名噪一时,也拿到了奥巴马的低息贷款,最后却黯然破产,跟电池有很大关系。Fisker 的电池起过火,与 Fisker 同样使用 A123 电池的 Volt 电动车也起过火,后来 A123 破产了,但特斯拉从来没有。底特律的传统汽车商不熟悉这个领域,特斯拉却抓住了电池的关键。正如斯特劳伯所说:"公司在硅谷而不是在底特律的最大好处是,这里提供了一个巨大的软件工程师智库,这配得上特斯拉大逆不道的创新方式。""目前的汽车公司设计高度趋向于围绕内燃机,深深怀疑软件与电子技术,我们正好相反。"

2008 年 10 月,特斯拉生死存亡的时刻与 SpaceX 接踵到来。第一款跑车产品 Roadster 原计划 7 万美元成本,售价 10 万美元。由于变速箱的改进,成本飙升到 12 万美元,售价变成 11 万美元。在洛杉矶客户见面会上,首批客户表现出了足够的宽容,尽管产品下线比原计划晚了半年多,但 1000 名客户中只有 30 名要求退款,空缺出来的名额很快就被新订单填满。但马斯克还是未能实现任何盈利,这次他做的是亏本买卖。现金还在每天被消耗,金融危机下,无人愿意接盘。钢铁侠马斯克如何力挽狂澜?

意志的胜利

2008 年,对马斯克来说,是意志力的极限考验。

2008 年,特斯拉陷入了巨大的困境。虽然在技术层面遥遥领先,却未能建立起商业模式,成本无法短期下降,无法量产足够数量的汽车,没有盈利,现金流枯竭,联邦政府的 5000 万美元贷款迟迟未到位。马斯克裁掉了 1/3 员工,关掉了在底特律的分支机构,关闭了研发中心,把艾伯哈德之后的那位 CEO 也解雇掉,亲自出马上阵。马斯克的哥哥回忆:"倒闭已成了日常话题,很多人都在倒闭。特斯拉正处在交付电动车的前夜,订单的款已收上来了。当时选择倒闭对他来讲,反而是更容易的。但马斯克把他自己个人的钱全部都注了进去,维持了特斯拉的生命。"

最终还是马斯克的意志发挥了至关重要的作用。特斯拉的董事之一斯蒂夫·尤韦斯顿后来回忆,马斯克出来融资时,没有人敢接。硅谷懂汽车技术的风险投资人很少,也不知道 Roadster 最终能否挣钱。Roadster 的开发就已花了两个亿,ModelS 能否成功生产,是个深不可测的未知数。加上金融危机,融资三个月都没有什么进展。马斯克拿出自己银行账户中全部的 3500 万美元,注入进去,并发邀请给自己的所有投资人朋友,告诉大家,这一轮 6000 万美元,大家自愿认购。在特斯拉的历史上,马斯克曾多次注入个人现金。他曾透露,公司初创的艰难时期,他把个人账户上的 300 万美元转入公司账户,用来支付员工薪水。这一次,他解释说"这是唯一的选择,不是我一无所有,就是特斯拉倒掉,这将是电动车历史的倒退","我不想在回顾起这件事时说,我本可以做得更多些"。马斯克的信心和决心给了其他投资人信心，也稳住了那些下了订单的买家，投资人纷纷跟进，融资近 8000 万美元。

特斯拉于是继续快速烧钱，现金流压力一直持续到 2009 年底。2009 年最后 3 个月，特斯拉就烧掉了 3700 万美元，2010 年第一季度 840 万美元。马斯克的个人财务状况也陷入绝境。他后来承认，从 2009 年 10 月开始，他的银行卡里已没有现金，他不得不四处向朋友借钱，维持一个月 20 万美元的个人开销，其中包括租房。直到力推新能源战略的朱棣文和奥巴马参观了特斯拉工厂，马斯克拿到了能源部 4.65 亿美元低息贷款用于 ModelS 量产，才生存了下来。

2010 年 6 月，特斯拉成功完成 IPO，净募集资金约 1.84 亿美元。7 月，在纳斯达克上市，就在上市前几天，《纽约时报》报道，特斯拉已濒临破产，但马斯克的意志最终取得了胜利。上市后，特斯拉在账面上赚了 6.3 亿美元，力挽狂澜，托住了自由落体运动。

2012 年，第一辆 ModelS 下线，接着，ModelX 面世。2013 年第一季度实现盈利，股票一度涨到 100 美元左右，先前无数质疑的声音都改口称赞它是未来。2013 年，历史悠久的美国汽车城底特律宣布破产，它折射了传统汽车制造业的衰落。此消彼长，硅谷大有取代底特律之势。奥巴马更对特斯拉情有独钟。他在一片质疑声中送出低息贷款大礼包，还在经济刺激法案中为绿色汽车备下了 3 亿美元政府采购款。同样收到大礼包的另一家电动汽车公司 Fisker 和一家太阳能公司 Solyndra 不久都以丑闻和倒闭告终，特斯拉则从商业上生存了下来，提前 9 年还清贷款，给奥巴马的联邦政府救助款和新能源战略争了口气。

2013 年，洛杉矶的一次 ModelS 展示会上，人们看到，一辆白色的 ModelS 驶上舞台，马斯克披一件黑色夹克，神采奕奕地从车里走出来。演讲进行时，他的助手现场演示了 ModelS 的 90 秒更换电池技术，场地外面，一辆奥迪 A8 在加油站加油的实时画面呈现在屏幕上。"让电动车和汽油车在这里比试一下。"马斯克说。马斯克 15 分钟的演讲幽默、妙语连珠，台下不时传来掌声和笑声。演讲结束，马斯克潇洒地抛下一句"好好享受 party"，钻进那辆特斯拉消失在舞台后方。台下再次一阵惊叹，人们仿佛在他身上看到了乔布斯附体。

（资料来源——改编自三联生活周刊文章：《埃隆·马斯克：无限的创想与意志的胜利》

http://www.lifeweek.com.cn/2013/0926/42601_2.shtml

http://www.lifeweek.com.cn/2013/0926/javascript:void(0);）

思考题

1. 读完案例，你认为创业的要素有哪些？
2. 你如何理解"企业家精神"？你认为马斯克马斯克身上具备企业家的哪些精神？

实践教学环节：开办新企业

目的
1. 了解独自创办新企业的复杂性。
2. 提供新企业决策的现成经验。

指导
（1）指导老师将全班分成小组，让小组分别从以下行业中选择一个，探讨其创业问题。
① 甜品店。
② 日间护理服务。
③ 书店。
④ 服装店。
⑤ 其他。
（2）每一组要收集必要的材料来完成后面环节的新企业创办工作表。
（3）每一组将自己的成果向全部同学报告。

新企业创办工作表
1. 产品
（1）我们将满足哪些顾客需求？
（2）如何使我们的产品具有独特性？

2. 顾客
（1）谁是我们的顾客？他们是什么样的？
（2）他们在哪里生活、工作、娱乐？
（3）他们的购物习惯如何？
（4）他们的需求是什么？

3. 竞争
（1）哪里有竞争？和谁竞争？
（2）他们的优势和劣势分别是什么？
（3）他们将如何应对我们？

4. 供应商
（1）我们的供应商是谁？在哪里？
（2）他们的业务活动有哪些？
（3）我们能期望什么样的关系？

5. 选址
（1）我们的顾客、对手或供应商在哪里？
（2）选址成本如何？
（3）选址的法律限制有哪些？

6. 物质设施/机器设备
（1）租用、自有、建造还是重新装修设施？
（2）租用还是购置机器设备？

（3）日常维护如何？

7. 人力资源

可得性、培训、成本如何？

8. 法律及政策环境

（1）执照、许可或认证制度。

（2）政府机构。

（3）责任。

9. 文化和社会环境

（1）文化问题。

（2）社会问题。

第 3 篇 组织工作

第 8 章　组织工作的基本内容和过程

学习目标

学完本章节，应该了解以下要点：
1. 组织的概念；
2. 组织的基础；
3. 劳动分工和统一指挥的主要内容；
4. 职权的类型；
5. 管理幅度以及管理幅度和管理层次之间的关系；
6. 集权和分权；
7. 如何有效授权；
8. 常见的组织结构形式。

引导案例

北京奥运会，对世界头号体育用品公司耐克来说也是一个展示其实力的盛会，耐克生产的适于高速奔跑的系列运动鞋，赞助了来自世界各地的运动员。由耐克赞助的运动员，仅获得的金牌数就达到了 50 枚。

耐克的气势不仅仅体现在跑道上，2004 年财政年度，耐克利润近 10 亿美元，比上年增长 27%；销售收入 123 亿美元，比上年增长 15%；公司股票也随之上升到 78 美元一股，比上年增加 37%。

但是，本章节介绍耐克公司的案例，重点并不是宣传它的辉煌业绩，而是要谈耐克的组织机构。耐克的创始人菲利普·奈特并不是一位管理专家，1958 年，他在俄勒冈州大学读书时，是学校田径队选手，他深感美国没有生产过一双真正好的运动鞋。"那时美国的鞋子都是轮胎厂造的，5 美元一双，跑 5 里，脚就流血。"他说，"德国的鞋子虽然舒服些，但要 30 美元一双。"1964 年，奈特与鲍尔曼一起，各出资 500 美元，创建了蓝绶带运动鞋公司。1972 年，蓝绶带更名为 Nike（耐克），是希腊语"胜利"之意。从耐克公司的创建经过可以看出，耐克公司的创始人除了对运动鞋有一种与众不同的特殊感觉外，并不具备更多的运动鞋制造方面的经验，但这没有妨碍耐克日后成为世界顶尖的运动鞋制造企业。耐克根据自身的特点，设计了一种非常富有创意的组织机构，就是现在很多公司都在效仿的网络型组织机构。具体来说，耐克公司只负责运动鞋公司的管理，公司总部只有为数不多的管理部门，而运动鞋的设计、制造、销售、广告宣传等，都外包给相应的专业公司来做，管理人员则负责中间各个环节的协调、控制。例如，为了降低生产成本，耐克将生产线转移至人力成本较低的韩国与中国台湾，而后又扩大到印尼和中国大陆。在中国广东的工厂花 5 美元的成本生产出的耐克运动鞋，到了美国本土要卖 300 美元。耐克别具一格的组织机构为耐克成为世界著名运动产品生产企业立下了汗马功劳。美国最大制鞋商曾经是阿迪达斯，但就是这个曾对耐克不屑一顾的阿迪达斯，到了 20 世纪 80 年代，遭到了体现叛逆意志的耐克公司的迎头痛击，逐渐丧失了运动鞋市场的霸主地位。

从上述案例可以看出，耐克公司的发展历史从很大程度上讲也是耐克公司组织结构不断发展、演进的历史。随着耐克公司的不断成长，作为企业骨骼框架的组织结构也在不断地调整，以适应企业发展的需要。

"若拿走我的财产，但留给我这个组织，五年以内，我就能卷土重来。"这是通用汽车公司的一位副总裁斯隆的名言，从这句话中再次看出了组织在企业管理中无可替代的地位。由此看来，要建立一个能成大事业的公司，就要从组织机构方面构建出一个能支撑大事业的组织框架，和很多皮鞋制作作坊相比，耐克公司从组织框架方面就显示了其勃勃的雄心。

（资料来源：改编自《世界贸易导报》）

8.1 组织的概念

组织机构之于企业，就像人的骨骼系统之于身体一样，是企业生存发展所不可或缺的重要条件，它随着企业的成长而成长。例如，苏宁公司刚开始是一个作坊式的组织机构，类似于计算机专卖店，但随着它的成长，其组织结构也越来越壮大，如果苏宁到了今天这个规模还维持创建时的组织结构，那苏宁公司可能早就不存在了。

从广义上说，组织是指由诸多要素按照一定方式相互联系起来的系统。从狭义上说，组织就是指人们为实现一定的目标，互相协作结合而成的集体或团体，如党团组织、工会组织、企业、军事组织等。狭义的组织专门相对人群而言，运用于社会管理之中。在现代社会生活中，人们已普遍认识到组织是人们按照一定的目的、任务和形式编制起来的社会集团，组织不仅是社会的细胞、社会的基本单元，而且可以说是社会的基础。本章所要研究的组织主要是指狭义的组织。

8.2 组织的基础

关于组织构建的基础，有两个基本概念：差异化和一体化。

差异化指的是组织由许多从事不同任务的不同单元构成，这些单元分别采用不同的工作技能和工作方法。差异化因为劳动分工和专业分工不同而产生，如秘书和会计具有不同的专长因而从事不同的工作，与此类似，营销、财务和人力资源工作被划分为不同的部门。在组织中需要完成众多不同的工作任务，从而使专业化和劳动分工成为必然，因为复杂的组织工作是任何一个人都难以全部胜任的。正因为如此，管理者就需要在众多的差异之中进行整合、协调，这就涉及一体化的问题。

一体化则意味着将这些彼此有差异的单位很好地组合在一起，协同完成组织的整体目标。一体化可以通过促进协调和合作的机制实现，因此任何一项管理职务在从事不同工作的管理的同时还承担着协调、协作的职能。组织的差异化程度越高，对各个单元之间一体化的要求也越高。如果组织生存于复杂的环境中，差异化程度很高，但却未能将不同工作有效协调起来，实现一体化，那么就很有可能走向失败。

8.3 组织的设计

本节将探讨4条基本的组织设计原则。这些原则将为人们设计一个既有效率又有效果的组织结构提供有价值的参考。

1. 劳动分工

20世纪早期，亨利·福特通过生产线组装汽车而名利双收。每个福特汽车工人被分配以一项特定的重复性工作，如某位工人负责装上右边前轮，某位员工专门装置右边前车门。通过将工作分为小的标准化工作，福特只要10分钟就可以制造出一部汽车，而且员工不需要具有很高的技能。

福特的案例说明，员工的专业化可以使工作效率提高。

由此看来，劳动分工是指并非让一个人完成全部的步骤，而是将工作划分为若干步骤，由一个人单独完成其中的某一个步骤。劳动分工使不同工人具有的各样技能得到有效地利用。

因为有了劳动分工，所以人们通过一定的工作或培训就可以成为某一道工序中的熟练工，如果每一道工序都是熟练工，就能提高生产效率。因此传统学者们将劳动分工视为增加生产率的一个取之不尽的源泉。

20世纪前半期，管理者认为分工是生产率不断提高的不竭源泉。然而，到了20世纪60年代，事实显示分工运用得太过，一些工作出现了专业化的人力不经济，如枯燥、倦怠、压力、低生产率、工作低品质、高缺勤率和高流动率等。这些缺点已超过了分工的优点。这种情况下，可以通过扩大而不是缩小工作活动的范围来提升生产率。另外，许多公司也发现，如果给予员工多样的工作，允许他们完成整件工作，并和不同技能的员工组成团队，会比专业化的员工生产率高，满意度也更高。

2. 统一指挥

以下是医院的一位护士长给院长的辞职信中的部分内容：

我在产科当护士长已经4个月了，我简直干不下去了，我怎么能干得了呢？我有3个上司，每个人都有不同的要求，都要我优先处理。昨天早上7：45，主任护士要我提供床位利用情况报告，我的直接主管进来质问我为什么我的两位护士不上班，实际上是外科主任要走了她们两位。

在上述案例中，护士长的3位上司都违反了"统一指挥"原则。由此可以看出多头指挥的弊端。按照统一指挥的原则，每个下属应当而且只能向一个上级主管直接负责，应当对活动做明显的区分，以便让每位主管人员分管某一项工作。

但在目前的管理实践中，情况要复杂得多，如组织中的某些参谋部门像财务部、研发部等往往从降低成本或产品职能等角度出发，对销售部门提出一些有价值的建议，销售部门是否该听从并采纳呢？如果执行，这是否是对统一指挥原则的违背呢？这就涉及如何有效达到工作目标，又不破坏统一指挥原则的问题。

3. 职权的划分

1) 职权的概念及其与职责的关系

职权指的是管理职位所固有的发布命令和希望命令得到执行的一种权利。每一个管理职位都有某种特定的、内在的权力，担任某项管理职位的人就可以从该职位的等级和头衔中获得这种权利，如班长是一个职位，谁做了班长都能取得班长应拥有的权力。在授权时，也应该授予相应的职责，也就是说，一个人得到某种"权利"，他同时就要承担相应的"责任"。否则，就会出现管理上的混乱，如贪污、腐败从管理学上分析就是没有处理好职权和职责的关系。再如企业总裁有对企业项目的审批权，但因为企业没有对他的权利提出有效的职责控制措施，可能导致企业总裁滥用职权，将项目交给那些向他提供好处的人。

2) 职权的类型

（1）直线职权。直线职权是指某职位或某部门所拥有的直接指挥权，包括发布命令及执行决策的权力。相应的，拥有这种职权的管理者称为直线主管，如企业的经理（厂长）、车间主任、班组长等。为保证组织内指挥链的畅通，必须遵循分级和职权等级两项原则，即每一层次的直线职权应该分明，这样才有利于执行权责和信息沟通。同时作为下级应该充分利用自己的职权，不要轻易放弃。

（2）参谋职权。参谋职权是指某职位或某部门所拥有的辅助性职权，包括提供咨询、建议等的权利。例如，在"田忌赛马"的故事中，孙膑为田忌出谋划策，孙膑就是田忌的参谋人员，行使的就是参谋职权。

（3）职能职权。职能职权是指某职位或某部门所拥有的进行专业管理的权力。这种职权大多由参谋部门或业务部门的负责人来行使。职能职权实质上是直线职权的一部分，不过其行使范围要小得多，只是在某一专业方面有指挥权。例如，企业研发部门的主管，就有产品设计方面的技术优势，因而对于这方面的决策他们就有较大的主导权。

4. 管理幅度

管理幅度就是一个管理人员直接指挥和监督的下属人数。一个人受其能力范围的限制，他能直接指挥和监督的下属数量总是有限的，管理幅度的大小和管理层次、管理数目的多少成反比例关系。在组织规模确定的情况下，管理幅度越大，管理层次数越少；反之，管理层次数就越多。

组织类型特点是管理幅度小、层次多的组织结构，称为高耸型组织；而特点是管理幅度宽、层次少的组织类型，称为扁平型组织。

在高耸型组织中，由于管理层次多，不仅加长了信息的传递渠道，影响信息传递的速度和组织活动的效率，而且使管理人员配备数量增多，从而造成管理费用上升，人浮于事；而扁平型组织迫使上级尽量放权，要求上级制定清晰的政策，因此，近年来出现了以宽管理幅度来设计扁平型组织的趋势。

8.4 集权与分权

某些组织里，高层管理者制定所有决策，较低层的管理者只是执行高层管理者的指示；

而有些组织将决策权赋予那些最接近行动层面的管理者。前者属于高集权式的组织,后者则属于分权式组织。

集权是指组织中决策权集中于某一职位的程度。这种观念涵盖的只有正式的权威,也就是某个职位本身具有的正式权利。通常,如果组织中的主要决策出自高层主管之手,并采用极少的基层人员的意见,那么这种组织是集权式组织;相反地,如果基层主管拥有越多制定决策的裁决权,则该组织的分权程度越高。

分权组织与集权组织截然不同。在分权组织里,解决问题的行动速度更快,有更多的人参与决策制定,员工不太觉得与那些制定与其工作相关的决策的人疏离。

伴随着当今管理者致力于建立具有灵活性和反应性的组织的努力,分权制定决策的趋势也逐渐明朗。例如,IBM 欧洲区总裁将欧陆公司分为 200 个自主的业务单位,每个组织单位都有自己的利润计划、员工奖励制度,以及重点顾客群。

8.5 授　　权

1. 责任、权力和职责

授权是将职权和责任分配给更低一级下属的行为。它要求下属反过来向他(或她)的老板报告任务完成的情况。授权是管理者基本特征之一,因为它使工作由他人完成。授权在任何层级都是重要的,这一过程可能因任何任务发生在任何组织结构中的任何两个人之间。

一些管理者乐于授权给下属,另一些则并非如此。

互动环节:请考虑以下案例中两个办公室管理者在分配同样工作时的不同表现,并讨论谁的授权程度更高?

管理者 A:给高邦计算机公司的小杨打电话,让他给你计算机升级的价目表。要升级成奔腾最新版本,内存 2GB,硬盘至少 250GB。我想给公司建一个局域网。邀请张总管看一下,并让他写一个材料清单和新系统可能的潜在应用的摘要。然后给我一份整个部门升级的成本和规格的报告。嗯,一定还要问问有关服务费的事情。

管理者 B:我想改变一下我们的计算机系统了,一直有人向我抱怨当前系统太慢,很多工作做不起来。你能够评估一下我们的可能选择方案并给我一份我们应该做什么的建议书吗?我们的预算大概是每人 3500 元,如果可能我想尽量不要超过这个数字。直接和一些管理者谈谈,看他们需要什么,不过我们必须尽快完成这件事情。

当授权发生时,了解责任、职权和职责这 3 个概念的重要差别将会很有帮助。责任是指一个人被分配了一项他(或她)应该完成的任务。在分配责任的同时,管理者也应该授予下属一定的职权来完成这项任务。职权是指一个人有能力和权力做出决策、下达命令、利用资源和做任何必要的事情来完成任务。

当管理者授权时,下属对要达到的成果负有职责。职责是指下属的管理者有权期待下属完成工作,并在没有完成时采取补救措施。下属必须向上级报告他任务完成的现状和完成质量。

然而最终的责任、对更高上级的职责还是由授权的管理者来负担。管理者不但对他们自己的行动，而且对他们下属的行为也负有职责，需承担责任。因此管理者不能把授权给他人当作逃避自己责任的借口。

2. 授权的好处

授权的主要好处在于管理者通过把他自己的权力分给其他人而节省了时间，从而可以把精力抽出来从事计划、设定目标和监控业绩等更重要、更高级的工作。同时授权又使下级有机会执行一项更重要的任务，使下属有机会发展新技能，为日后承担更大的责任或晋升积累资本。下属相当于接受了一次在将来能够受益的在职培训。

3. 如何授权

为了使上述谈到的若干好处成为现实，授权必须恰到好处。授权的第一步是确定目标，要求管理者对他（或她）想要的结果有一个清醒的认识，接下来管理者应该选择一个能够完成这项任务的人。

被授权者也应该享有完成任务所必需的职权、时间和资源。在整个授权过程中，管理者和下属应该并肩工作，交流工作任务。管理者应该从一开始就了解下属的想法，并在定期会议或核查过程中询问进展情况和遇到的问题。因此即使是下属在执行任务，管理者也能够随时了解它的现状。

想要学会有效授权的管理者们应该记住一个区别：如果你不授权，你仅仅是在做事；你授权的越多，你才真正是在建立和管理组织。

8.6 常见的组织结构形式

1. 直线制组织结构

这种结构的特点是命令系统单一，直线传递，管理权力高度集中，决策迅速，指挥灵活。但要求最高管理者通晓多种专业知识。一些刚建立的个体企业就属于这种类型，很多工作都由老板统一指挥，具体结构如图 8.1 所示。

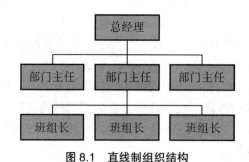

图 8.1 直线制组织结构

2. 职能制组织结构

在组织中设置若干职能部门，这些职能机构在自己的职责范围内，都有权向下发布命令和指示，如图 8.2 所示。

3. 直线职能制组织结构

这是一种综合直线制和职能制两种类型特点而形成的组织结构形式。它与直线制的区别在于设置了职能机构，与职能制的区别在于职能机构只能作为直线管理者的参谋和助手，他们不具有对所有下属进行直接指挥的权力，如图8.3所示。

4. 事业部制组织结构

组织按地区或所经营的各种产品和事业来划分部门，各事业部独立核算，自负盈亏，这种结构适应性和稳定性强，有利于组织的最高管理者摆脱日常事务而专心致力于组织的战略决策和长期规划，有利于调动各事业部的积极性和主动性，并且有利于对各事业部的绩效进行考评。其缺点是资源重复配置，管理费用较高，且事业部之间协作较差。这种组织形式适用于产品多样化和从事多元化经营的组织，具体结构如图8.4所示。

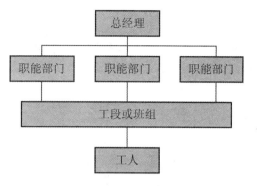

图 8.2　职能制组织结构

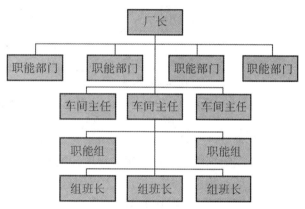

图 8.3　直线职能制组织结构

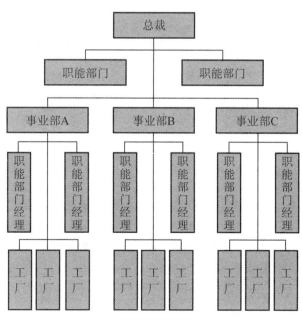

图 8.4　事业部制组织结构

5. 矩阵制组织结构

矩阵制组织结构是一种把按职能划分的部门同按产品、服务和工程项目划分的部门结合起来的组织形式，如学校的组织形式，或某个项目组织形式。矩阵制具体结构如图8.5所示。

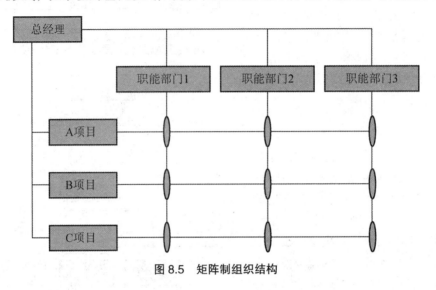

图 8.5　矩阵制组织结构

6. 控股制组织结构

控股制组织结构是在非相关领域开展多元化经营的企业常用的一种组织结构形式。由于经营业务的非相关或弱相关，大公司不对这些业务经营单位进行直接的管理和控制，而代之以持股控制。其具体结构如图8.6所示。

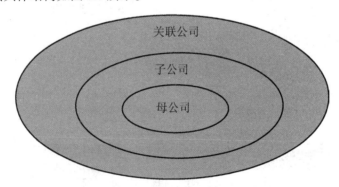

图 8.6　控股制组织结构

7. 网络型组织结构

网络型组织结构是利用现代信息技术手段而建立和发展起来的一种新型组织结构。现代信息技术使企业与外界的联系加强了，利用这一有利条件，企业可以重新考虑自身机构的边界，不断缩小内部生产经营活动的范围，相应地扩大与外部单位之间的分工协作。网络型结构是一种只有精干的中心机构，以契约关系的建立和维持为基础，依靠外部机构进行制造、销售或其他重要业务经营活动的组织结构形式。例如，卡西欧是世界有名的制造手表和袖珍型计算器的公司，却一直只是一家设计、营销和装配公司，而生产设施和销售渠道工作内容都外包给了更专业的公司来运作。本章引导案例中的耐克公司也属于网络型公司。

第8章 组织工作的基本内容和过程

思 考 题

1. 你认为组织精简化是一种赶时髦的行为还是一种永久性的组织策略？解释你的立场。
2. 你认为管理者在授权上会存在问题吗？为什么？怎样克服这些问题？
3. 选择一个你所感兴趣的企业，画出它的组织结构图并用本章的术语来描绘它。你喜欢在这样的组织结构里工作吗？为什么？
4. 如果你知道某个公司是事业部制组织结构，为在事业部制组织里更有效地工作，你将做哪些准备？
5. 在首席执行官的位置上，有什么好处和坏处？
6. 如果你担任公司经理，你愿意采用什么标准来确定你的管理幅度？
7. 运用本章阐述的步骤组织一次班级郊游活动。
8. 采访一位企业的中高层管理人员，请他(或她)回答其有多少下属？在该组织管理体制的高层、中层和基层所管辖的下属人数是否不一样？在这个组织中决定管理幅度的因素是什么？你认为这个企业的管理幅度是否合适？

案例资源1

美的集团的组织结构

美的集团于1968年在广东顺德正式创建。1980年美的开始进军中国家电业。1981年开始使用美的品牌。2001年，转制民营企业。2004年6月，美的与全球知名空调制造商东芝开启合资合作，同年相继并购合肥荣事达和广州华凌，实现了在中国家电业的重大重组。目前，美的集团总资产达100多亿元，员工近8万人，总占地面积1万亩，营销网络遍及全球，拥有美的、华凌、荣事达、威灵等十余个知名家电品牌。

除顺德总部外，美的集团还在国内的广州、中山、安徽芜湖等地建有生产基地；在国外的越南平阳基地已建成投产，集团工业基地占地总面积超过700万平方米。在全国各地设有强大的营销网络，并在美国、德国、英国等地设有13个海外机构。

美的集团除主营家电业以外，还涉足物流、进出口贸易、房产、信息技术、金融等诸多领域，主要有家用空调、商用空调、大型中央空调等大家电、小家电和压缩机等家电配件产品，拥有中国最大、最完整的空调产业链和微波炉产业链，拥有中国最大、最完整的小家电产品群和厨房家电产品群。2000年以来，年均增长速度超过30%。

1. 创业阶段与并不完善的组织结构(1968—1979年)

1968年，何享健带领顺德北滘镇25名街道居民，每人出资50元办起了一间塑料五金加工小作坊，从生产加工塑料瓶盖开始创业，先后生产加工过汽车挂车刹车阀和电风扇零配件，并取得良好收益。随着竞争逐渐加大，他们意识到生产零配件始终是配角，没有多少经营自主权，于是决定自创品牌。

在这一阶段,我国还处于计划经济时期,市场的竞争并不激烈,企业还谈不上战略,再加上企业的规模小,人员不多,在组织结构方面也没有很完善和标准的形式。因此,企业在这 11 年里并没有很大的飞跃。

2. 单一业务时期与直线职能制结构(1980—1996 年)

改革开放给家电制造业带来了机会,1980 年,美的正式进入家电行业并拥有了自己的厂房,生产出第一台金属风扇,并正式投产,"美的"企业迅速扩大。

通过分析,美的认为:只有真正创造出特色产品才可以在市场中占据一席之地。通过引进先进设备和技术攻关,一台台质优价廉的"美的"牌电风扇不断进入千家万户。1982 年年底,美的电风扇被评为省优部优产品,从此,产量产值每年成倍增长。1985 年,美的意识到中国市场经济的发展将进一步迎来人们生活档次的提高,率先向市场推出全塑型彩虹系列电风扇。这个时期市场竞争开始激烈起来,单一产品已经不足以适应企业的生存与发展。美的开始了制冷空调的生产并以造型美观、噪声小、质量轻、性能稳定、价格便宜等特点赢得消费者的青睐。随后几年里,美的相继进入了电饭煲、空调电机等业务。1986 年,美的对国内外电风扇行业进行深入调查分析,制定了"走出国门争天下"的营销策略。在保持稳定的国内市场占有量的同时,着手开辟国际市场,按照标准组织生产,开发出口产品,先后获得美国 UL、德国 GS、英国 BS、加拿大 GSA 等国家的标准认证。1987 年,美的实现了批量出口,从此走上了外向型出口创汇的道路。

在这个阶段,由于产品种类较单一,美的选择了传统的高度集权的直线职能式的组织结构。这在美的的发展初期确实带来了高速增长,也为后来的进一步扩张打下了坚实的基础。

3. 相关多元化与事业部制结构的创建(1997—2000 年)

美的集团从创业到进入家电行业初期,一直沿用直线职能式的组织结构,所有产品的总经理都是既抓销售又抓生产,所有的产品由总部统一生产、统一销售。在公司发展早期,这样的中央集中控制模式,在行业内十分通用,对当时产品线单一、部门简单的美的并没有什么影响。

1997 年前后,美的的规模得到迅速扩张,产品类型急剧增多,在短短的几年间进入了电饭煲、空调电机、饮水机等领域。企业规模壮大了,生产仍由总部统一管理,组织结构还停留在单一产品制,5 大类 1000 多种产品由总部统一销售,这就造成了产品生产和销售脱节,经营业绩大幅度下滑,体制性缺陷已经日益明显。随着美的经营的产品和业务越来越多,直线职能制不再适用。终于,经过美的高层管理团队的反复调研和反复论证,最终决定把企业"由大化小"。

于是,美的在 1997 年进行了事业部改造,开始了全面的组织变革,当时成立了 5 个事业部:空调事业部、压缩机事业部(1998 年收购东芝压缩机)、家庭电器事业部(包括风扇、饮水机、电饭煲等)、厨具事业部、电机事业部。各个事业部拥有自己的产品和独立的市场,享有很大的经营自主权,实行独立经营、独立核算,既是受公司控制的利润中心,又是产品责任单位或市场责任单位,对"研、产、销"以及行政、人事等管理负有统一领导的职能。此外,各事业部内部的销售部门基本上设立了市场、计划、服务、财务、经营管理五大模块,将以上功能放到销售部门,形成了以市场为导向的组织架构。而像原来生产经营部这样类似"内部计划经济"的机构已渐渐消失。

这次的事业部改造给美的带来了活力,之后其业务发展迅速,规模扩张迅猛。1998 年美的事业部制改造初见成效，这一年，美的空调产销增长 80%，风扇高居全球销量冠军宝座，电饭煲稳坐行业头把交椅，电机成为行业领头羊，小家电产品也名列前茅。

4. 不相关多元化与事业部制的再度改造（2001—2008 年）

2001 年，随着竞争的加剧，美的集团开始进军不相关多元化产业。事实上，在 2000 年美的就开始小规模进入房地产领域的尝试，之后又加大了在房地产方面的投资。2003 年，美的通过收购进入了客车领域，2004 年 3 月又投资广西贺州水电等项目。不相关多元化的发展促使美的继续寻找与之相适应的组织结构。

2001 年以后，美的已经开始面临 1997 年时的同样问题：对事业部的管控力度不够，管理出现了问题。随着规模的扩大，企业产品线太长、品种过多，美的又一次扩张到无法管理的局面。当时的家庭电器事业部已经发展到拥有十几种产品，内部管理严重失调。风扇产品出现了大问题，库存很大，亏损了一两个亿。

2002 年 7 月，家庭电器事业部被拆分成四个事业部：电风扇事业部、电饭煲事业部、微波炉事业部、饮水机事业部。至此，美的集团内部已经"涌现"出了七八个事业部，其中一些事业部创造的销售收入甚至超越了 1996 年美的整个集团的总收入。美的内部情绪高涨，未来经营计划也一度不切实际。

经过组织反省，美的发起了全面推进事业部制公司化及事业部管理下的二级子公司运作模式，进一步完善现代企业制度，从提升经营水平和强化组织竞争力方面提出了四个调整方向，对美的整个组织架构进行再次优化。由于一些事业部发展过快，美的将产品类型比较接近的事业部集中到一起，比如小家电系列产品，相应地设立二级管理平台来处理事业部层面的经营管理问题，再次增加组织的弹性，以便更快、更专业地应对市场需求。2002 年 8 月，美的空调事业部推行了事业本部制，在空调事业部下成立三个本部，将原来相对分散的二级子公司的管理统一到本部中去。这时美的厨具事业部也出现了严重的问题，产品太多，管控力度不够，财务信息不畅通，因此美的对厨具事业部进行了拆分，同样在拆分后各事业部又得到了高速增长。空调、电机事业部规模太过庞大，已经无法控制，于是被从股份公司剥离开来，成立了事业本部。这次的拆分也让美的经历了快速的增长，市场占有率和财务绩效都大幅提高。

与前一次发展低谷时求变不同，这次组织调整是颇具美的特色的，因为从 2000—2001 年，美的的账面业绩一片大好，在此情况下，美的决定牺牲一定的业绩增长来进行组织内部的调整，从而达到规避未来风险，让组织健康发展的目的。

自从建立事业部制以来，美的组织结构始终在调整，而每次调整都是围绕权力的放与收进行的，权力收放的另一面则是责任和利益的转换与变局。事业部制给美的带来的成绩，让美的集团将这一模式不断地复制。正是这种居安思危的智慧让美的可以一直保持着健康、稳定、快速的增长，经过三十多年的不断调整、发展与壮大，如今美的已成为以家电业为主的大型综合性现代化企业集团。

（资料来源：改编自百度文库相关资料.）

思考题

1. 直线职能制结构有何特点？美的在单一业务时期为什么会采用直线职能制结构？
2. 事业部制组织结构有何特点？这种组织结构形式对美的的发展与壮大有何作用？

3. 影响美的组织结构变化的因素有哪些？
4. 美的组织结构变化的实质是什么？
5. 美的组织结构的变化给我们带来了哪些启示？

案例资源2

集权与分权

动力工业公司是一个生产多种产品的汽车替换零件制造商，由于执行积极合并的政策，发展很快。董事长约翰·拉弗蒂认为公司的成长是健康的，公司之所以能以罕见的速度迅速扩大，其主要原因在于公司的经营是在高度分权的基础上进行的。由于它是一个合并了一些公司的"康采恩"企业，拉弗蒂鼓励所属公司的经理们要仍像在参加动力工业公司以前那样继续经营。中央电子公司生产广泛系列的电子元件，其中许多用于国防和宇宙工业。中央电子公司对动力工业公司产生兴趣，是由于动力工业公司能提供该公司在发展一种高功能变压器的最终阶段和建立生产新产品的工厂方面所急需的资金。可是中央电子公司的创办人和总经理罗莎·瓦斯克丝认识到同另一个公司合并的潜在危险：她将失去对她自己企业的控制，并沦为一个大公司的雇工地位。

但拉弗蒂不断向瓦斯克丝保证，动力工业公司是在高度分权基础上经营管理的，并描述他们的分权的概念如下：

"我们希望你，作为一个子公司的总经理，像过去一样照常进行管理。你的企业是成功的，这就没有理由说，作为动力工业公司的一部分，就不能成功地继续经营、销售、生产，以及产品开发等主要职能，只要你认为合适，一切由你经营。总之，我们是按银行家的方式，由我们供给资金，即供给你需要的用于改进和扩充的资本。虽然每个子公司的利润将上交总公司，但仍像你具有自己的公司一样，因为你每年将得到两种收入：一份有保证的薪金和你公司一定比率的净利。"

在做了这样的保证以后，瓦斯克丝决定同动力工业公司合并。在6个月里，一切都很顺利，瓦斯克丝几乎没看到公司总部有什么人来。到第7个月的月初，总公司的会计员来访问瓦斯克丝，详细地向她说明公司需要有利润计划，并要求她编制好中央电子公司的利润计划、下年度详尽的收入和营业费用的预测。虽然会计员很和气，但却讲得十分清楚，如果中央电子公司的活动明显地偏离了预测的情况，总公司将派一组成本分析专家和工业工程师来查明偏离的原因并将提出必要的变革提议。

和会计员的这场经历刚过去，动力工业公司的劳资关系副董事长又访问了瓦斯克丝，并通知她，几个总公司的劳资关系参谋成员将参加同代表中央电子公司雇工的工会即将进行的谈判。瓦斯克丝抗议说，她对自己公司的劳资契约已谈判多年了。然而，人们对她解释说，这样做是为了全公司范围雇工的福利计划（如年金和保险），同时也是为了防止工会在工资领域中利用一个子公司来反对另一个子公司，所以集中控制谈判是非常必要的。在这次访问时，公司的一些劳资关系参谋成员还向瓦斯克丝略述了公司有关工资计划的规定，并做出安排以实施公司职员和主管人员的薪金计划。

下一个月,瓦斯克丝访问了拉弗蒂并询问为了取得建设生产高功能变压器新厂房的资金她应采取什么步骤。

拉弗蒂答复说:"我将从总公司财务部门派人访问你,并向你指出如何填写基建资金申请表。这不过是个例行手续,但是请记住,你仅仅是15个子公司中的一个,大家都同时需要钱,况且今年能否取得这笔钱,不仅取决于你的需要,还将取决于其他14个公司的需要。"

(资料来源:改编自中华管理学习网.)

思考题
1. 动力工业公司在经营上是否尽可能地实行了分权?
2. 作为瓦斯克丝(中央电子公司的总经理),你认为母公司的管理政策基本上是集权还是分权?为什么?

第 9 章 人力资源管理

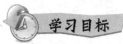

学完本章节，应该了解以下要点：
1. 人力资源管理的概念；
2. 人力资源管理的过程；
3. 人力资源规划的内容；
4. 内部渠道招聘和外部渠道招聘的优、缺点；
5. 拓展培训的主要内容。

  正如微软总裁比尔·盖茨所言，软件就是"包装了的智慧"。使微软在软件行业独占鳌头的程序、运算法则和广泛的应用无不来源于那些极具指挥力的人们的聪明头脑。微软在招聘和雇用本行业最优秀的人才方面所做的工作几近完美。微软需要的人才不但要精通现代技术，还要善于提出问题，有不断成长和发展的潜质。换句话说，他们寻找的是"学习者"（Know How）而不是"知者"（Know What）。微软要求员工有灵活的思维方式，以使他们能够在行业中不断创新。

  像其他公司一样，微软通过各种途径网罗他们需要的人才，包括在报纸和互联网上大做广告以及在大学和人才市场上公开招聘，这些活动吸引了大批的求职者。公司每月收到1.2万份简历，这些资料被输入计算机的资料库，招聘者只需敲动键盘就可以找到具有特定技术、能力和背景的人才。

  招聘雇员也是一件充满乐趣的工作。除了借助传统的甄选方法如招聘考试、查询等手段外，微软还设计了针对性非常强的面试。面试主要考察求职者的思维方式和学习能力。如考官可能会问每天通过密西西比河的水流量有多大？为什么马路上下水井的盖子是圆的？考官并不期望正确答案，他们想要考察的是求职者分析问题和解决问题的能力。

  这些方法是否有效？答案是肯定的。微软每年雇员的流动仅为7%，这一比率远远低于同行业的平均水平。

  上面给大家简要介绍了微软在人力资源管理方面的一些情况，从上述案例至少可以看出，优秀的人力资源给微软带来了巨大的利益。那么，现在提出这样一个问题：对大多数组织来说，人力资源管理意味着什么？有怎样的意义？

（资料来源：郑立梅. 管理学基础［M］. 北京：清华大学出版社，2006.）

第 9 章 人力资源管理

9.1 人力资源管理的过程

人是公司有效运转中不可或缺的因素，人是企业最重要的资本。在当今组织中，人力资源管理成为影响组织绩效的重要因素。雇佣并留住人才，可以成为组织可持续竞争力的源泉。

人力资源是指能够推动生产力发展，创造社会财富，能进行智力劳动和体力劳动的人们的总称。而人力资源管理则指在组织内部对雇员的正式化管理体制，主要划分为 3 个领域：人事制度、奖酬体制和工作设计。

本章将描述人力资源管理的程序，为大家提供管理人力资源的指导。首先通过图 9.1 来了解人力资源管理的过程。

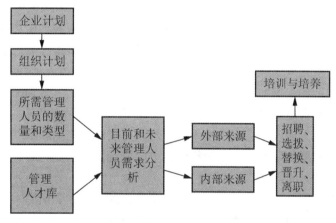

图 9.1　人力资源管理的过程

本节将以图 9.1 为线索，引导大家了解人力资源管理中的一些重要问题，如人力资源需求是什么？从哪里找到合适的人才？如何选择合格的员工？如何能确定员工具备最新的技能？有哪些评估员工绩效的办法等。

9.2 人力资源规划

人力资源规划是一种程序，利用这种程序，管理者可以确保公司有适量的人才，将合适的人才在合适的时候放在合适的岗位上，并确保这些人有效果且有效率地完成有助于公司实现整体目标的任务。因此，人力资源规划将公司的目标转化为实现这些目标所需的员工的数量和组合方式。

人力资源规划分为以下 3 个部分。

1. 现状评估

对企业现有人力资源状况进行分析，目的在于掌握现状，分析问题，为人力资源规划进一步要解决的问题提供明确的方向。一般应分析的内容主要有以下几点。

（1）现有人力资源需求与供给的合理性分析。即对企业在现有生产经营状态下人力资源的需求程度、饱和程度进行分析，观察企业的各类人员是否符合定编定岗的要求，工作任务与人员安排是否平衡，是否有人力短缺或富余的情况等。

（2）现有职务（岗位）结构的合理性分析。即对企业现有组织结构状态下，各类职务（岗位）之间及人力资源的匹配关系进行分析，观察各类职务（岗位）之间的比例关系是否合理，职务（岗位）标准是否恰当，对各类人员的要求是否合适等。

（3）现有人员结构的合理性分析。即对企业现有人员队伍的质量和数量关系进行分析，观察人员队伍在知识、经验、能级、技能、学历、职称、年龄等结构上是否合理。

（4）现有人员使用状况的合理性分析。即对企业各类人员的实际使用效果的分析，观察各类人员是否能够达到各职务（岗位）标准的要求、各项定额指标的完成程度、各类人员工作潜力的发挥程度等。

2. 未来评估

对企业未来人力资源状况进行分析，目的在于掌握企业未来各种生产经营要素的变化对人力资源需求可能产生的各种影响，为编制人力资源规划提供可参考的内容和标准。一般应预测的内容主要有以下几点。

（1）未来人才和劳务市场的变化对企业人力资源需求的影响。要预测未来人才和劳务市场的变化趋势，分析对企业获取人才的来源、难易程度、成本等的影响。

（2）企业未来经营方向或经营规模发生变化对人力资源结构的影响。要预测市场的发展趋势，根据企业长远发展规划的要求。分析经营方向或规模发生变化时，对企业人员结构在知识、技能及数量等方面的要求。

（3）企业未来组织结构的发展变化对人力资源结构的影响。要预测未来企业组织的变化趋势，分析组织的部门结构和权责关系发生变化对各级管理人员素质和数量的要求，分析生产组织和劳动组织的变化对人员定编定岗产生的影响。

（4）企业未来产品结构的发展变化对人力资源结构的影响。要根据企业长远发展规划的要求，分析产品结构变化或产品的更新换代导致的生产工艺过程发生变化，对生产岗位数量和结构产生的影响。

（5）企业未来技术结构的发展变化对人力资源结构的影响。要根据企业物质技术基础的发展趋势，分析新技术的采用、设备的更新改造等对人员队伍知识、技能以及数量变化上的要求。

（6）企业未来劳动生产率的变化对人力资源结构的影响。要分析企业各种条件的变化趋势对提高劳动生产率的作用大小，进而分析对人力资源需求的影响程度。

3. 未来计划开发

人力资源规划的内容主要分为两个层次：一是组织的人力资源总体规划，二是人力资源总体规划中各个具体业务的规划。总体规划是指组织在规划期内人力资源管理的总目标、总政策、具体实施步骤和总预算安排。各业务规划包括人员的补充规划、分配规划、接替和提升规划、教育培训规划、工资激励规划、退休解聘计划和劳动关系计划等。业务规划是总体计划的具体展开，每项业务规划都由目标、政策制度和办法及预算 3 部分组成，见表 9-1。

表 9-1 人力资源规划的主要内容

规划分类	目　　标	政策、制度与办法	预　　算
总体规划	总目标；人员的层次、年龄、素质结构；人员总量及分类；战略性人才培养与储备等	扩员或收缩政策；人才培养政策；奖酬政策；改革稳定政策；基本管理制度与方法	实现目标的资金总预算
人员补充计划	人员类型、数量与结构	来源渠道；任职要求；基本待遇	招聘选拔费用
人员使用计划	各部门定岗定员的标准；绩效考评目标；轮岗制度目标	任职资格考核办法；聘用制度；轮岗考核办法；解聘办法	工资、福利、奖酬预算
员工发展计划	提高员工的业务水平；技能提高与新观念的培养；减少离职跳槽率；提高员工满意度	培训效果考核的办法；事业开发政策；员工发展的终身教育制度与措施	教育培训费、考察调研费、间接误工费
绩效考评与激励计划	减少离职跳槽率；优化配置人力资源；提高士气与信心	激励政策；奖酬政策；工资政策；绩效考评体系与办法	增资预算、奖金预算
退休安排与福利计划	减少人力资源的浪费；提高年轻员工的工作士气	退休政策；福利政策；返聘政策	人员重置费、返聘费、福利预算

9.3　招　　募

人员的招聘与录用是指用人单位根据用人条件和用人标准，通过各种渠道，合理地选拔和录用各类人员。

由于人员的招聘与录用是员工进入企业的关口，因此是人力资源管理的重要环节。首先，此项工作直接关系着企业人力资源的质量，只有选用合格的人员，才能得到有效的使用和培养，满足企业发展的需要。其次，这项工作关系着员工队伍结构的建设，招聘与录用不仅在于补充员工队伍，而且在提高员工队伍整体素质，保证企业的人员结构合理化上起着重要作用。再者，这项工作也是发掘人才资源的重要手段，企业内部和外部都蕴藏着丰富的人才资源，只有广开才路，择优任用，才能使企业具备良好的人力资源储备。

1. 内部渠道招聘

内部渠道包括内部推荐和企业内部招聘等。

内部推荐的应聘者多数是公司内部员工熟知的亲人或朋友，所以他（她）们对公司内部信息和岗位要求比较清楚，同时，内部员工对被推荐者较为熟悉，会考虑他（她）们是否具备相应的条件；加之进入公司后也可能更快地融入公司内部关系网络。但采用该渠道时也应注意一些负面影响：一是被推荐者不合格；二是容易形成小团体，这会影响公司正常的组织架构和运作。

内部招聘在规模较大的企业比较常见，这种方式的特点是费用极少，能极大地提高员工的士气，申请者对公司相当了解，适应公司的文化和管理，能较快进入工作状态，而且可以在内部培养出一人多能的复合型人才。其局限性也比较明显，就是人员供给的数量有限，易"近亲繁殖"，形成派系，组织决策时缺乏差异化的建议，不利于管理创新和变革。内部招聘也常用于内部人才的晋升、调动、轮岗。

2. 外部渠道招聘

外部渠道招聘包括校园定向招聘、媒体广告招聘、网络招聘、现场招聘会和猎头公司招聘。

一般而言，校园招聘的计划性比较强，招聘新人的数量、专业往往结合企业的年度人力资源规划或者阶段性的人才发展战略要求而定。因此，进入校园招聘的通常是大中型企业，他们通常会在几个大类专业中挑选综合素质高的大学生。这类渠道能够提高公司在高校的知名度，而且校园招聘的费用低廉。校园招聘虽然能够吸引众多的潜在人才，但是这类人员的职业化水平不高，流失率较高，需要企业投入较多的精力进行系统完整的培训。

当前，媒体广告主要有专业的人才招聘报纸。由于报纸仍然是普通大众包括求职者在内的了解信息的重要平台，所以这种形式的广告在当地的覆盖面比较广，目标受众接受的概率非常高，不仅可以提升企业知名度，而且可以宣传公司的业务。但是媒体广告招聘这种渠道会吸引到很多不合格的应聘者，增加了人力资源部门筛选简历的工作量和难度，延长招聘的周期。另外，该渠道的费用比较高。通常，公司采用这种方式招聘有实际工作经验的社会人员。

网络招聘的招聘信息可以定时定向投放，发布后也可以管理，其费用相对比较低廉，理论上可以覆盖到全球。通过在知名的人才网上发布招聘信息，可以快捷、海量地接收到求职者的信息，而且各网站提供的格式简历和格式邮件可以降低简历筛选的难度，加快处理简历的速度。但是，这种渠道不能控制应聘者的质量和数量，海量的信息包括各种垃圾邮件、病毒邮件等会加大招聘工作的压力。另外还有专业网站及论坛、特定人群（MBA、专业人士、校友、网络发烧友）组织的网站、聊天室（群、组）等新型、非主流的招聘渠道。

现场招聘会是传统的人才招聘方式，费用适中。人力资源主管不仅可以与求职者直接面对面交流，而且可以直观展示企业实力和风采。这种方式总体上效率比较高，可以快速淘汰不合格人员，控制应聘者的数量和质量。现场招聘通常会与媒体广告同步推出，并且有一定的时效性。其局限性在于往往受到展会主办方宣传推广力度的影响，求职者的数量和质量难以有效保证。这种方式通常用于招聘一般型人才。

猎头是一种由专业咨询公司利用其储备人才库、关系网络，在短期内快速、主动、定向寻找企业所需要的人才的招聘方式。目前，猎头主要面向的对象是企业中高层管理人员和企业需要的特殊人才。

现实中，外部渠道招聘还有广播招聘、电视招聘、借助某项活动推广物色人选等不同方式。

通过对以上招聘渠道及其效果的分析，可以说是特色鲜明，各有利弊。企业在进行招聘时，应该结合自己的发展阶段、经济实力、用人规律等，通过多种渠道搜寻企业所需要的人才。

3. 内部招聘和外部招聘的优、缺点

无论是外部招聘还是内部招聘，都取决于组织的内部晋升和内部调动战略。那么，组织在招聘人员时，是采用内部招聘还是外部招聘呢？需要考虑的主要问题是什么呢？

通用电气公司数十年来一直从内部选拔 CEO，日本许多企业管理的特殊之处就是内部晋升，而 IBM、HP 等公司的 CEO 则更多的是外部"空降"。从组织人员的招聘途径来讲，一般分为内部和外部两种。一些公司的实际运作中常常注重外部招聘，却忽视了从组织内部招聘人员。

在一些公司，外部招聘主要限于入门水平工作，高于入门水平的工作通常通过晋升的方法由目前的雇员来补充。晋升的可能性经常会增强士气和能动性。因为公司给了雇员一个在公司中晋升的机会。一项研究发现，晋升机会能导致流动率的下降、较高的工作满意度及更好的工作效率。

1）内部招聘的优点

（1）组织和员工相互之间比较了解。首先，组织对自己的员工比较了解。组织如果拥有一份员工技能清单，就可以将其作为内部招聘的起点，而且也可以获得员工的绩效评价，可以通过获悉候选人员的现任和前任管理者对其潜力的发展给予评价，即能够有机会观察候选人的工作习惯、工作技能、与他人相处的能力以及在组织中的适应性。组织可以得到现有员工的更为准确的资料，从而减少做出错误决策的概率。其次，员工也了解组织的更多情况，知道组织的运作、组织的价值观和文化，这样员工的预期不准确性和对组织不满意的可能性就降低了。

（2）创造了晋升的机会和防止可能的冗员。晋升对员工动机的激发和士气的提高会产生积极的、重大的作用。如果员工知道自己有希望得到晋升和职业有发展就会为组织努力工作，这也是对员工的绩效和忠诚的奖励。反之，如果总是优先考虑外部人员填补工作空缺，就会产生相反的影响。

（3）成本低。与外部招聘相比，内部招聘在评价、测试和背景资料方面，能节约一定的人力、物力和财力，而且招聘的速度快。同时，组织可以充分利用现有员工的能力，对以前在员工的人力资本投资上获得一定的回报。

2）内部招聘的缺点

（1）易导致"近亲繁殖"。当只从内部招聘时必须谨慎，以确保新思想和改革不被如"我们以前从没有做过""没有他我们一样能做好"等观念所窒息。

（2）易引发企业高层领导和员工之间的不团结。在用人方面的分歧常常是高层领导之间产生矛盾的焦点，这不仅涉及领导的权力分配，而且与领导的威信息息相关，这也是人事改革的一个侧面，会在企业政治方面引起异常激烈的明争暗斗，并对员工的士气和没有被晋升的员工的工作表现产生消极的影响，特别是当几个同事申请同一职位时更是如此。这样就可能形成不健康的冲突，导致组织内人际关系紧张。当一个职位空缺时，许多雇员都会被考虑补充那个职位，当然大部分会被否决，一些被否决的候选人可能会产生怨恨。一项研究发现，被否决晋升的雇员会比获得晋升的对手表露出更强的愤愤不平情绪和表现出更高的旷工率。

（3）易引发后续问题。一名员工可能会被提升到一个他不能胜任的工作岗位，因此组织就需要能干的员工和强有力的管理开发计划，以确保员工能承担更大的责任；另一个问题就是内部晋升是以资历还是以能力为基础。

（4）过多的内部招聘可能会使组织变得封闭。不断从内部提拔人才可能会鼓励员工安于现状。一个必须改进组织流程的组织通常应适当从外部招聘人员。

（5）过多的内部招聘可能导致效率降低的现象。例如，如果一位高级经理人员离开本组织，由一名直接下属接任，那这位下属的职位就需要找人来承担。当这个人晋升延伸到等级结构末端的时候，最初的那个职位就引起了许多人的注意。几乎所有的人员都需要一段时间去熟悉新工作，甚至当员工在组织中工作了很多年情况下，新职位也要求其调整思路以适应新的职责，并重新界定与同事的人际关系，这些人必须在他们过去的同事面前扮演一个新的角色，并且在过去的同事成为下级后，面临的管理困难会不断涌现。由于许多人就职新岗位，内部招聘困难可能会恶化这个结果。直到这些员工都具备了与前任同等的工作能力，并重新界定了他们的工作关系，这种效率降低的状态才会改变。

3）外部招聘的优点

（1）人员选择范围广泛。从外部选择人员的范围比内部招聘大得多，不论是从技术、能力和数量方面讲都有很大的选择空间。

（2）外部招聘有利于带来新思想和新方法。外部招聘的员工会给组织带来"新鲜的空气"，会把新的技能和想法带进组织。这些新思想、新观念、新技术、新方法、新价值观、新的外部关系，使得企业充满活力与生机，能帮助企业用新的方法解决一直困扰企业的问题。这对于需要创新的企业来说就更为关键。在大学里，教职工系统通常采用外部招聘的方法，因为学术研究需要新的思想和方法。

（3）大大节省了培训费用。从外部获得有熟练技术的工人和有管理才能的人往往要比内部培训成本低，特别是在组织急需这类人才时尤为重要。这种直接的"拿来主义"，不仅节约了培训经费和时间，还节约了获得实践经验所交的"学费"。

4）外部招聘的缺点

（1）外部招聘选错人的风险比较大。这是因为外部招聘在吸引、联系和评价员工方面比较困难。

（2）需要更长的培训和适应阶段。即使是一项对组织来说很简单的工作，员工也需要对组织的人员、程序、政策和组织的特征加以熟悉，而这是需要时间的。

（3）内部员工可能感到自己被忽视。外部的招聘会影响组织内部那些认为自己可以胜任空缺职位员工的士气。

（4）外部招聘可能费时、费力。与内部招聘相比，无论是引进高层人才还是中低层人才，都需要相当高的招聘费用，包括招聘人员的费用、广告费、测试费、专家顾问费等。来自外部的员工通常需要比较长的时间去了解组织及其产品和服务、同事以及客户，完成这个社会化的过程。虽然候选人可能具备出色的技能、培训经历或经验，并且在其他组织中也做得比较成功，但是这些因素并不能保证其在新组织中得到同样的成功或有能力适应新组织的文化。

9.4 甄 选

1. 初步筛选

审查求职申请表，按照年龄、性别、学历、资历等硬性指标进行筛选，以确定具备考试资格的人选。

2. 面试或笔试

这是招聘阶段的关键环节，对于了解和认识应试者的知识和能力水平起着关键的作用。考试分为笔试和面试两种形式。笔试侧重于考察应试者的文化水平和专业知识；面试侧重于考察应试者的素质和能力。常用的面试方式有以下几种。

（1）模式化面试，即由主试者按照预先准备好的问题逐一提问，目的是了解应试者的一般情况，观察应试者的仪表、谈吐和行为，以及相互沟通的能力。

（2）问题式面试，即由主试者提出一个实际问题，请应试者提出解决办法。目的是考察应试者分析和解决问题的能力，以及心理素质和应变能力。

（3）随意式面试，即主试者和应试者无固定题目和限定范围的随意交谈。目的是考察应试者的知识面、谈吐和风度，了解其思维能力、判断能力和表达能力。

9.5 培　　训

花在培训方面的投入会为管理层带来很大的回报。紧张的竞争环境、科技的变革，以及改善效率的努力，使得公司对员工技能的要求更高。工程师必须随时更新机械和电子系统方面的知识；在团队中工作的员工必须具备解决问题、改善质量，以及建立团队的技能；文书人员需学习如何充分利用计算机上的最新软件；管理人员需成为高效的领导者及规划者。这就是为什么施乐每年花3亿美元在员工培训上，以及摩托罗拉为什么致力于员工的终身学习。

1. 员工教育与培训的目标

（1）要有健全的组织管理体制。这是正常开展员工教育与培训工作的必要条件。首先，应有健全的组织机构，负责员工教育与培训工作的全面协调和组织实施工作；其次，要有员工教育与培训的长远规划和组织实施计划，使其成为企业的一项规范化、制度化、经常化的工作；再次，对此项工作应有必要的投入，使培训工作具备必要的物质和资金条件；最后，应有必要的规章制度，要将员工的教育与培训同考核、岗位责任制、奖惩制度结合起来。

（2）要注重培训内容的全面性与专业性的结合。全面性强调的是员工教育与培训工作应有利于员工整体素质的提高，对员工既要重视文化科学知识的培养，也要注重思想政治教育；既要注重技术与技能的培训，也要注重基础文化知识的教育。要使员工的政治思想、道德观念、知识水平和能力水平都在不断地提高。专业性强调的是员工教育与培训要以知识和能力的培训为重点，要密切联系企业生产经营活动的需要，有针对性地开展培训工作。

（3）要符合成人教育的特点，注重培训形式和方法的多样化。企业的员工教育与培训具有在职教育和职业培训的特点，其培训的方式和方法不能等同于普通学校的在校教育。应能根据不同行业和企业的特点，根据企业的实际条件和不同的培训对象，采用多种形式的培训方法。

2. 培训的方法

员工的培训可以利用以下方法进行。

（1）讲授法。讲授法属于传统的培训方式，优点是运用起来方便，便于培训者控制整个过程；缺点是单向信息传递，反馈效果差。其常被用于一些理念性知识的培训。也可以利用现代视听技术（如投影仪、DVD、录像机等工具）对员工进行培训，其优点是运用视觉与听觉的感知方式，直观鲜明，但学员的反馈与实践较差，且制作和购买的成本高，内容易过时。它多用于企业概况、传授技能等培训内容，也可用于概念性知识的培训。

（2）讨论法。讨论法按照费用与操作的复杂程序又可分成一般小组讨论与研讨会两种方式。研讨会多以专题演讲为主，中途或会后允许学员与演讲者进行交流沟通。其优点是信息可以多向传递，与讲授法相比反馈效果较好，但费用较高。而小组讨论法针对企业经营的某一问题或案例讨论，其特点是信息交流时方式为多向传递，学员的参与性高，费用较低，多用于巩固知识，训练学员分析、解决问题的能力与人际交往的能力，但运用时对培训教师的要求较高。

（3）角色扮演法。受训者在培训教师设计的工作情境中扮演相关角色，其他学员与培训教师在学员表演后做适当的点评。由于信息传递多向化，反馈效果好、实践性强、费用低，因此多用于人际能力的训练。

3. 拓展训练

随着市场竞争的日趋激烈，企业要生存和发展，必须有一支合作意识强、富有创新精神和强烈进取心的职工队伍。拓展训练正是以开发员工的潜能、培养积极进取的人生态度和与人合作的精神为宗旨。

1）拓展训练的含义

拓展训练又称外展训练（Outward Bound），原意为一艘小船驶离平静的港湾，义无反顾地投向未知的旅程，去迎接一次次挑战。这种训练起源于第二次世界大战期间的英国。当时大西洋商务船队屡遭德国人袭击，许多缺乏经验的年轻海员葬身海底。针对这种情况，汉斯等人创办了"阿伯德威海上学校"，训练年轻海员在海上的生存能力和船触礁后的生存技巧，使他们的身体和意志都得到锻炼。战争结束后，许多人认为这种训练仍然可以保留。于是拓展训练的独特创意和训练方式逐渐被推广开来，训练对象也由最初的海员扩大到军人、学生、工商业人员等各类群体。训练目标也由单纯的体能、生存训练扩展到心理训练、人格训练、管理训练等。

2）拓展训练的内容

拓展训练通常利用崇山峻岭、瀚海大川等自然环境，通过精心设计的活动达到"磨炼意志、陶冶情操、完善人格、熔炼团队"的培训目的。

拓展训练的课程主要由水上、野外和场地三类课程组成。水上课程包括游泳、跳水、划艇等；野外课程包括远足露营、登山攀岩、野外定向、伞翼滑翔、户外生存技能等；场地课程是在专门的训练场地上，利用各种训练设施，如高架绳网等，开展各种团队组合课程及攀岩、跳越等心理训练活动。

训练通常有以下4个环节。

（1）团队热身。在培训开始时，团队热身活动将有助于加深学员之间的相互了解，消除紧张，建立团队，以便学员轻松愉悦地投入各项培训活动中去。

（2）个人项目。本着心理挑战最大、体能冒险最小的原则设计，每项活动对受训者的心理承受力都是一次极大的考验。

（3）团队项目。团队项目以改善受训者的合作意识和受训集体的团队精神为目标，通过复杂而艰巨的活动项目，促进学员之间的相互信任、理解、默契和配合。

（4）回顾总结。回顾将帮助学员消化、整理、提升训练中的体验，以便达到活动的具体目的。总结，使学员能将培训的收获迁移到工作中去，以实现整体培训目标。

思 考 题

1. 你认为人员管理和其他管理职能与活动的关系如何？
2. 列举并评价影响人员管理的外部因素。当前哪些因素最重要？为什么？请予以说明。
3. 实施内部晋升政策有何危险和困难？公开竞争政策意味着什么？你赞成这种政策吗？为什么？
4. 在设计个人工作岗位和团队工作岗位方面，有哪些重要的因素？你认为哪些因素更为重要，请说明理由。
5. 以你知道的一个公司或其他组织为例，评估这个组织人员招聘和选拔工作的有效性。
6. 去图书馆或网上搜索资料，研究一些成功的首席执行官的经历，并归纳他们在进行人员管理方面的特色。
7. 2008年开始的金融危机对人力资源管理产生了怎样的影响？
8. 招聘雇员有哪些方法？请比较并说明为什么其中一些优于其他方法，在哪些方面优于？

案例资源1

微软是如何招聘的：经济危机中反计划逆势扩招

今天微软所面临的人才招聘情况，不仅是人才竞争压力要明显大于以往，还有经济危机的到来，这两点微软并不否认。

为此，微软全球各个市场的高级人力资源总监汇聚北京，不仅要探讨各个招聘中的问题，也将走访中国主要的大学。总监们坦承，人力资源团队已经就经济危机可能的影响做出评估。不过结果对于微软来说还算乐观：经济危机将有助于释放更多的人才，而稳健的财务基础则利于微软招募到更多优秀员工。因此，微软在全球将增加招募新的员工。但对总监们而言，重点是如何找到自己需要的优秀人才，对于这点，微软一直强调，他们动用一切可以动用的力量，包括邀请比尔·盖茨和鲍尔默亲自帮忙。

为了招聘到合适的人员，微软人力资源部门首先会提出一些他们所需要的人才的具体类型、领域以及工作类别等，然后发出这方面的职位邀请。对这些职位，很多人会表达出兴趣并提交申请，然后就开始一个甄别的程序。在这个程序中，主要看有关的申请人是否拥有那些重要的、核心的特征，比如说他们是不是注重结果，对技术、产品和解决方案是不是有很大的热情。还要看应聘者是否能够展示出一些微软的核心价值观，如是不是诚实、可靠，愿不愿意迎接一些重大挑战等。

微软公司也会关注应聘者的核心能力。因为当今时代高技术领域发展变化非常快，需要业界从业人员的高度的灵活性。还要看这些人是不是有解决问题的能力，以及他们是不是能够对有关的事情分轻重缓急，能够区分出适当的重点。与此同时还要看到应聘者的核心能力。在中国进行招聘时，人力资源部门会请公司内部的技术领导人参与面试这些申请人，比如提出一些问题，编一段程序的编码，或者让他们描述一下做某种测试，或者提出一些问题，问问他们一个烤面包机是怎么制作的，然后问一些相关的问题，考察他们的能力。并且从过去公司成功招聘人员的特点，在申请人中找到他们是否拥有这些能力的证据。

目前，中国无论是在技术人才还是科技研发方面都是一个非常大的市场，因此，微软在中国寻找的人才，主要是找那些非常善于学习，而且对新的知识非常好奇，有着很强的学习动机的人。因为技术发展的速度非常快，也许这些学生今天他们所懂得的知识，四五年之后可能就不再有用了，因为到那个时候会有新的东西出来，所以微软非常关注这些人才的学习能力，微软的雇员每年都要花很多的时间接受培训，他们学习方面的积极性非常高，因此他们希望其雇员能够一直走在技术的前沿。而且对于公司其他部门所产生的新事物，一直要保持一个好奇心，并且使快速学习得到的结果，能够在微软内部的各个部门很快得到分享。

微软内部就有很多很有个性的员工，对此，公司鼓励雇员要做自己，然后通过做自己把他的工作做到最好。微软的人力资源部门经常做的工作之一，就是同有关部门的经理一起努力，创造一个使微软的雇员能够做自己、能够融入微软的公司环境。

在微软总部以及在中国，公司都对员工有着相关的任务要求，公司只注重完成任务这个结果，至于他们如何完成这些任务，公司在程序上不做严格的要求。特别是在微软的技术部门，工作本身就是非常创造性的工作，有创造性的个性的员工没必要给他们很多束缚。

在中国，微软对于顶级的技术人才的竞争或者说争夺的压力来自许多公司，他们都需要非常高级的软件技术人才。微软所做的就是让公司内部有一个非常好的雇员的价值观，人力资源部门通过与雇员的良好沟通，与他们形成良性互动，从而激发出各自的工作潜能。

微软有着非常广泛的技术领域和平台，各个方面的技术人才在微软都能够找到可以发挥他一技之长的机会，微软向其雇员提供无与伦比的职业发展的路径。

例如，今天一个做人力资源工作的员工，如果他觉得在营销方面有兴趣和能力，公司也可以帮助他向营销方向发展。在软件开发方面，如果一个人一直想做软件开发，他也可以开始开发 IE、浏览器，几年以后他可以进入微软搜索服务软件开发的领域，也许几年之后他会转到微软 Office，用他的才能，使 Office 提高到更高的水平。

微软一直在全球不断地审查招聘和成长方面的政策。他们认为对这些政策进行主动的有效的管理，将会有助于公司克服目前所面临的挑战。

微软的员工能力拓展部门花了很多时间来分析评估目前的经济形势，并提出针对经济危机人力资源部门应该专注于哪些事情。在这方面，微软给雇员提供了一系列的福利方面的支持，特别是帮助那些遇到困难的雇员，一直尽力保持与雇员的沟通，同时帮助公司的领导人能够更加有效地实施相关商务策略。微软的人力资源团队一直帮助雇员克服他们所受到的影响,这种影响不只是指微软公司在内部工作中遇到的影响,也包括他们在生活其他方面受到的影响。

（资料来源：http://tech.qq.com/a/20081110/000148.htm。）

思考题

1. 你认为IT企业应如何招聘自己公司想要发展的时候特别需要的核心、优秀的研发人员？
2. 微软都做了哪些工作来维持他们在人力资源方面的竞争力？
3. 你如何看待微软面对经济危机的人力资源管理工作？

案例资源2

赏罚有据的摩托罗拉

1. 绩效评估的目的

摩托罗拉员工的薪酬和晋升都与评估紧密挂钩,但是摩托罗拉对员工评估的目的绝不仅仅是为员工薪酬调整和晋升提供依据。摩托罗拉评估的目的是：使个人、团队业务和公司的目标密切结合；提前明确要达到的结果和需要的具体领导行为；提高对话质量；增强管理人员、团队和个人在实现持续进步方面的共同责任；在工作要求和个人能力、兴趣和工作重点之间发展最佳的契合点。

2. 评估目标

摩托罗拉业绩评估的成绩报告表（SCORE CARD）是参照美国国家质量标准制定的。各个部门根据该质量标准,针对具体业务制定自己的目标。摩托罗拉员工每年制定的工作目标包括两个方面：一个是战略方向,包括长远的战略和优先考虑的目标；另一个是业绩,它可能会包括员工在财政、客户关系、员工关系和合作伙伴之间的一些作为,也包括员工的领导能力、战略计划、客户关注程度、信息和分析能力、人力资源发展、过程管理等。

员工制定目标的执行要求老板和下属参与。摩托罗拉每季度会考核员工的目标执行情况。员工在工作中有一个联系紧密的合作伙伴,摩托罗拉称之为KEY WORK PARTNER,他们彼此之间能够相互推动工作。跨部门同事和同部门同事之间有紧密联系,使考核达到360度的平衡。

3. 如何避免误区

有些人在工作中的焦点不是客户,而是怎样使他的老板满意。这种情况也导致评估的误区,出现两种不好的情况：一个是员工业绩比较一般,但是老板很信任他；另一种是后加入团队的员工,成绩很好,但是没有与老板建立信任的交情。人力资源部的细致工作就变得非常重要了。人力资源部会花很多精力在工作表现前25名和后25名人身上。有时候如果这个人很有能力,老板不重视,人力资源部会帮他找一个好老板。

4. 论功行赏

摩托罗拉年终评估在1月份进行,个人评估是每季度一次,部门评估是一年一次,年底对业务进行总结。根据 SCORE CARD 的情况，公司年底决定员工个人薪水的涨幅，也根据业绩晋升员工。摩托罗拉常年都在选拔干部，一般比较集中的时间是每年 2、3 月份，公司挑选管理精英，到总部去考核学习，到 5、6 月份会定下管理人员的人选。

5. 管理者的素质是关键

如果员工对评估感觉不公平，可以拒绝在评估结果上签字。每个员工的评估表会有自己的主管和主管的主管签字，所以他的上级会知道其中有问题，并会参与进来，了解其中情况，解决存在的问题。

评估的质量如何与管理者的关系很大。摩托罗拉非常注重管理者的素质，因为管理者是制度的执行者，所以选拔管理者有许多明确的条件。例如，摩托罗拉对副总裁候选人的素质要求有 4 点：第一是个人的道德素质高；第二是在整个大环境下，能够有效管理自己的人员；第三是在执行总体业务目标时，能够执行得好，包括最好的效果、最低的成本、最快的速度；第四是需要能够创新，理解客户，大胆推动一些项目，进行创新改革。副总裁需要有这 4 个素质，而且还要求这几点比较平衡。总监、部门经理等都会有其就职要求。摩托罗拉有许多对领导的素质培训、职业道德培训。摩托罗拉还对他们进行跨国性的培训，让他们在全球做项目，让他们知道做事方法不止一种。

摩托罗拉重视管理者的素质，如果管理手段不妥，犯了严重管理过失，摩托罗拉会将管理者撤掉。

6. 适应变革的薪酬

在摩托罗拉，薪水的标准从职位入手，同一个职位可能会有差距，因为要看工作业绩。有些需要特殊能力的岗位人员，可能要从国外招聘，薪水跟国际市场挂钩。摩托罗拉的工资水平在市场中处于中间档次。

摩托罗拉的薪水一大部分是基本工资，占的百分比很大，还有年终奖金。

摩托罗拉意识到固定工资有好也有坏，2000 年摩托罗拉的工资结构有所变化，增加了一些可变动的工资，并将以前每年一次的奖金改为每季度发放。以前奖金与全球市场挂钩，2000 年是以一个国家单元的业绩作为奖金考核依据。

如果员工对自己的薪酬不满，可以向人力资源部提出来，摩托罗拉会进行市场调查，如果真的比市场平均水平低，摩托罗拉会普调工资。成都的员工曾经反映工资低，人力资源部就通过调查市场，发现情况的确如此，然后给员工涨工资。

在摩托罗拉刚刚开始工作时，学历上的差别会在工资中体现出来，如研究生和本科生会有差别。工作后，本科生比研究生高是非常可能的。随着时间的推移，老员工可能经过几年涨工资，基数变得很大，那么应届毕业生的涨幅就会比老员工高。对有创造性的人摩托罗拉会破格调级。

（资料来源：http://wiki.mbalib.com/wiki/ 赏罚有据的摩托罗拉）

思考题

1. 摩托罗拉的绩效评估系统有哪些特点？
2. 摩托罗拉的人力资源管理给你的启示有哪些？

第 10 章 职业生涯发展规划

 学习目标

学完本章节，应该了解以下要点：
1. 职业能力的构成；
2. 职业生涯的准备过程；
3. 如何为自己设计一个职业生涯规划；
4. 学会一些基本的求职技巧；
5. 与用人单位签约时应注意的问题。

 引导案例

有3个人要被关进监狱3年，监狱长允许他们一人提一个要求。

美国人爱抽雪茄，要了3箱雪茄。

法国人最浪漫，要一个美丽的女子相伴。

而犹太人说，他要一部与外界沟通的电话。

3年过后，第一个冲出来的是美国人，嘴里鼻孔里塞满了雪茄，大喊道："给我火，给我火！"原来他忘了要火了。

接着出来的是法国人。只见他手里抱着一个小孩子，美丽女子手里牵着一个小孩子，肚子里还怀着第三个。

最后出来的是犹太人，他紧紧握住监狱长的手说："这3年来我每天与外界联系，我的生意不但没有停顿，反而增长了200%，为了表示感谢，我送你一辆劳斯莱斯！"

这个故事告诉我们，什么样的选择决定什么样的生活。今天的生活是由3年前我们的选择决定的，而今天我们的选择和规划将决定我们3年后的生活。如何更好地创造自己的将来就取决于我们今天的选择和努力。

前不久看到某著名杂志上的一句话："在成为钻石之前，人人都是鹅卵石。真正使自己的事业发光，使自己由鹅卵石变成光彩夺目的钻石不是嘴巴的功劳，而是靠长久不断地努力、拼搏，是脚踏实地的付出。"

前面已经讲了组织的发展规划，其实个人也是一个完整的系统，也需要对自己未来的发展进行必要的规划，以便扬长避短，抓住职业生涯良机。尽管每个人的职业发展途径不尽相同，但从理论上讲，还是有一些可遵循的规律，与组织的战略规划有相似之处，因此非常有必要学习本章内容。

（资料来源：改编自搜狐焦点网.）

10.1 大学毕业生求职普遍存在的问题

目前出现求职难的现象，原因之一是毕业生增多，以及招聘单位的要求提高，而更重要的原因则是求职者自身存在的问题。企业迫于市场的压力，提高用人标准是无可非议的，而个人的能力没有跟上需求的步伐，被市场拒绝则需要反思。在求职中，招聘单位通常要在"经验、潜力、忠诚和敬业"4个方面对求职者进行考察和了解，从中选择优秀的应聘者。可以看到，除了"经验"需要长时间的锻炼和积累外，其他方面都可以通过自身的努力改变和提高。对于求职的大学生，即使没有经验，如果其他几个方面表现突出，依然可以顺利就业。那么，求职者普遍存在的问题是什么呢？

1. 不知道找工作的方法

有的人"天女散花"，见有招聘就投简历，也不管这个职业是否适合自己；有的人四处托朋友找亲戚，请客送礼，也不管是不是符合自己的职业生涯规划。实际上，"找工作"本身就是一件"工作"，"找工作"这项工作依然需要技能和方法。如何给自己定位，如何锁定求职单位，如何写简历，如何面试等，有一系列的过程，每个过程都需要精心地准备。但许多人并不是很重视这些准备过程，四处乱闯，面试没过也不分析为什么，最后累得筋疲力尽，垂头丧气，结果还是一无所获。

2. 缺少信心和毅力

有的招聘广告写的要求很高，以至求职者可能不敢去投简历。实际上，这么高的要求，很少有人能达到，最后公司选的可能也是一个很普通的人。所以，不要被公司的高要求所吓倒，只要自己感觉能够胜任，就去争取。有的人投出简历没有消息，就放弃了，假如自己真的对这个职位非常感兴趣，可以再写封信或打个电话追问一下，再一次表明一下自己的愿望。但是，许多人并不去争取，一次两次过后，就失去了信心，缺少毅力，这样，结果自然不会令人满意。

3. 对自己的期望值过高

有的应届毕业生深入社会实践的机会少，自己从小学到大学，可能一直都很顺利，不断地被表扬和赞赏，有种很优越的心态。但是，当进入社会去求职的时候，在招聘者的心目中你是一个"没有社会经验、没有工作经验、处在最低层"的工作人员，能够接收就已经是很看重你了，与大学生的心态形成了很大的反差。有的同学毕业后就希望进入管理岗位，有的希望上班就挣到几千元的工资，有的希望有一个很好的工作环境和发展空间，事实上，在求职时，大家还要考虑一个问题，就是站在对方的角度换位思考一下，你在提出这些要求和条件时，能否为单位创造出相应的财富来，这样可以让自己的期望值更接近实际，成功的可能性也就更大些。

4. 没有明确的目标

有的同学在大学里学的专业不好，或者对自己所学的专业不感兴趣，毕业了不知道自己朝哪个方向努力，或者继续读硕士、博士，等博士读完了，工作反倒更难找了。还有些毕业生在各个单位跳来跳去，觉得哪个公司都不满意，哪个职位都不适合自己，从来没有静下心来仔细想一想自己到底适合干什么，或者抱着一种不切实际的幻想，盲目地忙来忙去。一个没有明确目标的人，就像航船没有方向，永远也到达不了目的地，永远也感受不到成功的喜悦。

从上述的分析可以看出，不管是从国家就业的大环境还是大学生目前的个人现状来看，都非常有必要对自己的未来做一个理性的、认真的思考，对即将面对的威胁和机会以及自身的优点和缺点进行一些分析，以使自己能变得富有竞争力。每个人的一生中都可能遇见各种各样的机会，但当机会降临的时候，如果你没有做好准备，就会和机会擦肩而过，你的人生也许从此就会改变。对自己的职业生涯进行一定的规划就是为了能很好地抓住机会而需要做的重要的准备工作之一。

10.2 认识自我，明确自己的职业目标

明确自己该选择什么职业方向是首要任务，即解决"我选择干什么"的问题，这是个人职业生涯设计的核心。职业方向直接决定一个人的职业发展，职业方向的选择应按照职业生涯设计的基本原则，结合自身实际来确定职业生涯目标，明确自己的职业定位，并将可预想到的、有一定实现可能的长远目标和个人理想具体化和可操作化。按照马斯洛的需求层次理论：人一般具有生理需求（基本生活资料需求，包括吃、穿、住、行、用）、安全需求（人身安全、健康保护）、社交需求（社会归属意识、友谊、爱情）、尊重需求（自尊、荣誉、地位）、自我实现需求（自我发展与实现）5种依次从低层次到高层次的需求。职业目标的选择并无定式可言，关键是要依据自身实际，适合于自身发展。美国麻省理工学院人才教授就职业定位问题进行了研究，将其分为以下5类。

（1）技术型：这类人往往出于自身个性与爱好考虑，并不愿意从事管理工作，而是愿意在自己所处的专业技术领域发展。在我国过去不培养专业经理的时候，经常将技术拔尖的科技人员提拔到领导岗位，但他们本人往往并不喜欢这个工作，更希望能继续研究自己的专业。

（2）管理型：这类人有强烈的愿望去做管理人员，同时经验也告诉他们自己有能力达到高层领导职位，因此，他们将职业目标定为有相当大职责的管理岗位。成为高层管理人员需要的能力包括3方面：①分析能力，在信息不充分或情况不确定时，判断、分析、解决问题的能力；②人际能力，影响、监督、领导、应对与控制各级人员的能力；③情绪控制力，有能力在面对危急事件时，不沮丧、不气馁，并且有能力承担重大的责任，而不被其压垮。

（3）创造型：这类人需要建立完全属于自己的东西，或是以自己名字命名的产品或工艺，或是自己的公司，或是能反映个人成就的私人财产。他们认为只有这些实实在在的成果才能体现自己的才干。

（4）自由独立型：有些人更喜欢独来独往，不愿像在大公司里那样彼此依赖，很多有这种职业定位的人同时也有相当高的技术型职业定位。但是他们不同于那些简单技术型定位的人，他们并不愿意在组织群体中发展，而是宁愿做一名咨询人员，或是自主创业，或是与他人合伙开业。其他自由独立型的人往往会成为自由撰稿人。

（5）安全型：有些人最关心的是职业的长期稳定性与安全性，他们为了安定的工作、可

观的收入、优越的福利与养老制度等付出努力。目前我国绝大多数的人都选择这种职业定位，很多情况下，这是由社会发展水平决定的，而并不完全是本人的意愿。相信随着社会的进步，人们将不再被迫选择这种类型。

正如许多分类一样，以上的分类也无好坏之分，之所以将其提出是为了帮助大家更好地认识自己，并据此重新思考自己的职业生涯，设定切实可行的目标。值得注意的是伴随现代科技与社会进步，大学生要随时注意修订职业目标，尽量使自己职业的选择与社会的需求相适应，一定要跟上时代发展的脚步，适应社会需求，才不至于被淘汰出局。

10.3　职业能力的构成

能力是指顺利完成某项任务的心理特征，是个体从事一定社会实践活动的本领，是在合理的知识结构基础上所形成的，是多种因素的综合。合理的能力结构是从事职业、适应社会、寻求发展的基本且关键的条件。

人的能力结构可分为专业能力、方法能力和社会能力。专业能力是职业活动得以进行的基本条件，但仅具备专业能力，而缺少跨专业的方法能力和社会能力，职业活动取得的结果往往事倍功半。

（1）专业能力。专业能力是指专业领域内从事生产、经营、服务等职业活动所需要的能力，它是知识和技能的综合。专业能力也是管理学课程学习当中需要提升的核心能力，主要包括控制能力、组织与协调能力、信息处理能力、提供增长与发展能力、激励与鼓舞能力、冲突处理能力、策略性地解决问题的能力等。

（2）方法能力。方法能力是一种基本发展能力，它是指从事职业活动所需要的工作方法和学习方法，它包括科学的思维模式和基本技能。归结到管理学学习中，需着重提升的这方面能力主要包括独立思考能力、分析判断与决策能力、获得与利用信息能力、创造力、学习能力等。

（3）社会能力。社会能力是指从事职业活动中所需要的行为能力，包括人际交往、公共关系及社会责任等，它既是基本的生存能力，又是基本的发展能力。归结到管理学学习中，需提升的此方面能力包括团队合作能力、转换能力、口头表达能力、书面表达能力、承受能力等。

10.4　职业生涯设计的准备过程

有效的职业生涯设计最重要的是要符合以下几项条件。
（1）需要切合实际的目标，包括个人的价值、兴趣、能力及期望的生活状态。
（2）需要对自己及环境有充分的了解。
（3）需要考虑性格、兴趣和特长是否与选择的职业相匹配。
（4）需要执行适宜的职业生涯策略。
（5）要不停地反馈并且修正职业生涯目标，以适应环境的改变。

职业定位明确后，要想使自己职业理想可操作化，使美好的职业理想变为现实，需要进一步思考以下3个问题：①我想从哪一路线发展？②我能从哪一路线发展？③我可以从哪一路线发展？

第一个问题是通过对自己的兴趣、价值、理想、成就动机等因素的分析，确定自己的行动路线，即自己的兴趣是在哪一方面，希望走哪一路线。第二个问题是通过对自己的性格、特长、智能、技能、情商、经历等因素的分析，确定自己的能力取向，即自己能向哪一路线发展。也就是说，自己走这一路线，是否具有这方面的特长和优势。第三个问题是通过对自身所处的组织环境、社会环境、经济环境的分析，确定自己的机会取向，即内外环境是否允许自己走这一路线？是否有发展的机会。对以上 3 个问题进行综合分析，具体可以通过以下方法和过程确定自己的最佳职业生涯路线。

1. 明确自身优势

首先是明确自己所拥有的能力与潜力所在和大小，给自己定位，了解自己的优势和劣势，这就需要进行自我分析。通过对自己的分析，旨在深入了解自身，根据过去的经验选择，推断未来可能的工作方向与机会，从而彻底解决"我能干什么"的问题。要知道个体是不同的、有差异的，我们就是要找出自己与众不同的地方并发扬光大，给自己亮出一个独特的招牌，让自己的才华更好地为他人所识。当然对自己的认识分析一定要全面、客观、深刻，绝不回避缺点和短处。

（1）自己学习了什么？在大学学习期间，你从学习的专业中获取些什么收益；参加过什么社会实践活动，提高和升华了哪方面知识。专业也许在未来的工作中并不起多大作用，但在一定程度上决定自身的职业方向，因而尽自己最大努力学好专业课程是职业生涯规划的前提条件之一。不可否认知识在人生历程中的重要作用，特别是在知识经济日益受到重视的今天，知识的作用越来越重要。

（2）自己曾经做过什么？即自己已有的人生经历和体验，如在大学期间担任过学生干部，曾经为某知名公司工作过等社会实践活动，取得的成就及经验的积累，获得过的奖励等。经历是个人最宝贵的财富，从侧面可以反映出一个人的素质、潜力状况，因而备受招聘单位的关注，同时，这也是简历的亮点所在和重要组成部分，绝对忽视不得。经历往往比知识更为重要，因为许多事情只有经历过，才可能有深刻体会。一个人只有在实践的时候才会真正发现其长处与不足。

（3）自己最成功的是什么？你做过很多事情，但最成功的是什么？为何成功的？是偶然还是必然？是否自己能力所为？通过对最成功事例的分析，可以发现自我优越的一面，譬如坚强、果断、智慧超群，以此作为个人深层次挖掘的动力之源和魅力闪光点，形成职业规划的有力支撑。寻找职业方向，往往是要从自己的优势出发，立足社会。

2. 发现目前自己能力的不足与缺陷

（1）性格的弱点。人无法避免与生俱来的弱点，必须正视弱点，并尽量减少其对自己的影响。譬如，一个独立性强的人会很难与他人默契合作，而一个优柔寡断的人绝对难以担当组织管理者的重任。卡耐基曾说："人性的弱点并不可怕，关键要有正确的认识，认真对待，尽量寻找弥补、克服的方法，使自我趋于完善。"因此，要注意安下心来，多跟别人好好聊聊，尤其是与自己相熟的人，如父母、同学、朋友等交谈。看看别人眼中的你是什么样子，与你的预想是否一致，找出其中的偏差，这将有助于自我提高。

（2）经验与经历中所欠缺的方面。"金无足赤，人无完人"，由于自我经历的不同，环境的局限，每个人都无法避免一些经验上的欠缺，有欠缺并不可怕，怕的是自己还没有认识到或认识到却一味地不懂装懂。正确的态度是认真对待，善于发现，并努力克服和提高。

3. 进行社会分析

社会在进步，在变革，因此应该善于把握社会发展脉搏。这就需要做社会大环境的分析：当前社会、政治、经济发展趋势；社会热点职业门类分布及需求状况；所学专业在社会上的需求形势；自己所选择职业在目前与未来社会中的地位情况；社会发展对自身发展的影响；自己所选择的单位在未来行业发展中的变化情况，在本行业中的地位、市场占有及发展趋势等，对这些社会发展大趋势问题的认识，有助于自我把握职业社会需求，使自己的职业选择紧跟时代脚步。同时，个人处于社会庞杂环境中，不可避免地要与各种人打交道，因而分析人际关系状况显得尤为必要。人际关系分析应着眼于以下几个方面：个人职业发展过程中将与哪些人交往；其中哪些人将对自身发展起重要作用；工作中将会遇到什么样的上下级、同事及竞争者，对自己会有什么影响；如何提高人际交往能力，与人相处等。

4. 规划未来

（1）职业选择与自我提升发展计划。根据职业方向选择一个对自己有利的职业和得以实现自我价值的单位，是每个人的良好愿望，也是实现自我的基础，但这一步的迈出要相当慎重。因此，必须制订一个完善的自我发展计划以备应对以下问题：将选择一个什么样的单位，预测自我在单位内的职务提升步骤，个人如何从低到高逐级而上；预测工作范围的变化情况，不同工作对自己的要求及应对措施，如发展过程中出现偏差（工作不适应或解聘）的话，如何改变自己的方向；预测可能出现的竞争，如何相处与应对，分析自我提高的可靠途径。如一个人想从事销售工作并想有所作为，他的起步可能是一个公司的业务代表，他可以设定以下通路计划：从业务代表做起，在此基础上努力工作，经过数年逐步成为业务主管、销售区域经理、销售经理，最终达到公司经理的理想生涯目标。

（2）职业生涯规划的时限，面对发展迅速的信息社会，仅仅制订一个长远的规划显得不太实际，因而，有必要根据自身实际及社会发展趋势，把理想目标分解成若干可操作的小目标，灵活规划自我。一般说来，以5～10年的时间为一规划段落为宜。这样就会很容易跟随时代需要，灵活易变地调整自我，太长或太短的规划都不利于自身成长。具体可有两种方式：一是根据自己的年龄划分目标，如25～30岁职业规划、2000—2010年职业规划；二是根据职业通路中的职位、职务阶段性变化为划分标准，制订不同时期的努力方向，如5年之内向部门经理职位冲刺，10年内成为主管经理。

（3）自我肯定与进步。清楚地了解自我之后，就要对症下药，有则改之无则加勉，重要的是对劣势的把握、弥补，做到心中有数。注意分析：①问题产生的原因，是自身素质问题、人际关系问题，还是职业需求问题？②自我修正的可能性与手段，可通过什么方式、方法，是知识学习、专门业务培训还是改变职业方向？如何完善自我，有这样几种具体可利用的方法：一是加强学习。要在竞争中立稳脚跟，必须做到善于学习，主动学习。在大学学习期间，要针对自身劣势，制订出自我学习的具体内容、方式、时间安排，尽量落于实处，便于操作。进入工作岗位后，要善于在实践中学习，主动利用组织开展的相应培训。二是实践锻炼。在大学期间，主动参与学生活动，接触各色人群，不耻下问，锻炼自己能力欠缺方面。如果可能的话，不妨多看、多听、多写，把自己的收获体会用文字表达出来，这对个人的提高帮助更为直接。三是来自他人的帮助。家庭、同学、朋友、师长和专业咨询机构都可以成为大学生提高的有力支援，关键要学会求得他人帮助。对自己了解最深的莫过于周围最亲密的人，多听听他们的经验与教训以及对自己的评价，尤其是注意他们对你的职业选择和发展的建议与评价。各类专业咨询机构在指导个人认识和选择职业方面都有一套比较完整的测评手段，可以借助他们加深自我认识，全面了解。

10.5 职业生涯设计的具体方法

许多职业咨询机构和心理学专家进行职业咨询和职业规划时常常采用的一种方法就是有关5个"W"的思考模式。从问自己是谁开始，然后顺着问下去，共有以下5个问题。

（1）Who are you？

（2）What you want？

（3）What can you do？

（4）What can support you？

（5）What you can be in the end？

回答了这5个问题，找到它们的最高共同点，你就有了自己的职业生涯规划。

（1）"我是谁？"应该对自己进行一次深刻的反思，有一个比较清醒的认识，优点和缺点都应该一一列出来。

（2）"我想干什么？"是对自己职业发展的一个心理趋向的检查。每个人在不同阶段的兴趣和目标并不完全一致，有时甚至是完全对立的，但随着年龄和经历的增长会逐渐固定，并最终锁定自己的终身理想。

（3）"我能干什么？"则是对自己能力与潜力的全面总结，一个人职业的定位最根本的还要归结于他的能力，而他职业发展空间的大小则取决于自己的潜力。对于一个人潜力的了解应该从几个方面着手，如对事的兴趣、做事的韧力、临事的判断力以及知识结构是否全面、是否及时更新等。

（4）"环境支持或允许我干什么？"这种环境支持在客观方面包括本地的各种状态，如经济发展、人事政策、企业制度、职业空间等；人为主观方面包括同事关系、领导态度、亲戚关系等，两方面的因素应该综合起来看。有时求职者在职业选择时常常忽视主观方面的东西，没有将一切有利于自己发展的因素调动起来，从而影响了自己的职业切入点。而在国外通过同事、熟人的引进找到工作是最正常也是最容易的。当然应该知道这和一些不正常的"走后门"等歪门邪道有着本质的区别。这种区别就是这里的环境支持是建立在自己的能力之上的。

（5）明晰了前面4个问题，就会从各个问题中找到对实现有关职业目标有利和不利的条件，列出不利条件最少的、自己想做而且又能够做的职业目标，那么第5个问题有关"自己最终的职业目标是什么"自然就有了一个清楚明了的框架。

最后，将自我职业生涯计划列出来，建立形成个人发展计划书档案，通过系统地学习、培训，实现就业理想目标：选择一个什么样的单位，预测自我在单位内的职务提升步骤，个人如何从低到高逐级而上。例如，从技术员做起，在此基础上努力熟悉业务领域、提高能力，最终达到技术工程师的理想生涯目标；预测工作范围的变化情况，不同工作对自己的要求及应对措施；预测可能出现的竞争，如何相处与应对，分析自我提高的可靠途径；如果发展过程中出现偏差，如果工作不适应或被解聘，如何改变职业方向。

根据职业方向选择一个对自己有利的职业和得以实现自我价值的单位，是每个人的良好愿望，也是实现自我的基础，但这一步的迈出要相当慎重。就人生第一个职业而言，它往往不仅是一份单纯的工作，更重要的是它会初步使你了解职业、认识社会，一定意义上它是你的职业启蒙老师。

前微软人力资源副总裁李开复一直信奉以下做事的三原则：有勇气来改变可以改变的事情，有度量接受不可改变的事情，有智慧来分辨两者的不同。这3个原则对很多即将开始职业生涯的人具有重要意义。

10.6 求职书面资料准备

就业求职过程中，有说服力并能吸引读者注意力的书面资料是赢得竞争的第一步。书面资料包括毕业推荐表、简历、自荐书、成绩单及各式证书(含获奖证书和技能等级证书)等。

1. 毕业生推荐表的填写

毕业生推荐表是指学校发给毕业生填写的并附有学校书面意见的表格，具有较大的权威性和可靠性，用人单位把该表作为接收毕业生时考虑的主要材料依据之一。

毕业生推荐表由各省教育厅统一印制，毕业生不能用计算机打印代替手工填写，也不能用漂亮的版面设计吸引别人的注意。清晰、整洁、工整的字迹很重要，能让人产生有责任心、工作能力强、严谨认真的工作态度等印象。

2. 简历的撰写

简历主要是针对想应聘的工作，将相关经验、业绩、能力、性格简要地列举出来，以达到推荐自己的目的。一般来说，用人单位在招聘期间都会收到大量简历，一份好的简历可以照亮人群中的一张脸，让你脱颖而出。因此，如何在简历关胜出，是能否得到心仪工作的第一步。文字简练，表达清晰，是制作简历最基本也是最重要的要求，含糊、冗长、花哨是大忌。

在正式写简历之前，应该先搜集所有的资料，找出所有学历、证件的日期、名称等。在简历中，并不需要描述所有的事实。但面谈时，必须牢牢记住以下事实：简历中应包含些什么呢？首先值得注意的是人称问题。不要在简历中使用"我"字，也不要用第三人称，应该用一些行动动词来表达你所做过的事。简历一般包括以下内容。

(1) 个人基本资料。个人基本资料主要包括姓名、学校、专业、学历、政治面貌等，一般书写在简历最前面。

(2) 教育经历(包括培训经历)。教育经历体现应聘者的智力及专业能力水平，以时间为阶段，先大学后高中。还需详细注明主修、辅修、进修的课程名称、平均成绩、获奖情况及课外活动等。

(3) 社会活动和课外活动。记录应聘者参加的实习、勤工助学、社会实践、在校园内担当的社会活动，曾经加入的与工作职务有关的机构和协会都可以逐一列出，书写的内容可包括职务、职责以及业绩。

（4）特长、兴趣爱好与性格。列出拥有的技能，包括语言文字能力及计算机能力，以及对兴趣、性格等方面简短地描述。

（5）联系方式。联系地址、电话、邮政编码要非常明确，以免因用人单位联系不到而失去选择的机会。

每个人的简历都可以有自己的特点，要使自己的简历吸引用人单位的眼球，以下3点是要从总体上把握住的。

（1）有的放矢，为了求职（针对性）。

（2）吸引眼球，争取面试（新奇性）。

（3）自我推销的广告（感召力）。

具体来说，有关简历制作有如下几点提示。

（1）简历的篇幅不能过长，太长反而没有益处，最好一页解决问题，最长不要超过两页。

（2）简历最好是打印出来，注意格式的美观，如字体、行距、页边距等，应便于查看。

（3）简历应简明、有个性且不失重点，突出主题，让用人单位从简历就可以对你有一个明确的概念。千万不可过于烦琐冗杂，以工作为核心进行内容的取舍，不要记流水账。

（4）精心编排顺序，把最重要的内容放在前面，以使阅读者首先就看到最核心的信息。

（5）消灭错误，简历是求职者的第二张面孔，招聘者习惯从简历上了解求职者的性格、做事的认真程度和个人文化素养等。因此对简历文案要推敲每一个词，消除一切可能的错误。

（6）精心准备一张照片，不要随随便便用一张中学的照片，应当认真对待，在用人单位没看到本人之前，照片可能就是用人单位对应聘者的第一印象。

简历投寄后，应做如下几方面的事情：首先要把投寄简历的单位、投寄时间等进行记录备案；然后根据单位距离远近，估计单位已收到邮件时，打电话进行查询。一方面确认简历是否已寄到，并确认对方下一步程序开始的时间；另一方面通过电话表明你的诚意，加深单位对你的印象。但要注意，电话不能过频，一周内不要超过两次。

3. 自荐信

作为简历的补充，自荐信是对个人能力、潜质的概括，个人的个性和独到的见解可以在这里体现。相对于简历，自荐信是有目的地针对不同用人单位的一种书面自我介绍，更多是就某一个问题深入展开，对自我评价或工作中某个问题谈论自己的见解。自荐信要写得有说服力，以证明你有资格胜任该工作，态度要诚恳，用语要得当并能吸引对方的注意力。自荐信的书写格式与一般书信相同，信的开始要先做自我介绍，姓名、学校、所学专业等。书写内容主要是自己对从事此工作感兴趣的原因、愿意到该单位工作的愿望和自己具有的资格。最后，要提出你希望能有面试的机会，附联系地址、邮政编码、电话。自荐信篇幅不宜过长，一般一页以内，3~5段即可，要注意敬语的使用。

4. 其他资料的准备

其他资料包括成绩单及英语、计算机等级证书以及各种证书，已发表的文章、论文说明，取得的成果证明等。成绩单、英语、计算机证书复印件是必需的，其他的材料选择几份有代表性的即可，不需要将所有的材料全部附上。

10.7 求职技巧

1. 名企看重大学毕业生的能力

企业面试有一定的程序，往往与各公司的企业文化和发展战略有密切的关系，名企一般看重大学毕业生如下几方面的能力。

（1）忠诚度。面对学生的应聘，企业往往会看重应聘学生对忠诚度的看法。尤其是一些大型企业，更为重视员工的忠诚度。例如，康佳集团的招聘中，面试官就提出了"请分析职业技能和忠诚度哪个对企业更重要"的问题。

（2）实践能力。在注重学生学习成绩的同时，相当多的企业非常重视应聘者的实践经历。例如，通用电气有限公司就表示他们要招聘的绝不是简单的"学习机器"，在校期间实习、兼职、家教的经验都是积累社会经验的好机会，这都应该受到企业的重视。

（3）协作精神。经营规模宏大的名企非常重视员工的团队协作精神。例如，联想集团在招聘时，就尤其欢迎具有团队协作精神的应聘者。

（4）创新精神。对于大型企业来说，离开了不断的创新就等于失去了生命力。因此应聘者是否具有创新精神也是考查的重点。例如，联想集团在面试中就十分重视应聘者的创新精神和能力。

（5）对企业文化的认可程度。企业在招聘过程中常常会考虑到员工是否能够认可和适应该企业的价值观和企业文化，这将决定员工是否能够很好地为企业服务。例如，通用电气有限公司在招聘中要看学生是否喜欢、是否认同 GE 的价值观，即"坚持诚信、注重业绩、渴望变革"。

（6）人际交往能力和良好的沟通能力。企业在关注学生的专业能力的同时，也把人际沟通能力作为重点考核内容。例如，毕博管理咨询有限公司在招聘过程中非常重视学生的沟通技巧，因为作为未来的咨询师，应聘者一定要具有与客户沟通、协调的能力。

（7）对新知识新能力的求知态度和学习能力。企业针对应届毕业生不具备直接进行业务操作的能力，都会提供系统的培训，所以学习能力和求知欲就成为重点考查的内容。例如，欧莱雅公司并不是很在乎应届生与公司要求之间的差距，因为他们对于自己的培训体系非常自信，只要有强烈的求知欲和学习能力，就一定可以通过系统的培训脱颖而出。

想进入名企工作，以实现自己的人生价值，面试是必须通过的一关，相信只要一方面对自己有清醒的认识和准确的定位，一方面对企业的情况有深入的了解，就一定可以在面试中脱颖而出。

2. 笔试

一般单位的笔试按内容来划分，主要的类型有以下几种。

（1）智力题，主要测试考生的记忆力、思维反应能力、逻辑思维能力等基本能力。

（2）专业知识题，考查应试者对某一行业或专业的了解程度和专业知识。

(3) 命题写作，考查应试者的综合分析能力和写作能力等。

(4) 心理测验，包括认知能力测验与能力倾向测验、个性与行为风格测验、动机、职业兴趣测验、特殊岗位测验等。

在笔试的准备上，对于智力题、命题写作和心理测验，主要考查的是个人的基本素质或人格等，不需要很多的前期准备。但笔试前要对这些笔试类型的命题特点、题目类型有所了解，并适当做一些练习，以熟悉题型。

3. 面试

目前用人单位对应届毕业生常用的面试形式主要是个别面试和小组面试两种。在个别面试中，一个应聘者应对一个或若干考官的面试；小组面试的主要形式为无领导小组讨论，其形式是将若干应试者安排在一起（通常为6~9人）组成一个临时任务小组，但不指定任务负责人，在既定的背景下或围绕给定的问题展开讨论，并拿出小组决策（讨论）意见，持续时间约一小时。在无领导小组讨论情境中，由一组面试考官对每个应试者在讨论中的表现进行观察，但不参与到讨论中去。评价者通过观察获取应试者的行为信息，如参与程度、观点表达、角色扮演以及人际影响等，对每个应试者进行综合评价。

接到面试通知后应注意以下几个方面的问题。

(1) 了解面试单位及所应聘职位的相关信息，为面试做好各方面准备。

(2) 确定面试的时间和地点，并在面试前5~10分钟到达面试地点。

(3) 确定着装。根据用人单位的企业文化确定合宜的面试着装，在不确定的情况下，最好着简单、大方的职业装。同时注意头发、指甲、鞋等方面整体形象的整洁。

(4) 确定携带的物品，带好简历、证明材料等相关的个人材料。

(5) 事前做模拟面试场景的练习，给自己准备好一个简短、精彩的自我介绍，对在面试中可能问及的问题，最好能事先准备言简意赅的说法，为真正的面试"热身"。

(6) 全程"警惕"。在整个面试过程中，要集中精神，保持适宜的紧张水平，特别要注意细节问题的处理，以免因小失大。

(7) 善后。面试后两天内，最好给招聘人员打个电话或写封信表示谢意。

这不仅是礼貌之举，也会使主考官在做决定之时对你有印象。如果被几家公司同时录取，决定接受其中一个职位后，有必要向被拒绝的公司写信表示感谢。

面试时考官的问题可能是多方面的，以下列出经常出现的几类问题作为参考。

(1) 关于个人简况："谈谈你自己""你个人的兴趣在哪些方面""请描述你的性格特征和价值观""你认为自己最大的优/缺点是什么""你有什么特长、爱好"。

(2) 关于学校、专业情况："你为什么选读这个专业""你最喜欢/不喜欢的课程是什么？为什么""对于这份工作，你如何发挥自己的所学、专长或经验""你在大学期间最喜欢的老师是谁？为什么"。

(3) 关于应聘动机："为什么你想到这里来工作""我们为什么要聘用你""你对我们公司有什么认识""你理想中的公司应该什么样""你对公司有什么特殊要求""你是否愿意去公司派你去的那个地方""你有什么理由认为你是最符合这项工作的候选者"。

(4) 关于工作能力："你有和这份工作相关的训练或品质吗""你取得过的最大的成就/遇到过的最大困难是什么""在校期间是否做过兼职工作""你从以往的经历中获得了哪些经

验和教训？它们对你的工作申请有哪些直接或间接的帮助""你认为自己从事的哪些课外活动最有价值"。

（5）关于人际关系："你喜欢和什么样的人交往""你对你的上级有什么样的要求或期望""你希望有一个什么样的工作环境"。

（6）关于工作态度："从现在开始的未来五年，你想自己成为什么样子""告诉我，你事业的目标""你想如何获得成功""工作中对你最重要的是什么"。

（7）关于工资待遇："你最低的薪金要求是多少""除了工资，还有什么福利最吸引你"。

（8）其他："你在选择工作时最在乎的是什么""你是否有继续进修的计划""你有什么问题要问吗"。

应对面试的提问应注意以下几点。

知彼——弄清考官的问题，不断澄清。

逻辑——形成回答思路与提纲。

核心——与工作和企业相关。

具体——"用事实与细节说话"。

合理——没有绝对标准的答案，"自圆其说"。

简洁——回答控制在 2~3 分钟内，所答即所问。

充分——对于企业/职位的"试前"了解，有针对性地。

态度——客观、辩证、成熟。

10.8 签 约

1. 确认用人单位的主体资格

签订就业协议的当事人必须具备合法的主体资格。与毕业生签订就业协议的用人单位必须具有从事经营或管理活动的资格和能力，并具有录用毕业生就业的自主权。一般来说，招聘毕业生的各种所有制的企业单位都应具有经过工商行政登记的独立法人资格。毕业生在与用人单位签订就业协议前，应先仔细了解用人单位的基本情况，以便于做出正确的判断。

2. 条款内容清楚

条款内容必须明确毕业生与用人单位通过协商，如果确有必要对协议书条款进行变更或增、减，涉及的内容一定要具体、明确，不会产生歧义，尤其是工资福利待遇、工作期限（包括试用期或见习期）、违约责任等涉及自身权利和责任条款的内容。

毕业生和用人单位如果对超出协议书范围以外的条款另有约定，尽量采用书面的形式。如果报考了研究生或准备出国，应事先向用人单位讲明，并写在协议书中。采用隐瞒情况的做法是不可取的，会带来许多麻烦。如无附加条款，应当将协议书中空白部分划去，或注明以下空白。

3. 注意与劳动合同的衔接

应尽可能将劳动合同主要条款的内容体现在就业协议的约定条款中，并约定就业时签订的劳动合同应包括这些内容。若事先没有书面约定，一旦双方就劳动合同有关内容达不成一致意见，而双方又不能就解除就业协议达成共识，毕业生提出不再去该单位就业，则毕业生就将承担违约责任。

4. 解除就业协议的条件应事先约定

就业协议一经签订，对毕业生和用人单位双方当事人都具有约束力，任何一方不得随意解除，否则将承担违约责任。如因为考研、准备出国等一些因素可能导致毕业时不一定去签约单位就业，毕业生在与用人单位签订就业协议时，可约定解除就业协议的条例。

5. 按规定程序签订协议

毕业生在签订就业协议时，应按照规定程序进行。一般来说，毕业生应通过和用人单位的协商，在双方对就业协议的条款和内容的意见达成一致后，请用人单位和自己同时在就业协议书上签字盖章。然后把就业协议书交学校毕业生就业工作部门盖章，列入毕业生就业方案。按照规定程序签约，有利于保护毕业生和用人单位的合法权利，可避免因任何一方在另一方不知晓的情况下，另增加有损于对方权益的其他条款和内容。按照规定程序签约，也有利于毕业生保护自己的合法权利，避免承担不应承担的责任。

思 考 题

1. 你打算如何规划自己的职业生涯？
2. 规划事业发展时你的优势和劣势是什么？你将如何扬长避短？
3. 为自己制订一个职业生涯计划，并写出一份个人简历，阐明你的长期个人和职业目标，你的优点和缺点是什么？
4. 你认为你在大学的表现应该根据什么来考评？
5. 叙述你的大学或工作经历中最值得留恋和最有压力的方面。
6. 许多公司根据进取心、协作、领导力以及态度等个性因素评估管理者，你认为这一做法有意义吗？
7. 访问两位管理人员，询问他们在绩效考评中使用什么标准，这种标准可考核吗？他们是否认为绩效评估公正地衡量了他们的工作绩效？
8. 你将如何使你的个人生活以及你的事业持续进步？
9. 用你自己的话来描述"创造未来"对你的意义，你将如何很好地实践这一观念？

案例资源

宝洁——建立职业素养记录

"注重人才，以人为本"，宝洁公司把人才视为公司最宝贵的财富。宝洁公司的一位前任董事长 Richard 曾说："如果你把我们的资金、厂房及品牌留下，把我们的人带走，我们的公司会垮掉，相反，如果你拿走我们的资金、厂房及品牌，而留下我们的人，十年内我们将重建一切。"

人才是一个企业成功的基础，市场竞争从本质上来说是人才的竞争。在所有的管理问题中，连续稳定地培养人才是最有挑战性的工作。

作为一家国际性的大公司，宝洁公司是当今为数不多的采用内部提升制的企业之一。记录显示：在过去的五十年中，宝洁所有总监以上的职位都是内部提拔。员工进入公司后，宝洁就非常重视员工的发展和培训。通过正规培训以及工作中直线经理一对一的指导，宝洁员工得以迅速地成长。在国际上，宝洁被喻为管理的大学，商业精英的摇篮。

在上百年的经营历史中，宝洁发展出一套完整而系统的人才培养办法，在宝洁，培养人才不仅仅是一项工作，它已经变成一种文化，一种习惯。

1. 明确人才的标准与培养路径

定义了人才的标准才能有目的有计划地培养人才。经过长期的研究与实践，宝洁定义了培训的目的：称职。公司根据员工的能力强弱和工作需要提供不同的培训。从技术工人到公司的高层管理人员，公司会针对不同的工作岗位设计培训的课程和内容。

怎样才能称职呢？关键是对于企业中岗位的分析。研究发现，为了使员工适合公司各种不同的岗位，所需的技能可以分为3个方面，即基础素养、专业素养和管理素养，3种素养的内容与培训方法是完全不同的。

1）基础素养

此项培训主要针对新加入的员工，其目的主要是让员工养成良好的商业习惯，了解基本的商业知识。培训的内容包括：促使新员工正确统一地理解工作中的各种商务概念，学习一些营销原理，最终正确统一地理解工作中市场营销的基础思想，同时还培训员工进行适当的沟通，会向员工讲授如何正确规范地撰写备忘录、计划书、工作报告和工作总结。

口头沟通的培训内容主要包括：如何正确高效率地召开会议、商务演讲的方法和技巧、项目管理的相关知识以及良好的日常工作习惯。

2）专业素养

此项培训的目的是使员工掌握完成岗位相关项目任务的专业技能，培训方法主要是自学项目任务标准化手册，由直接经理进行一对一的辅导，培训内容因岗位而异，以项目任务为单位。

从新员工加入公司开始，公司便派一些经验丰富的经理悉心地对其日常工作加以指导和培训。公司为每一位新员工都制订其个人的培训和工作发展计划，由其上级经理定期与员工进行总结回顾，这一做法将在职培训与日常工作实践结合在一起，最终使他们成为本部门和本领域的专家能手。

3）管理素养

此项培训是针对即将被升职的员工，培训目的主要是使员工掌握岗位相关的管理技能，采用集中大学式培训，分5个阶段进行。

公司每年都从全国一流大学招聘优秀的大学毕业生，并通过独具特色的培训把他们培养成一流的管理人才。宝洁为员工特设的"P&G学院"提供系统的入职、管理技能和商业技能、海外培训及委任、语言、专业技术培训。

以上的各项培训通过多年的努力，做到了完全的标准化。无论员工的岗位与职位如何变化，都有相应的标准培训模块与之对应。每项培训不仅是简单的上课，绝大多数都需要经过标准化的考核。

2. 把培训融入管理

各层管理者在培训中扮演重要角色,但是当工作压力袭来,培训很可能被忽视或减少。为了解决这个问题,宝洁不仅建立了标准化的培训方法,同时也建立了有利于培养人才的管理环境。

在每一位经理的年度总结中,有一项特定的内容必须要填写:"请列出在过去一年中你对公司组织的贡献。"在这一项里主要要求填写在过去一年中,对自己管辖员工职业素养提升所做的贡献。这项工作占年度绩效评价的50%。如果是空的,升职基本是不可能的。

在每一年年底的晋升评比中,每一位经理必须提出本部门建议晋升的员工,并且要向其他部门经理介绍这位员工的业绩,如果获得成功,那将是十分光荣的事情。这种管理制度使得每一位经理都把培养下属当作年度的核心工作之一。

3. 建立职业素养记录

宝洁为每一位员工建立职业素养记录,员工每一次职业素养的提高都被记录在案,员工的职业素养有数字化的成绩,升职加薪都与之有关。

在宝洁,每一位员工在加入公司之初就被清晰地告知未来在公司的发展道路与成长的办法,这就是著名的"Y"型职业生涯规划,其中提高职业素养是晋升与成长的主要方法。

这种量化的管理办法有力地激励员工主动争取职业素养的提高,清晰的路径和学习的内容使得员工对未来的发展明确而又易于把握。

4. 建立内部师资队伍

为了保证长期大量的培训工作得以有效实施,宝洁建立了庞大的内部师资体系。公司经常邀请PG其他分部的高级经理讲学,以便公司员工能够及时了解国际先进的管理技术和信息。公司独创了"PG学院",通过公司高层经理讲授课程,确保公司在全球范围的管理人员参加学习并了解他们所需要的管理策略和技术。

同时公司鼓励每位员工成为老师,只要是在某一领域有所心得,经过辅导与准备,每个人都有机会成为这个领域的专家导师。

"任何时候,任何地点,世界从来不缺乏人才。"这就是宝洁的观点,科学量化的人才培养系统,持之以恒地追求,不仅为宝洁带来了一百六十年的持续增长,更重要的是形成了一种独特的精英文化,这种精英意识充满自信与激情,可以成就任何伟大的事业。

(资料来源:改编自中国人力资源网.)

思考题

1. 宝洁的员工培训和职业发展计划的主要特点是什么?
2. 简述宝洁的人才培养文化给你的启示。

第 11 章 创造高绩效的团队

 学习目标

学完本章节，应该了解以下要点：
1. 团队的定义、种类；
2. 团队给组织带来的贡献；
3. 高绩效团队的特征；
4. 如何设计高绩效的团队；
5. 团队发展的 5 个阶段；
6. 如何将现有团队转变为高绩效的团队。

引导案例

南非沙漠中有一种名为沙龙兔的动物，这种动物之所以可以在沙漠中成活不被渴死，是因为它们的团队精神。

沙漠里的雨水不管对什么生命来讲都是非常珍贵的。每次下雨，成年的沙龙兔都会跑上几十里，不吃不喝，不找到水源绝不回来。每次它们都能把好消息带给大家。它在返回来时，连洞也不进，因为沙漠中的雨水有时会在一天内蒸发掉，而这又是沙龙兔一两年中唯一的一次正经补水。

于是，为争取时间，平日很少见到的沙龙兔群集的景象出现了。大队的沙龙兔，会在这只首领的带领下，跑上几十里去喝水。而那只成年沙龙兔，一般都会在到达目的地后，因劳累而死去。

从上面的故事可知，任何一个组织想获得成功，仅仅依靠优秀的个人是不行的，必须依赖自己最近、最直接的团队，通过他们带领下属完成组织的战略部署，因为"管理是让别人干活的艺术"。

所以说，团队力量远大于一群人的简单相加。对于团队管理者来讲，应该多创造机会给团队成员，让他们有机会承担更多的职责；对于团队成员来讲，应该多替自己的团队分担责任，其实在承担责任的同时也锻炼了自己的能力。

（资料来源：改编自百度文库《团队管理智慧的案例分析》）

11.1 工作群体与团队

克莱斯勒汽车公司的前任首席执行官李·艾科卡在他的自传中写道，所有的商业运作可以概括成 3 个词：人、产品和利润。人是第一位的。和别人一起工作不容易，但是团队构成

了任何组织的基石。对于许多任务来说，与一些人各自为战相比，由相同数量的人组成的团队可以在较少的时间内完成多得多的工作。当员工们从组织的工作流程中学习别人的经验、问题和解决方法时，就产生了团组之间的联系，从而可以增加他们更多高质量的意识。如果适当地使用以团队为基础的工作方法，就可以极其有效地提高工作效率。

工作群体和工作团队不是一回事。工作群体的成员之间互动主要是为了分享信息和制定决策，互相帮助以使每个成员完成他们不同的责任区域内的任务。工作群体不需要也没有机会从事需要集体力量完成的合作性工作。而工作团队可以通过协调工作而产生正面的协同效应，每个成员的努力可以使团队绩效大于每个成员的总和，而工作群体却不能产生这样的效应。

由此可以把团队定义为：在一段时间内定期会面的两个或多个人，将他们自己看做与其他人有区别的独特实体，他们有共同的价值观，并为共同的目标而奋斗。因为团队比个人有更多的资源（技术、人才、信息和能源），所以组织会受益，因此，团队可以从事单独个体不能完成的工作。

事实证明，通常当完成任务需要不同的技能、判断和经验时，团队的绩效会比个人的高。随着组织为了更有效果且有效率地在市场中竞争而对自身进行重组，它们同时也转向使用团队方式以便充分运用员工的才能。管理者发现，比起传统的部门或其他永久性的团体类型，团队比较有弹性，而且对于环境的变化回应速度较快，团队可以很快地组合、部署、重组和解释。

11.2 团队的种类

1. 解决问题的团队

到 20 世纪 80 年代，团队才开始受到欢迎。当时团队的形式大致类似，这些团队由 5~12 个在同一部门的员工组成，这些成员每周会面几个小时，讨论改善质量、效率和工作环境的方法。这种类型的团队称为解决问题的团队。

在解决问题的团队里，成员在讨论如何改善工作程序和方法的过程中，分享创意或者提出建议。但是，这种团队很少能有权力单方面实施他们所提出的建议行动。

2. 自我管理的团队

解决问题的团队方向正确，但是，员工涉及工作相关的决策和程序的程度不深。因为这种缺点，而产生了能真正自治的团队方式，这一类型的团队不仅能够解决问题，也能够实施团队提出的建议方案，而且也会对实施结果负责。

自我管理的团队就是由在相对完整的任务中，能够自我规范其行为的独立个体组成。通常，他们的责任包括设定工作进度、建立绩效目标、直接处理外部的顾客，以及采购所需的设备与服务。完全自我管理的团队甚至可以选择团队的成员，而且绩效由成员自己互相评估。通用汽车在宾夕法尼亚州的车厂约有 100 个团队，该厂大多数的决策都由团队制定。这些决策包括安排维修事宜、排定工作日程，并且例行地行使设备采购权。其中一个团队曾经做了一个需花 200 万美元的决策，该厂的总经理也没有加以限制。

虽然自我管理的团队获得许多正面的报道，但是仍有些地方需要注意。整体来说，各项研究对于自我团队自我管理的效果评估并不都是正面的。此类型团队的成员确实有较高的工作满意度，但是，员工的缺勤率和离职率，比起传统式组织架构中工作的员工的缺勤率和离职率要高。

3. 跨职能的团队

跨职能的团队，是由组织中同一层级不同工作领域的员工，为完成共同的任务而组成的。大多数情况下，成员的层级相同，均来自同一个组织，但是也可能来自组织相关的高层主管或者其他组织的成员。

跨职能的团队在20世纪80年代晚期开始受到欢迎。主要的汽车制造商如丰田、本田、日产、宝马、通用汽车等公司都采用这种团队方式来协调复杂的计划。摩托罗拉公司的铱星计划，说明了为什么很多公司使用跨职能的团队。这个计划是开发一个能容纳66颗人造卫星的巨型网络。负责此计划的总经理说，"从一开始，我们就认识到传统的方法无法让我们如期完成如此巨大且复杂的计划"。在计划开始的第一年乃至进行到一半的时候，由20个员工组成的跨职能团队每天早上都开会。这个团队的组成人员逐渐扩大，不同的专家分别来自其他几十个公司。

总而言之，跨职能的团队是一种能让来自同一组织或不同组织的不同背景的成员交换信息、开发创意、解决问题和协调复杂项目的有效方法。当然，要管理一个跨职能的团队并非易事。

11.3　团队的贡献

团队的贡献主要体现在以下几方面。

1. 提高生产效率

Shenandoah人身保险公司依靠它的新团队，用更少的人实现了处理申请，并使顾客服务的效率提高了50%。

2. 提高质量

美国北方电讯质量提高了50%，联邦快递减少了13%的订单错误和包裹丢失。波音公司工程团队用比早期项目少得多的设计错误制造出了新型的777喷气客机，波音历史上第一次不需要来自不同制造商的部件重新返工，结果，波音获得了新型商业飞机最快的飞行认证。

3. 减少成本

波音公司管理者宣称，没有跨职能团队的协作，就无法开发777，因为那会相当昂贵。美国甜井电脑公司的团队通过缩短生产时间节省了1100多万元资金，超过99%的货物能够按时装运。

4. 提高速度

3M、克莱斯勒和许多其他公司都不约而同地使用团队来开发新产品。贝尔大西洋公司的团队试图使公司在信息高速公路上速度更快，人身保险公司发布新政策的时间从 6 周削减到 1 天。

5. 促进创新

汽车行业依靠项目团队开发新型交通工具，克莱斯勒在美国引导潮流，福特的主营项目赢得了极大成功。在 3M，工作团队使新产品增加了 3 倍，以至于他们因此而改变了以前的事业部制结构，3M 的成功改革说明了在大公司中使用小型团队，可以从很大程度上提高员工的创新意识，发掘员工的创造力。

11.4 高绩效团队的特征

高绩效团队的特征如下。

1. 小规模

最佳的团队趋于小规模，当一个团队多于 10 人时，就不容易做更多的事情。成员之间的沟通就会出现问题，因此要希望团队有较高的绩效，其人数应在 10 人左右。例如，美国著名的联邦快递公司，就将它总部的 1000 个职员分成了由 5～10 人组成的一些团队。

2. 互补的技能

为了有效地进行工作，一个团队需要 3 种类型的技能。第一，具备科技专长的技术人员；第二，由能够解决问题和具备制定决策技能的人来确定问题，创造可选择的解决方法，对这些方法进行评估并且做出合适的选择；第三，团队需要具备良好的人际沟通技能的人。

3. 共同的目标

如苹果电脑公司设计麦金托什机（苹果公司生产的一种型号的计算机）的开发团队都虔诚地致力于创造一个友好的用户界面的计算机，改革人们使用计算机的方法。通用土星汽车制造公司的生产团队联合在一起，为了制造出一辆在质量和价格上能够与最好的日本汽车相媲美的美国汽车这一目标而奋斗。

4. 具体的目标

例如，具体的团队目标会是在 24 小时内给所有的客户做出回应。再如，在今后的 6 个月中削减生产周期 30% 的时间等。

5. 相互之间的责任

成功的团队使成员个人以及集体共同对团队的目的、目标和方法负责。团队的成员了解他们各人应该负什么责任，结合在一起又应该负什么责任。当团队只重视整体的绩效目标而忽视了个人的贡献和责任时，团队成员往往会不务正业。

11.5 设计高绩效的团队

当创建了一个新的组织时，设计高绩效的团队比起在原有的机构设置上设计高绩效的团队较为容易，因为新的体系可以挑选合适的应聘者和技术。例如，通用汽车公司通过成立由全体成员组成的新工厂来建立跨功能的团队，开始生产天空系列汽车的时候，实现了持续的成功。设计高绩效的团队应着力从以下方面进行。

1. 我们是谁

当团队成员与别人分享他们的优势、弱点、工作喜好、价值观和信仰时，可以在产生矛盾之前处理他们之间的不同，最后获得一系列共同的信念、形成团队一致的信念。例如，海飞丝公司的信念就是致力于生产具有去头屑功能的洗发水，其一切的管理及营销工作都围绕这一目标，他们的广告不管出了多少版本，有一个核心是不变的，那就是强调其产品具有去头屑功能。其他如舒肤佳、飘柔等都是如此。

2. 我们现在在哪里

所有的团队都有优势和弱点，但是多数团队趋于重视那些他们做得好的事情而忽视做得不好的事情。检验团队的优势、弱点、机遇和威胁，可以通过让团队回答以下问题来完成：我们应该巩固、建立和提高什么优势？我们可以改善什么弱点，如何去做？我们具备的获得提高的机遇是什么？我们面临的内部及外部威胁是什么？

3. 我们到哪里去

团队必须能够在五花八门的事物中发现机遇。它们需要一个宗旨、目的以及目标。

4. 我们怎样才能达到目标

根据团队的宗旨和目的，团队需要制定具体的团队目标，然后整合个人的目标。

5. 对我们的期望是什么

如果一个团队不知道对它的期望是什么，它就无法工作。因此，团队成员必须了解他们的职位描述，在团队中的角色、责任以及权利和职责的范围。团队将通过更好地、更适当地使用所有成员的才华来更有效地完成团队的目标。

6. 我们需要什么样的支持

仔细观察每个团队成员的培训和发展需求，以便可以为团队提供既可以增强个人能力，又可以加强团队优势的个人培训、咨询和指导。

7. 我们如何才能卓有成效

应该定期考核质量和产量来确保团队目标的实现，并向团队成员提出标准。

11.6　团队发展的阶段

1. 形成阶段

在新组成的团队中，团队的目的、结构和领导权存在许多不确定性。团队成员对发展朋友关系以及开发潜在的任务很担心。处于形成阶段的团队在逐渐减少了担心并发展到下一个阶段之前，有许多需求要满足。满足这些需求的一个很好的方法是让成员们回答在设计新团队时出现过的问题。这一阶段的长短取决于任务是否明确、任务的难度有多大以及团队成员是否能融洽地在一起工作。

2. 爆发阶段

团队形成的阶段经过一些时间后，团队成员在一起工作时，会经历一段困难的磨合期，由此可能引发一些失败和冲突。当团队成员们试图决定任务的程序、角色分配、相关的方式以及权力分配时，出现不同的意见是必然的。此阶段，沟通开始停滞，对彼此发展的负面反应在团队中蔓延，团队成员的工作热情下降。团队从爆发阶段发展到下一阶段之前，他们需要解决有关权力和工作构成的冲突。团队成员需要坦率、诚实地对一些事情进行讨论，重新定义他们的目的、角色、目标和结构，并且重新获得对基本的价值和标准的承诺。

3. 规范阶段

合作是规范阶段的主题。在规范阶段解决问题可以使团队成员重视他们之间的差异，并且为完成任务而做出贡献。成员们一致同意一个划分工作任务、提供领导权力以及分配其他角色的组织结构。当沟通变得更加公开而且为了完成任务而进行沟通时，信任和凝聚力就增加了。当成员们开始考虑"我们"而不是"我"的时候，就显示出了分担责任和监控的意愿。

4. 执行阶段

当团队发展到这一阶段时，团队的目的、目标和角色已十分清楚。团队成员通过相互依赖地工作来解决问题，并且致力于完成团队的整体目标和宗旨。这一阶段需要注意的问题是防止团队热情的消退以及保持工作的动力。

5. 终止阶段

这一阶段与正在进行发展的团队无关，因为，除非发生激烈的重组，否则团队永无终止。如果是临时的团队或临时的任务团组就会产生终止。在这一阶段，团队的领导可以通过认可和奖励团队的表现来促进圆满的终止，如一个电影摄制组完成了影片的拍摄，并取得了很好的票房，通常会对有功人员进行奖励。其他类型的团队也是如此。

11.7　将现有团队转变为高绩效的团队

通用汽车公司的土星汽车制造团队具备许多优势，包括拥有共同目标的新成员、对工作程序达成一致,以及责任共担。该团队的模式和通用公司以往的模式非常不同,以前,通用公司是将员工从职能工作团组抽调出来,这些人有不同的背景,过去为了资源而竞争,现在通用公司将他们变成合作的汽车制造团队。新建立的团队用了3年的时间在以下方面进行了培训:建立团队成员间的信任和一同为团队制定决策从而扭亏为盈,去除消极、陈旧的方法以及挑战竞争等。经理们可以学习有关研究教练是如何训练体育团队来提高团队绩效的一些课程。为了赢得竞争的胜利,一个体育团队必须协调个人的努力(尤其像足球、篮球这种特别强调团队合作的体育团队)。一个体育团队每周训练几十小时,而一个小时关键的比赛体现了绩效的价值。成员们仔细观看过去比赛的录像,找出错误,建立目标,并且为下一次比赛制定策略(如排球、乒乓球)。然后,团队进行训练,直到去除弱点并且熟练掌握了它的行动计划为止。工作团队必须协调每个成员的努力使之卓有成效。

构建高绩效的团队主要从以下几方面着手。

1. 评估和解决对团队成效的障碍

团队成员如果认为团队在工作成效上存在问题,通常会发起一项团队建设的计划。当克莱斯勒公司的经理们注意到团队成员之间公然的仇视,长期的迟到并且生产质量和产量低下,由于误解而不能执行决策,缺乏承担责任的意愿,缺乏互相帮助来解决问题的兴趣等现象时,他们意识到新的团队出现了严重的问题。于是开始了第二个步骤,即对问题进行识别和分析。

2. 对问题的识别:确定无效团队的征兆

一个团队发展计划的成功与否取决于确定团队的具体需求和问题。在判断一个团队是否为无效团队时,可以监督以下主要的指标:团队外部的沟通情况、是否存在没有实现的决策和隐含的冲突、是否存在小团体等。

3. 收集信息

收集信息时应思考:不利因素为什么存在?如何处理它们?信息收集的方式包括面谈、分发书面试卷让团队成员完成等。

4. 信息分析

如果发现团队的一些问题是由于缺乏资源、工作职责模糊、工作任务不切实际等产生的,就需要重新设计工作、配置额外资源。

5. 问题的确定

团队可能出现的问题包括领导不力、内部争斗、推卸责任、缺乏信任、技能差距大以及缺乏外界的支持等。

6. 制订行动计划来解决问题

可以将找到解决问题的方法分配给一些小群体来完成,他们是由相关的并且有资格的人组成的,或者整个团队可以将日程安排上的项目按照优先顺序一项一项排列,来设计出行动计划。下面列举一些可以克服障碍,并且帮助团队挖掘他们全部潜能的做法。

(1)明确目标:高效团队的成员清楚地了解他们的目标并且相信他们的目标包含了有价值的或重要的成果。这些目标的重要性促使个人提高了对目标的关注。

（2）鼓励团队努力赢得小的胜利：建设一个真正的团队需要时间。不能希望一个新的团队在刚开始以及每次面临考验的时候都有好的表现。团队成员应通过确定和设立可以达到的目标来促进团队获得小小的胜利。

（3）建立相互的信任：信任是脆弱的，它需要很长时间来建立而又容易被破坏。可以采取一些方法来创建相互信任的氛围，如坦率地表露自身的问题和弱点，尊重他人并倾听团队成员的主张，建立公正、客观和公平的信誉。

7. 表扬团队和个人的表现

当团队成功的时候，团队成员都分享荣耀；当团队失败时，他们应该分担责任。因此，对于每个团队成员的绩效考评标准很大程度上应该根据整个团队的绩效。但是，团队成员需要知道他们不能骑在别人的背上而自己不付出任何努力。因此，也应确定每个成员的个人贡献，并且制定出他们整体绩效考评的标准。

8. 提供团队建设的培训

团队，尤其在他们形成的初级阶段，将需要通过培训团队成员来培养他们的技能。这些典型技能包括解决问题、沟通、谈判、解决冲突以及共同处理问题。如果团队本身不能为成员提供这样的技能培训，那么就要引进外来的资源帮助团队进行培训。

思 考 题

1. 你认为一些人抵触工作团队的原因是什么？你如何处理这种抵触？
2. 专家认为团队是方法而不是目的，你怎么认为？你怎么认为在一个公司创建团队只是为了有团队，因为那是时髦？如何避免此误会？
3. 评价一下你所在的班级团队的有效性，可以采用更有效的方法吗？
4. 考虑使团队有效的成员的各种角色，你的优点和缺点适合什么角色？你如何可以更好地成为一名团队成员？
5. 你处理冲突的一般方法是什么？最不一般的方法是什么？你是如何扩充你的方法，在冲突处理上更有效？
6. 自我管理团队的优点与缺点是什么？
7. 采访两位管理人员，请他们谈谈对团队管理的看法，他们认为要使团队高效获益最重要的条件是什么？
8. 到网上查找"虚拟团队"这个词，并看一下某些公司在实际情况下是如何开发和应用虚拟团队工具的？

案例资源

跨团队合作——一种双赢和精彩的能力

不同专业团队之间跨团队合作往往能带来意想不到的成就，对比 IDEO 和传统管理咨询公司之间的服务及其区别，可以窥探出一定奥妙。

若干年前，美国最大的医疗保健机构 Kaiser Permanente 要做一个患者体验的调查项目。一开始，它求助于一家传统的管理咨询机构，这家机构雇佣的是清一色的商学院毕业生。在经过了大量的数据采集和分析工作之后，该机构向 Kaiser Permanente 提交了一份长达 729 页的报表和电子表格。之后，Kaiser Permanente 拿着报表去求助 IDEO，问：我们的患者体验到底如何？要怎么改进？这两个问题，却并没有在报表中得到明确的回答。IDEO 于是另辟蹊径，制作了一个 8 分钟不到的 DV 短片，从患者的视角展示了其接受医疗服务的全过程，包括躺在休息床上看到的脏兮兮的天花板，包括漫长孤单的等待……Kaiser Permanente 的决策者看完短片，也找到了先前问题的答案。

仅仅是一个 8 分钟的短片，就打败了 729 页的数据报表？！我们不得不钦佩 IDEO 的高明之处！这个案例充分体现了跨专业团队合作带来的效果。IDEO 就是一家靠跨专业团队合作出售创意的公司，与麦肯锡、波士顿等企业咨询公司不同的是，后者佩戴着一副单纯商学院的眼镜，都采用一套固有的思维习惯和套路；而 IDEO 却持续网罗心理学家、语言学家、计算机专家、建筑师、商务管理学家作为其人才储备，这些人大都有着登山、去亚马逊平原捕鸟、骑车环绕阿尔卑斯山等大量古怪的经历与爱好，这样的团队在合作时时常碰撞出火花，打破商学院毕业生的一贯思维模式，寻找到全新的、直接的解决方式。基于不同凡响的跨专业团队合作能力，IDEO 设计了苹果计算机的第一个鼠标和世界上第一台笔记本电脑。随着业务的发展，IDEO 逐步将其创新的本领从产品外观设计扩展到企业顾问，甚至有人预测，传统的商学院式管理咨询公司将在 IDEO 面前败北。

跨团队合作会带来意想不到的高绩效，但是良好的跨团队合作却可能是很难的事情。跨团队合作中总是有一些类似砖墙一样的东西，让人无法拆除，也无法绕过。

跨团队合作的项目管理和文化管理

面对跨团队合作中的各种问题，许多卓越的公司，尤其是依靠跨团队合作创造出富于竞争力、更人性化的服务或产品的公司，都有一套相应的管理方式，如 IBM 多项目群管理体系。

IBM 在卖掉家用 PC 业务之后，明确了以服务、软件和高端硬件为主要业务，致力于成为综合解决方案提供商。为实现这一目标，IBM 在管理上打造了有利于跨团队合作的多项目群管理体系，在服务、软件、硬件 3 个核心的事业部下，建立起项目组合管理机制。与此同时，针对公司的每一个员工建立起经验、技能、优势、兴趣的电子档案，进而在全球范围的分公司内重新整合人力资源。在公司高层的大力支持下，全面推行了项目管理的方法论和建立了完备的项目管理流程制度，培养了大量专业化的项目管理队伍，大大提升了公司的盈利能力和员工的生产效率，使 IBM 成为全球化整合企业的典范。

与 IBM 相反，有些公司却用职能制的组织结构去承担一些跨部门合作事务，即需要跨部门合作时就从各个部门找几个人一起推动，同时这些人在沟通上仍然需要向各自的领导汇报，在这样的跨团队合作中常有的管理语言包括主办部门、协办部门、主责、协助之类说法；而在 IBM 的项目管理机制下，则是通过临时项目组的方式承担跨团队合作事务，沟通路径上则是向项目经理汇报，项目成员在这件事情上仅对项目经理负责，在这样的跨团队合作中管理语言则常常包括项目经理、项目目标、项目计划、资源需求、项目沟通平台等。从两种有形的管理方式中,我们可以看出以职能制的组织结构在管理机制上就会出现问题,如推进跨部门事务时会受到部门定位或部门职能的影响;且不管人的道德如何,职能制方式推动跨团队合作也存在同样的问题。

当然,有形的管理手段可能只是实现跨团队有效合作的一个方面,与之配套的无形的文化管理也很重要。犹如羽毛球双打,事先做好分工只是打好球的一个方面,更重要的还是合作双方之间的那种默契,那种心有灵犀的感觉;没有这种默契,必然会时常抢着接球,甚至伤害到对方,而有时又都不接球,两个人只能看着球落地。在这一点上,我们同样可以从IBM的案例中得到启发,为使项目管理的工具和技术、方法论、控制管理体系得到有效贯彻,IBM致力于培养有助于跨团队合作的项目管理文化,包括调整薪酬、激励、业绩评估、人员思维习惯、项目经验分享机制等方面。

对于一些刚走出成长期、即将进入规范大规模发展的企业,可能未必能建立起强大的显性跨团队合作机制,但仍可以鼓励员工积极面对合作中可能存在的潜在障碍,也只有大量的合作才能培育起共同经历。正如有学者说:文化就是共同经历。我们只要鼓励合作,才会有更多的共同经历,才有助于形成文化上的一致,最终向默契、向心有灵犀的方向靠近。随着跨团队合作事务的逐步增加,可以适时建立起类似IBM一样的多项目管理机制,将许多临时性的事务当成项目来做,形成公司内部多项目群管理,以增加跨部门团队之间的一致性,提升跨团队合作效率。

从员工个人的角度来看,跨团队合作可能会带来同事之间的某些误会,可能会遇到许多预先设想不到的障碍,甚至有时候还带来自己原有底线的突破。

似乎像生活一样,与人合作时我们不能过分强调预先设定的目标,尤其是不能过分固守于小目标。而要保持开放的心态,接受新情况,迎接合作中遇到的"偶然",根据合作的情况不断修正优化初始目标,调整各自的角色分工,克服横挡在合作各方面前越来越高大的砖墙。换个角度想,大部分的"偶然"和"新情况"其实都是合作过程中碰撞出的火花,这些火花不是障碍,反而是改进工作、优化目标、实现卓越绩效的催化剂,就像IDEO团队,也只有这样的偶然才能带来火花,实现双赢,最终给合作带来自信、热情和生命激情。

接受合作、愿意合作、勇于合作吧,尽情在合作中徜徉,在合作中享受双赢,在合作中感受生命的精彩。

(资料来源:哈哈世界网文章:跨团队合作——一种双赢和精彩的能力,柴旻.)

思考题

1. 从案例中可以发现跨团队合作的哪些优势和问题?
2. 要使团队发挥作用,你认为应从哪些方面着手?

实践教学环节:团队角色问卷

对下列问题的回答,可能在不同程度上描绘了你的行为。每题8句话,请将10分分配给这8个句子。分配的原则是:最能体现你行为的句子分最高,依此类推。最极端的情况也可能是10分全部分配给其中的某一句话。请根据你的实际情况把分数填入后面的答题纸中。

1. 我认为我能为团队做出的贡献是_____。

A. 我能很快地发现并把握住新的机遇

B. 我能与各种类型的人一起合作共事

C. 我生来就爱出主意

D. 我的能力在于，一旦发现某些对实现集体目标很有价值的人，我就能及时把他们推荐出来

E. 我能把事情办成，这主要靠我个人的实力

F. 如果最终能产生有益的结果，我愿面对暂时的冷遇

G. 我通常能意识到什么是现实的，什么是可能的

H. 在选择行动方案时，我能不带倾向性，也不带偏见地提出一个合理的替代方案

2. 在团队中，我可能有的弱点是_____。

A. 如果会议没有得到很好地组织、控制和主持，我会感到不痛快

B. 我容易对那些有高见而又没有适当地发表出来的人表现得过于宽容

C. 只要集体在讨论新的观点，我总是说的太多

D. 我的客观看法，使我很难与同事们打成一片

E. 在一定要把事情办成的情况下，我有时使人感到特别强硬以至专断

F. 可能由于我过分重视集体的气氛，我发现自己很难与众不同

G. 我易于陷入突发的想象之中，而忘了正在进行的事情

H. 我的同事认为我过分注意细节，总有不必要的担心，怕把事情搞糟

3. 当我与其他人共同进行一项工作时_____。

A. 我有在不施加任何压力的情况下，去影响其他人的能力

B. 我随时注意防止粗心和工作中的疏忽

C. 我愿意施加压力以换取行动，确保会议不是在浪费时间或离题太远

D. 在提出独到见解方面，我是数一数二的

E. 对于与大家共同利益有关的积极建议，我总是乐于支持的

F. 我热衷寻求最新的思想和新的发展

G. 我相信我的判断力有助于做出正确的决策

H. 我能使人放心的是，对那些最基本的工作，我都能组织得井井有条

4. 我在工作团队中的特征是_____。

A. 我有兴趣更多地了解我的同事

B. 我经常向别人的见解进行挑战或坚持自己的意见

C. 在辩论中，我通常能找到论据去推翻那些不甚有理的主张

D. 我认为，只要计划必须开始执行，我就有推动工作运转的才能

E. 我不在意使自己太突出或出人意料

F. 对承担的任何工作，我都能做到尽善尽美

G. 我乐于与工作团队以外的人进行联系

H. 尽管我对所有的观点都感兴趣，但这并不影响我在必要的时候下决心

5. 在工作中我得到满足，因为_____。

A. 我喜欢分析情况，权衡所有可能的选择

第11章　创造高绩效的团队

B. 我对寻找解决问题的可行方案感兴趣

C. 我感到我在促进良好的工作关系

D. 我能对决策有强烈的影响

E. 我能适应那些有新意的人

F. 我能使人们在某项必要的行动上达成一致意见

G. 我感到我的身上有一种能使我全身心地投入工作中去的气质

H. 我很高兴能找到一块可以发挥我想象力的天地

6. 如果突然给我一件困难的工作，而且时间有限，人员不熟，那么_____。

A. 在有新方案之前，我宁愿先躲进角落，拟定出一个解脱困境的方案

B. 我比较愿意与那些表现出积极态度的人一起工作

C. 我会设想通过用人所长的方法来减轻工作负担

D. 我天生的紧迫感，将有助于我们不会落在计划后面

E. 我认为我能保持头脑冷静，富有条理地思考问题

F. 尽管困难重重，我也能保证目标始终如一

G. 如果集体工作没有进展，我会采取积极措施去加以推动

H. 我愿意展开广泛的讨论，意在激发新思想，推动工作

7. 对于那些在团队工作中或与周围人共事时所遇到的问题，_____。

A. 我很容易对那些阻碍前进的人表现出不耐烦

B. 别人可能批评我太重分析而缺少直觉

C. 我有做好工作的愿望，能确保工作的持续进展

D. 我常常容易产生厌烦感，需要一两个有激情的人使人振作起来

E. 如果目标不明确，让我起步是很困难的

F. 对于我遇到的复杂问题，我有时不善于加以解释和澄清

G. 对于那些我不能做的事，我有意识地求助他人

H. 当我与真正的对立面发生冲突时，我没有把握使对方理解我的观点

解析

题号	实干者	协调者	推进者	创新者	信息者	监督者	凝聚者	完善者
1	G	D	F	C	A	H	B	E
2	A	B	E	G	C	D	F	H
3	H	A	C	D	F	G	E	B
4	D	H	B	E	G	C	A	F
5	B	F	D	H	E	A	C	G
6	F	C	G	A	G	E	B	D
7	E	G	A	F	D	B	H	C
总计								

第 12 章 组织有效性和组织文化

 学习目标

学完本章节，应该了解以下要点：
1. 组织文化的概念；
2. 组织文化的构成；
3. 组织文化的来源；
4. 如何学习组织文化；
5. 如何保持和改变一种组织文化。

 引导案例

强调发现员工优势的 Facebook 企业文化

对于很多公司来说，年轻一代员工的管理都是令人头疼的问题，因为年轻人天马行空，不受约束。然而，Facebook 却采取"放纵"的策略，关注年轻人的优势，忽略他们的劣势，在企业管理中弱化上下级的区分。Facebook 公司 8000 名员工中，年轻人占据了大多数，员工的中值年龄为 28 岁。相比之下，谷歌为 30 岁，苹果为 31 岁。

Facebook 没有墨守成规，公司针对年轻人的特点，为他们精心制定了管理方案。Facebook 告知经理，在对年轻员工进行业绩评估时应该专注于他们的优势。员工们不是要听命于谁，而是要拥有"强烈的主人翁精神"。他们在选择、调整任务方面被赋予了不同寻常的自由，甚至超出了他们的专业领域。与平行的职业发展轨迹相比，任职管理层甚至都不算"晋升"。

Facebook 的企业文化受到了马库斯·白金汉的影响。白金汉是一名出生在英国的研究人员，也是管理专家。他呼吁人们"扬长避短"，建议经理们在分配员工职务时要迎合他们的优势。

Facebook COO 谢丽尔·桑德伯格在 2008 年将白金汉招致公司麾下。白金汉负责对 Facebook 多位高管进行"优势发现"测试，包括桑德伯格和 Facebook CEO 马克·扎克伯格。

Facebook 接受了这种企业哲学。马库斯·白金汉公司现在负责培训 Facebook 所有经理的优势发现能力。Facebook 负责员工学习的斯图亚特·克莱布（Stuart Crabb）曾在白金汉的公司工作过。

（资料来源：根据网上资料改编.）

第12章 组织有效性和组织文化

12.1 组织文化的概念

组织文化是组织成员所共有的总的行为方式、共同的信仰及价值观。通常可以从人们在一个组织范围内的所说、所做、所想中推断出它的文化。组织文化往往为公司确定了氛围基调和人们的行为准则。从许多公司的口号中，人们可以大致了解某一公司的主张。例如，通用电器公司的口号是"进步是我们最重要的产品"。荷兰皇家壳牌航空公司想要成为"可信赖的公司"，公司总裁简·德苏特认为，荷兰皇家壳牌公司不是一个浮华的航空公司，相反，其组织文化反映了荷兰人不喜欢任何形式虚饰的特点。杜邦公司的口号是"通过化学的办法为改善生活而生产更好的产品"。

宏碁公司是世界上较大的个人计算机制造商之一，生产各种各样的个人计算机产品。直到1999年，公司的经营都非常成功。但在2000年，由于内外部环境的变化，公司遇到了困难。外部环境中，个人计算机增长停滞不前，公司内部也出现了与增长相关的问题。公司结构包括两部分：IBM和戴尔公司专门生产计算机的贴牌（OEM）业务（即原件设备制造）和自主开发的宏碁品牌业务。贴牌业务部门利润水平较高，而且来自主要计算机制造商的需求旺盛。这两个部门的冲突导致了一个新的组织结构的出现，这个结构将两个部门分隔开来。尽管如此，公司仍然在一个理念下运作。具体来说，宏碁公司的企业文化建立在4个基本信念之上：①人性本质上是善良的；②顾客第一；③将知识用于公司的工作；④重实效，负责任。宏碁公司面临的挑战是制定有效应对环境变化和个人计算机产品需求下降局面的战略，同时，牢牢植根于基本理念的公司组织必须转变成能应对动态环境变化的灵活的组织结构。

互动环节说明：本章虽然讲的是企业文化，但本章设置的互动环节主要以班级的文化为讨论主体，因为同学们没有在企业工作的经历，而班级和企业的相同之处就在于它们都是组织，都有自己的组织文化。从组织的角度来看，文化的来源和构成是有很多相通之处的。因此，如果能理解班级文化，也就理解了企业文化。

互动环节：请列举你们班的班级文化（提倡什么？反对什么？班级提倡和反对的东西是如何得到执行的？）

12.2 组织文化的构成

研究表明，总共有7个主要方面能够表现组织文化的本质，每种特点存在于从低到高的连续统一体中。许多组织，特别是那些有浓厚文化的组织，某一方面常常比其他方面显著，而这主要方面决定了该组织的风格及其成员的工作方式。

1. 创新与冒险

鼓励员工创新与冒险。微软和可口可乐公司就因公司对员工的宽容而引以为豪，它们甚至鼓励失败，如微软公司在招聘面试的时候经常会问求职者关于失败的问题：你有过何种重大的失败经历？你从失败中学到了什么？微软公司倾向于聘请愿意冒险，坦然接受失败，并且能够从错误中学习的人。该公司的总裁比尔·盖茨说："人们对于失败事情的处理方法，可以用来判断他们的应变能力。"

可口可乐公司正试图使公司更愿意冒险，如公司曾将负责开发公司历史上最具毁灭性的产品——新可乐的首席全球营销执行总裁聘回。这位名叫齐曼的副总裁在负责新可乐业务一年后被解聘。7年后，公司回聘了他，并升了他的职。公司首席执行官认为，回聘齐曼证明可口可乐公司相信"只有在前进的时候才会跌倒"。

2. 注重细节

希望员工展示其精确性、分析能力和注重细节的程度，这样的组织把质量作为经营的核心。一个著名的案例是摩托罗拉公司的"六西格玛"项目，因其显著减少了制造方面的失误而成为表率。所谓六西格玛，即获得和保持企业在经营上的成功并将其经营业绩最大化的综合管理体系和发展战略，是使企业获得快速增长的经营方式。六西格玛管理是"寻求同时增加顾客满意和企业经济增长的经营战略途径"，是使企业获得快速增长和竞争力的经营方式。它不是单纯的技术方法的引用，而是全新的管理模式。

3. 以结果为中心

管理注重结果，而不是产生结果的过程。例如，海尔公司强调客户服务，鼓励员工采取任何必要的方式使每项服务尽善尽美。再如，通用前CEO杰克·韦尔奇是一个竞争心很强的个体，他早年在GE工作时因为自己得到的年终奖金与比他绩效差的员工没有显著差别而深感不安，因此一直都想着要拉开优秀员工与落后员工之间的奖励距离，造成一种大家都争优秀的气氛。

4. 以人为本

管理层决策时应考虑组织内部人员会受到影响的程度。惠普公司的普通员工早在19世纪40年代就享有利润分红，20世纪50年代就开始享有自动持股权。作为最早采用弹性工作制的公司之一，惠普公司要求所有部门在向外招聘员工之前优先雇用内部员工；在艰难时期要求全体员工减薪和减少工作时间，以免失去工作，以此将失业率保持最小。另外惠普是第一个实行弹性工作时间的美国公司之一。

Adobe System是全世界第三大计算机软件制造商，其1700名员工全都能获得公司的股权和带薪休假。它的组织文化是强调开放、团队和尊重个人。一位创办人指出："公司的每项资产，每天晚上都会乘车回家，没有他们，公司就无法成形。决定公司成功与否的关键是他们这些有创造力的个体，而不是机器。"

5. 以团队为中心

以团队而非个人来安排工作。越来越多的组织以团队来定位其文化，如迪士尼公司过去是大家一起来制作一部动画片，现在是组成了不同的动画制作团队，相互展开良性竞争。

6. 强烈的积极进取精神

员工有进取心，乐于竞争而不是随波逐流。有一些人认为，在微软文化里，积极性更胜于冒险性。公司及其总裁经常被描述为具有最好和最坏创业精神的特征。微软在打击竞争者、保护知识产权、运用法院系统对付竞争对手过程中体现出的积极性已制造出一长串企图想控制这家软件巨头的挑战者（包括美国联邦政府在内）。

通用电气是另一个代表积极性文化的公司组织。高层管理者为其分公司经理设定困难的目标，并比任何组织都更加注重它的账本底线。另外，通用电气（GE）的管理层制定的需求目标，就像可以在它的战略策划中看到的那样，让一级市场或二级市场互相分享它的市场份额，或退出那些市场。

西门子是另一家被认为极富积极性的公司。公司的产业小到助听器大至电力设备都在经历一场变革，从工程驱动的文化变成积极进取的创业文化。为达到这个目的，新的领导团队给予各地区经理几乎完全自主地删减成本、争取项目投标和为顾客服务所需的任何事情的权利。

7. 不稳定性

组织的业务强调发展而反对保持现状。很少有公司能比三星公司更好地说明这一点。三星是韩国最大的公司，业务涵盖电子、化工、金融和重型机械领域。但是三星仍有一个雄心勃勃的计划：公司的 7 年计划包括营业额增加 4 倍的目标。管理层计划通过将业务扩展至新的行业，如汽车、航运、运输和娱乐，来达成此目标。与此同时，三星还对员工进行思想灌输，如展示横幅宣称他们公司是"全世界瞩目的 21 世纪的领导者"。

接受核心价值观的人越多，而且组织越致力于创造这些价值，组织的文化就越浓厚。浓厚的文化能够较深影响其员工的工作行为。然而浓厚的组织文化也有其不利之处，如不注重适应性的浓厚文化实际上可能会在组织变化的时期降低其绩效。例如，在个人计算机革命时，IBM 公司的浓厚文化使其管理人员意识到需要改进其长期重视的主机产品。

12.3 组织文化的来源

组织目前的习惯、传统和一般做事的方式，大部分源自以往做事的风格，以及这些风格带来的成功。这条原则让大家追溯到组织文化的源头：创办人。

组织早期的文化受创办人的影响很大。他们知道组织应该做什么，不受过去的习惯或模式影响。一个组织的文化常常源于先前为组织尽力的人或事。因此，成功的组织创始人的远见和使命感经常几十年甚至更久地反映在组织的文化中。

这些创始人用 3 种方式创造文化。

（1）他们雇用并保留那些与他们的思维和感觉一致的员工。

（2）创始人向这些员工灌输组织的文化并使其适应他们所设想的文化。

（3）创始人自身作为一个模范，其个人的风格魅力即成为组织文化的核心。

例如，麦当劳的创始人，雷·克洛克于 1984 年去世，但他给予顾客的高品质、良好服务和清洁卫生理念和价值观继续塑造着这个快餐连锁店。其他对组织有深远影响的公司创办人包括索尼的盛田昭夫、微软的比尔·盖茨、苹果公司的史蒂夫·乔布斯、玫琳凯化妆品公司的玛丽·凯、海尔集团的张瑞敏等。

12.4 员工如何学习组织文化

成功培育成功，此外也培育文化价值观。成功的实践引导着大家不断地重复、仪式化，甚至崇拜。因此，解决不断出现的问题的方法，逐渐成为文化的一部分。解决方案发挥作用的时间越长，它们在文化中的地位就越深刻。这有助于人们理解支配性文化的个性种类是怎样形成的。此外，也有助于人们了解，某些公司如IBM为什么会多年忽略个人计算机的成长，而专注于大型计算机的生产上。

一旦进入组织，人们会怎样学习组织文化？文化传承最强有力的方法就是利用故事、仪式、实体标识。

1. 故事

当亨利·福特还是福特汽车公司总裁的时候，组织中很少有人没听过这样的故事：如果福特先生知道某位员工态度过于傲慢，福特先生会提醒这位员工："这栋办公大楼上写着我的名字！"这个信息非常明显：亨利·福特在经营这家公司！

诺德斯特龙的员工很喜欢谈公司的一则故事。这个故事强烈地传递公司关于顾客退货的政策：当这家专业零售连锁店还处于经营初期时，一位顾客到公司退回一套汽车轮胎，销售人员有点不确定如何处理这个问题。顾客和销售人员正在谈话的时候，老板诺德斯特龙先生正好经过且听到他们的对话。他马上介入并询问顾客花了多少钱买的轮胎，并让销售人员全额退还给顾客。顾客拿到退款离开后，销售人员一脸茫然地告诉诺德斯特龙先生说："诺德斯特龙先生，我们没有卖轮胎！"老板说："我知道，但是我们要尽可能让顾客高兴。我们要确实执行'决不多问'的退货政策。"诺德斯特龙于是打电话给一位卖汽车轮胎的朋友，他想知道这套轮胎可换到多少现金。

诸如此类的故事流传在许多组织中，他们通常是关于组织的创办人、例外事件、白手起家、裁员事件、员工调派、对于过去错误的反应以及组织的处事方式等。这些故事有以古鉴今的作用，并且可以解释目前的行为。

2. 仪式

仪式是一系列重复性的活动，这些活动代表并强化组织的主要价值观，指出什么是组织的重要目标，哪些人是重要人物，以及哪些是值得保留的。

玫琳凯化妆品公司每年的酬谢会是非常有名的公司仪式。它的气氛介于马戏团和美国小姐选美之间，是一个为期数天的活动。聚会通常安排在一个大礼堂里，观众欢呼雀跃，所有参加者都盛装出席。舞台上，作为对公认的杰出销售绩效的表彰，销售人员不但能享受到公司授予他们的崇高荣誉奖章，还能在颁奖大会上接受令人炫目的礼物，如黄金首饰、毛皮大衣，甚至粉色的凯迪拉克轿车。这种仪式其实在不断强烈地传达着这样一个信息：完成销售目标是非常重要的，荣耀的事情、那些努力完成目标的工作人员都是企业中共同推崇的英雄。

3. 实体标识

Fullers 和 Lampreia 是西雅图两家高级且昂贵的餐厅。在地理位置上，这两家餐厅距离不超过10个街区，但是在文化上，这两家餐厅则相距十万八千里。Fullers是古典正式派，装饰风格像博物馆，员工着装正式，举止严肃，专注而古板。相反，Lampreia是悠闲自在式的餐厅，装饰时髦而简约，员工休闲的服装与餐厅风格一致。

这两家餐厅的食物和服务一致受到好评；它们都要求客人预先订位；两人每餐至少花费80美金。而且，这两家餐厅独特的文化，可以通过服务生的穿着和餐厅的布景传递给顾客、新员工和现有员工。

公司的设备的摆设、员工的衣饰、高级经理被分派的座车等，都是实体标识的例子，其他还包括办公室的大小、家具的高贵与否、是否有员工休息室和内部餐厅，以及是否为特定员工提供预留停车位等。这些实体标识皆可传达出谁是公司的重要人物，管理者希望看到的员工穿着，以及什么才是合适的行为。

12.5　保持与改变一种组织文化

1. 保持组织文化

一旦建立了文化，组织自然就想要保持和加强它，如何保持和加强呢？这涉及管理层人力资源部门的职责，以下3种管理行为对保持文化起到相当重要的作用。

1）甄选制度

在招聘时，经理们通常能够发现不止一个适合工作要求的候选人，最终的选择则是考虑重要的、但难以捉摸的因素，即候选人能否适应该组织。考虑到其价值观必须与组织的价值观相一致才会聘用此候选人。同时候选人如果感觉不太合适，他们可能离开求职队伍而进行自我选择。所以选择是双向的，而且组织可以进一步淘汰那些与组织核心文化不相符合的人。

宝洁公司品牌管理最低职位的申请者需要通过漫长的申请和甄选过程。面试官是公司智囊团，专门进行甄选活动，通过讲座、影片、面试试验和角色扮演等活动，来确保他们找到适合宝洁的员工。应征者将受到多方面的考验，如完成大量杰出工作的能力，发现和理解问题的能力，以及做出合理结论从而指导行动的能力。宝洁重视理性，希望找到理性思考的员工。因此，通过各种测试来证实应聘者是否拥有与宝洁成功工作密切相关的特点。

2）最高管理层的行为

高级主管的行为对组织的文化起主要的影响。他们的言行为员工建立了标准，如需要冒多大的风险、管理层允许员工自由的程度、哪些行为可获得加薪和升职。

1961—1968年，时任公司首席执行官的威尔逊以其十足的干劲和企业家精神，使得公司利用914复印机（美国历史上最成功的产品之一），取得惊人的业绩增长。在威尔逊的领导下，施乐公司拥有创业的环境，以及友爱、创新、大胆、冒险的企业文化。阿莱尔在任施乐公司执行官期间，希望保持施乐的文化，他对公司进行重组，统一产品开发和制造分公司，用外来人才替换了半数以上的管理高层。他希望塑造"创新思维"和"积极进取"的组织文化。

3）社会化的方法

组织也会帮助员工适应他们的文化，如告知员工哪些行为是组织提倡的，让他们逐渐适应其新角色、被同事接受，并相信他/她了解这个"体系"。尽管作用不太明显，但这些活动在员工的整个职业生涯中都在发挥作用。

以星巴克为例，该公司总共有两万多员工，每一个员工在工作的第一周都要参加一系列正式的课程。这种培训一开始介绍公司的历史，接下来的环节将传授如何煮一杯完美的咖啡。这个过程包括每星期采购新的咖啡豆，使用什么类型的水适宜，以及千万不要把咖啡放在热盘子里超过20分钟等技巧。在这里，新员工学会怎样加热制作拿铁所需的牛奶，如何清洗咖啡机，如何用正确方法装入一磅重的咖啡，甚至学习如何向有疑问的顾客解释"星巴克"这种意大利饮料的名字。一位官员指出，公司的社会化活动培养员工很好地精通公司文化并理解经理对"提升咖啡经验"的成见。

再如，日本三洋公司的新员工需要参加为期5个月的密集培训（培训生在公司租赁的宿舍同吃同住，并且要求一同到公司拥有的度假地去休假）。在此期间，他们学习三洋的行事方式，包括如何与高层对话，以及恰当的衣着打扮等。三洋认为这项密集型训练计划非常重要，可以塑造刚毕业的年轻员工成为"公司战士"。

一个组织的文化通常需要很长时间去建立，一旦形成很难改变。在进行文化建设的过程中，高层管理人员通过自行的行为以及其他方法和手段来加强它，文化就有了勃勃生机。当组织认为特定的文化不再合适，管理层经常会发现，在短期内几乎不可能做些什么，即使在最适宜的条件下，改变文化也至少需要几年而不是几周、几个月就能实现。

2. 改变组织文化

怎样才能促进文化的改变呢？单靠一项行动是不可能成功地改变一种根深蒂固的文化的，因此需要做一个详尽而协调一致的计划。

1）进行文化分析

首先，要做一次文化审核以评估现行的文化；然后，对比现在的文化和想要建立的文化；最后，根据评估差距即可鉴别哪些文化因素需要改变。

2）制造紧迫感

管理部门必须让员工清楚地认识到如果不进行改变，组织的生存就有风险。如果员工不能看到改变的紧迫性，就可能会对革新无动于衷。

3）任命一位有远见的革新代理人

任命一位新的高级执行官会夸大即将发生的重大变化。新领导可能会提出新的角色模式、新的视点和新的行为准则。最理想的是这位新领导很快开始引入其新的观点并配备具备同样坚定信念的人担任主要管理职位。

4）创造次要的决定性因素

新的领导者也希望创造新的故事、标志、惯例或者以语言方式取代以前那些向员工表达组织主导价值的事物。这些新的因素必须很快替代旧事物，以使旧的文化与新领导没有关联。最后，管理者需要改变选拔、社交、评估和奖励体制以支持采用新文化价值的员工。

比较成功的文化转型的案例包括通用电器、IBM，这些转型持续了4~10年的时间，领导文化改变的领导者都必须是外来的：或者是从公司以外引入的，或者来自于不在公司总部的其他部门，而且所有领导者都要意识到公司的危机而试图创造一种气氛来开始他们的新工作。

思 考 题

1. 许多心理学家指出了工作扩大化的好处，即任务的指派使个人感觉工作变得更有意义，对工作也更有兴趣。假使管理人员希望限制任务的专业性，并"扩大"工作，那么，他们能在这样做的同时仍能应用基本的组织原则吗？

2. 以自己熟悉的某个企业为例，阐述其组织文化中的一些优点和缺陷。

3. 以自己了解的某一组织为例，讨论该组织的文化，并思考它的文化有助于还是阻碍该组织实现其目标？以何种方式？

4. 阐述组织文化的单个方面是如何凌驾于其他方面之上，并塑造组织的？

5. 学校的外观以及教室内的实体标识如何体现了学校的文化？

6. 搜集一份自己感兴趣的大型组织的相关资料，列出组织内部使用的、使其成员和组织与别的组织相区别的行话。

7. "你无法改变一个组织的文化。"建立支持这种说法的论据，然后否定你的论据。

8. 根据发生在一个企业中的经典故事来阐述其如何影响组织的文化？

案例资源1

西南航空公司的企业文化

美国西南航空公司创建于1971年，当时只有少量顾客和一小群焦急不安的员工，现在已成为美国第六大航空公司，拥有1.8万名员工，服务范围已横跨美国22个州的45个大城市。

1. 总裁用爱心管理公司

现任公司总裁和董事长的赫伯·凯勒，是一位传奇式的创办人，他用爱心(LUV)建立了这家公司。LUV说明了公司总部设在达拉斯的友爱机场，LUV既是他们在纽约上市股票的标志，又是西南航空公司的精神。这种精神从公司总部一直感染到公司的门卫、后勤人员。

当踏进西南航空公司总部大门时，你就会感受到一种特殊的气氛。一个巨大的、敞顶的三层楼高的门厅内，展示着公司历史上值得纪念的事件。当穿越欢迎区域，进入把办公室分列两侧的长走廊时，你就会沉浸在公司为员工举行庆祝活动的气氛中——令人激动地布置着数百幅配有镜架的图案，镶嵌着成千上万张员工的照片，歌颂内容有公司主办的晚会和集体活动、垒球队、社区节目以及万圣节、复活节，早期员工的一些艺术品，连墙面到油画也巧妙地穿插在无数图案中。

2. 公司处处是欢乐和奖品

公司到处可以看到奖品。饰板上用签条标明心中的英雄奖、基蒂霍克奖、精神胜利奖、总统奖和幽默奖(这张奖状当然是倒挂着的)，并骄傲地写上了受奖人的名字，甚至还可以看到"当月顾客奖"。

当员工们轻松地迈步穿越大厅过道，前往自己的工作岗位时，到处洋溢着微笑和欢乐，谈论着"好得不能再好的服务""男女英雄"和"爱心"等。公司制定的"三句话训示"挂满了整个建筑物，最后一行写着："总之，员工们在公司内部将得到同样的关心、尊敬和爱护，也正是公司盼望他们能和外面的每一顾客共同分享。"有人也许会想：是不是走进了好莱坞摄影棚里？不！不！这是西南航空公司。

这里有西南航空公司保持热火朝天的爱心精神的具体事例：在总部办公室内，每月做一次空气过滤，饮用水不断循环流动，纯净得和瓶装水一样。

节日比赛丰富多彩。情人节当天有最高级的服装，复活节有装饰考究的节日彩蛋，还有女帽竞赛，当然还有万圣节竞赛。当每年一度规模盛大的万圣节到来时，他们把总部大楼全部开放，让员工们的家属及附近小学生们都参加"恶作剧或给点心"游戏。

公司专为后勤人员设立"心中的英雄"奖，其获得者可以把本部门的名称油漆在指定的飞机上作为荣誉，为期一年。

3. 透明式的管理

如果你要见总裁，只要他在办公室，你可以直接进去，不用通报，也没有人会对你说："不，你不能见他。"

每年举行两次"新员工午餐会"，领导们和新员工们直接见面，保持公开联系。领导向新员工们提出问题："你认为公司应该为你做的事情都做到了吗""我们怎样做才能做得更好些""我们怎样才能把西南航空公司办得更好些"……员工们的每项建议，在30天内必能得到答复。一些关键的数据，包括每月载客人数、公司季度财务报表等员工们都能知道。

"一线座谈会"是一个全日性的会议，专为那些在公司里已工作了10年以上的员工而设。会上副总裁们对自己管辖的部门先做概括介绍，然后公开讨论。题目有："你对西南航空公司感到怎样""我们应该怎样使你不断前进并保持动力和热情""我能回答你一些什么问题"……

4. 领导是朋友又是亲人

当你看到一张赫伯和员工们一起拍的照片时，他从不站在主要地方，总是在群众当中。赫伯要使每个员工知道他不过是众员工之一，是企业合伙人之一。

上层经理们每季度必须有一天参加第一线实际工作，担任订票员、售票员或行李搬运工等。"行走一英里计划"安排员工们每年一天去其他营业区工作，以了解不同营业区的情况。这种不同于日常工作的、变换了形式的公务旅行鼓励了更多员工参加此项活动。

为让员工们对学习公司财务情况更感兴趣，西南航空公司每12周给每位员工寄去一份"测验卡"，其中有一系列财务上的问句，答案可在同一周的员工手册上找到。凡填写测验卡并寄回全部答案的员工都登记在册，有可能得到免费旅游。

这种爱心精神在西南航空公司内部闪闪发光，正是依靠这种爱心精神，当整个行业在赤字中跋涉时，他们连续22年有利润，创造了全行业个人生产率的最高纪录。1999年有16万人前来申请工作，人员调动率低得令人难以置信，连续3年获得国家运输部的"三皇冠"奖，表彰他们在航行准时、处理行李无误和客户意见最少3方面取得的最佳成绩。

（资料来源：西南财经大学精品课程网站.）

思考题

1. 西南航空公司的企业文化是什么？
2. 赫伯在创建西南航空公司的企业文化中起到了什么作用？

案例资源2

迅捷的企业文化

在成都,最大的手机零售地在太升南路,几乎所有的手机零售商和运营商都在这条路上开了店。然而几个月前还各商家林立的太升南路,现在竟开了好多家"迅捷",包括迅捷旗下的"泰立"在内,短短 100 米竟有三家迅捷!难怪有人戏称"太升南路已经变成了迅捷一条街了"。迅捷的飞速发展令人惊叹,人们也不禁对它十分好奇,迅捷有什么样的企业文化在支撑其飞速发展呢?

1. 学习文化

1997 年,成都迅捷通信有限公司成立的时候还是一家默默无闻的小公司;2004 年,迅捷集团公司成立,迅捷的连锁营业厅达到了 11 家之多;2005 年,迅捷已经在西安、云南开了几家分店,员工总人数超过 3000 人。

短短几年的时间,迅捷公司的飞速发展连他们自己的员工也感到意外。几个月前才听说领导有意要去云南开店,现在连装修都已经做好,就等着招聘好人员开张迎客了。有的员工讲,在迅捷工作会使人有一种热情,自己眼看着公司发展越来越快、新店越来越多,自己工作也特别努力。

当迅捷不断扩张自己的版图时,必然要求自己的员工能随之成长。许多有才能的员工便能得到大幅晋升的机会。迅捷有几家分店的店长都是从普通的销售员提拔上来的,他们的奋斗史在公司里广为流传。对于其他的员工而言,他们就是最好的榜样。大家也自然会对未来有这样的预期:"只要有能力就能得到赏识","在迅捷工作能有所成就的机会很多"。这种预期对员工的激励作用是巨大的,而当每个员工都抱有这样的预期时,整个公司便形成了一种努力学习、追求进步的氛围。

迅捷也采取了措施促进员工的发展,保持学习的氛围。针对新员工、在职员工、新晋员工、管理员工等不同类型的员工设计了不同的、有针对性的培训方式,如授课、外派学习、军训、模拟训练等。新晋升的员工也会得到适当培训。据了解,迅捷每年花在培训上的经费都有几十万元,而且近几年的增长幅度特别大。不管是投入经费的多少还是培训课程的设计,都可以说迅捷走在了四川通信业队伍的前面。这种投资所带来的回报也是有目共睹的,通过培训,使员工的思想意识、技能技巧、团队意识得到了提高,也提高了员工的工作水平,树立了良好的公司形象,还进一步促进了员工的学习热情。

办公桌上摆着一两本参考书并不特别,但如果整个办公区每个人都有这样一两本书,休息时间、工作之余都在安安静静地学习,真让人觉得这个公司很特别。在迅捷就是这样,人们会感受到良好的学习氛围,员工都不会满足于现状而是在为努力提升自己争取机会。迅捷的"学习"文化在不知不觉中已经建立起来,并支持着公司的发展。

2. 敬业文化

毫无疑问,领导者的思想、行为会影响高层的行为,进而影响到所有员工的态度乃至行为,从而必定会影响企业的文化。更何况迅捷是一家私营企业,老板的创业历程、对人对事的态度甚至个人偏好都对整个公司有很深远的影响。

迅捷的员工一谈到老板就有一种由衷的钦佩，佩服这个很年轻就出来闯天下、对自己要求很严格的老板。老板黄欣先生22岁就自己创业，他是一个非常敬业的人，今天的成功就是自己勤勤恳恳、不断努力的结果。因此他不但对自己要求十分严格、对下属也是如此。公司的上层领导也基本上都是和老板一起打天下的得力干将，深受老板的影响。这样从上到下，渐渐在企业里形成了一种"敬业"的文化。

迅捷人的敬业使他们创造了"十五天隆重开业"的奇迹，2003年11月12日，成都迅捷总公司领导率领集团骨干进驻西安，在钟楼饭店开始招兵纳贤，拉开了西安迅捷公司进驻西安的序幕，11月15日，第一批西安迅捷员工开始了为期半个月的培训，在这短短的半个月时间里，迅捷人一边忙于培训专业知识和服务礼仪，一边忙于卖场的装修。11月28日，西安迅捷专业手机城正式成立并开始试营业。短短15天，迅捷人便以惊人的速度完成了别人几个月才能完成的工作，这也在西安手机市场被称为神话。

一进入成都迅捷集团办公区，就会感到一种无形的压力，这里的每个人都在勤勤恳恳地工作，不免让人产生一种错觉，以为是身在深圳而不是成都。午餐时间，迅捷公司依然忙忙碌碌，好多员工都是干完了手中的活才出去吃饭，回来又投入工作中。一旦有工作做不完，大家也都会自觉地加班；时间一长，能够准时下班反而稀奇。由于是以零售业为主，必须随时有人在岗接待客户，所以迅捷的员工假期很少，即使休假也是轮休一天或半天。经理等重要职位的就更是难得放假。可是员工们还是一如既往地勤奋工作着，这种勤奋渐渐地变成了一种习惯，一种自觉，融入了员工们的工作之中。

3. 亲情文化

作为一家以零售为主的企业，销售当然是最主要的工作，服务是最重要的环节。迅捷非常重视员工服务素质的培养和服务理念的创建，他们更是在企业中形成了一种亲情的服务文化。

"把顾客当做亲人"是迅捷一贯坚持的服务理念。像对待亲人一样对待客户，迅捷打造着其"亲情服务"的品牌。每天早上八点五十分，人们总能看到迅捷文化宫店的销售员在店外集合唱公司之歌、伴着"感恩的心"跳哑语舞。然而，要把顾客当做亲人，首先要使员工有归属感、有凝聚力，员工之间也好似亲人，不然谁会用心服务、真的把顾客当做亲人呢？

迅捷正在努力地构建并维系这样一种"亲情"文化。迅捷的销售员都是分柜台组成团队的，比业绩也好，参加活动也好，一个人的表现关系着大家的荣辱甚至利益。团队之间相互竞争，一个月评比一次，销售业绩最好的就能占据最好的位置。员工在这样长期合作互助的工作中渐渐形成了有凝聚力的一个群体。每逢春天公司也会组织员工去春游；封闭培训中以团队为单位进行爬山、过独木桥等比赛使员工之间维系着很好的感情，在这里工作"让人觉得舒服""感觉和在家一样"。有许多员工都说，如果要离开这里，最舍不得的是同事之间的感情，大家就好像一家人一样。

在迅捷还有个惯例，每当过年的时候，公司会给每个员工家里寄去总裁亲自签名问候的卡片，表扬员工工作努力、感谢家长的培养。这给员工的家人带去的不仅是问候，也是放心、是骄傲。有员工过生日了，都会收到由总裁签名的生日卡片。尽管只是很小的一件事情，却能带给员工一种家的感觉。正是从这些小事中培育起的亲情文化，提高了企业的向心力和士气，降低了员工流失率，使迅捷能够留住人才，与人才共同发展，保持了迅捷独有的"亲情"文化。

（资料来源：西南财经大学精品课程网站.）

思考题

1. 迅捷的企业文化是什么?其特色是否与其所在行业特点有关?为什么?
2. 迅捷的企业文化给员工和公司分别带来哪些影响?
3. 企业领导(老板)对于一个企业文化有什么样的影响?是怎样形成这种影响的?作为一个老板,应该怎么样做才能促进形成对公司有利的企业文化?
4. 迅捷的企业文化是否还有弊端?为什么?

第4篇 领导工作

第 13 章 领导概述

学习目标

学完本章节，应该了解以下要点：
1. 领导的定义、实质和手段；
2. 领导的构成要素；
3. 领导的特质理论、行为理论和情境理论的主要观点；
4. 当代领导方式的一些新成果；
5. 学会一些基本的发展领导技能的技巧。

**引导案例**

看球赛引起的风波

金工车间是该厂唯一倒班的车间。一个星期六晚上，车间主任去查岗，发现上二班的年轻人几乎都不在岗位。据了解，他们都去看现场转播的足球比赛了。车间主任很生气，在星期一的车间大会上，他一口气点了十几个人的名字。没想到他的话音刚落，人群中不约而同地站起几个被点名的青年，他们不服气的异口同声地说："主任，你调查了没有，我们并没有影响生产任务，而且……"主任没等几个青年把话说完，严厉地警告："我不管你们有什么理由，如果下次再发现谁脱岗去看电视，扣发当月的奖金。"

谁知，就在宣布"禁令"的那个周末晚上，车间主任去查岗时又发现，上二班的竟有 6 名不在岗。主任气得直跺脚，质问班长是怎么回事，班长无可奈何地掏出 3 张病假条和 3 张调休条，说："昨天都好好的，今天一上班都送来了。"说着，凑到主任身边劝道："主任，说真的，其实我也是身在曹营心在汉，那球赛太精彩了，你只要灵活一下，看完了电视大家再补上时间，不是两全其美吗？上个星期二班，为了看电视，星期五就把活提前干完了，你也不……"车间主任没等班长把话说完，扔掉还燃着的半截香烟，一声不吭地向车间对面还亮着灯的厂长办公室走去……

（资料来源：中华管理学习网.）

思考题
1. 车间主任会采取什么举动？
2. 你认为二班年轻人的做法合理吗？
3. 在一个组织中如何采取有效措施解决群体需要与组织目标的冲突？
4. 如果你是这位车间主任，会如何处理这件事？

13.1　领导的概念

领导的概念如下。

（1）领导的定义：影响人们心甘情愿和满怀热情地为实现群体的目标而努力的艺术和过程。

热忱是在工作中表现出来的旺盛的热情、诚挚和投入；信心则反映了经验和技术技能。领导者的作用在于通过最大限度地发挥其领导能力帮助群体尽其所能地实现目标。领导者不是站在群体的后面推动和激励他们，而是要置身群体之前，带领群体进步，鼓励群体为实现组织目标而努力。

（2）领导实质上是一种对他人的影响力，即管理者对下属及组织行为的影响力。领导的基础是下属的追随与服从。

（3）领导手段：指挥、激励和沟通。

13.2　领导的构成要素

1. 权力

构成领导的第一要素是权力，即影响他人的能力。这个定义暗含了一种"依赖"关系，大家都看过电影"教父"，电影中的教父不必真正扣动扳机就能让别人服从他的命令，因为被命令的人知道必须按照他的要求做事，否则他的日子不会好过。甲方的利益越多地依赖乙方，则乙方在相互关系中拥有的权力越大。比如说，如果你的上司有权力解雇你，而你又确实需要你的工作来获取报酬，维持生存，而且你认为不可能找到比目前更好的工作，那么你的上司可能对你有相当大的权力。目前最常用的对权力的解释之一是对组织中领导权力的5种潜在来源的论述。这5种权力包括以下几个。

（1）合法权：指挥下属并使之服从的权力。员工有义务服从这种权力。例如，有一位管理者命令其下属放弃一个冒险决定，该下属通常会听从命令，因为他不得不服从老板的权威。

（2）奖励权：具有奖励权的领导者可以有效地影响别人，因为他控制着有价值的奖赏，为了得到这些奖赏，人们就会遵从领导者的意愿。例如，管理者努力工作以便达到他的绩效目标，从而他就能获得正面的评价以及加薪。

（3）强制权：具有强制权的领导者拥有对惩罚的控制，人们为了避免惩罚而服从。

（4）模范权：具有模范权的领导者，拥有独具魅力的个性特点，人们因为羡慕、赞同、个人喜好等而愿意服从。年轻的雄心勃勃的领导者会积极学习成功的有魅力的上级的工作习惯和个人风格，如克莱斯勒的前任总裁李·亚科卡、通用电器的杰克·韦尔奇以及微软的比尔·盖茨等，他们都是有典型模范权的领导者，人们会像崇拜偶像那样去崇拜他们。

（5）专长权：具有专长权的领导者拥有某种专长或知识，如销售经理会给销售人员一些建议以做成某种交易。

2. 对人要有最基本的了解

任何领导者如果懂得激励理论的现状和理解激励的要素，那么，他就能更多地理解人的需要的性质和程度，也就能界定和设计满足这类需要的方法并加以管理，以期达到理想的反馈效果。

3. 激发追随者竭尽全力从事某项工作的能力

领导需要有魅力和感召力，使追随者产生忠诚度、奉献精神和强烈的实现领导意图的意愿。

4. 设计并维持绩效增长的工作环境

13.3 领导风格的传统理论

1. 特质理论

如果询问普通人，在他们心目中领导是什么样的，可能会得到一系列的品质特征，如智慧、领袖魅力、决策力、热情、实力、正直和自信等。这些回答反映出领导的特质理论的本质。这种理论认为领导者具备一些与生俱来的特质和一些独特的个性。研究者们通过对一些历史上的伟大人物诸如拿破仑、丘吉尔、圣雄甘地、马丁·路德·金等的研究发现，他们各自表现出全然不同的特点，似乎并没有什么相同的地方。

但在考察与领导高度相关的特质的研究中却获得了成功。研究者发现，虽然没有哪一种特性可以确保领导者取得成功，但某些性格特点还是具有潜在的作用。

领导者有6项特质不同于非领导者。这6项特质分别是进取心、领导愿望、正直与诚实、自信、智慧和与工作相关的知识（有效的领导者对于公司、行业和技术事项拥有较高的知识水平，广博的知识能够使他们做出富有远见的决策，并能理解这种决策的意义）。但总的来说，用领导特质理论来解释领导行为不能说是一种富有成效的方法，因为并非所有领导者都具备这些特质，而且许多非领导者也可能具备其中的大部分或全部特质。另外，特质理论对人们应该具备的任何品质要达到多大程度，也没能提供有益的指南。

2. 行为理论

如果说特质理论是对领导者的性格特征进行的研究，那么行为理论则试图通过对优秀领导者行为的独特之处进行研究，从中发现一些有规律可循的行为。

领导行为的3个方面受到了特别的重视：任务绩效、群体维系以及下属在决策时的参与程度。

任务绩效行为（又称员工关系导向）就是领导者努力确保组织或工作单位实现具体的目标。这些目标包括关心生产、工作的进度、质量、产量和准确性等。群体维系行为则是指领导者采取措施以确保组织成员的满意度，保持和发展默契的工作关系并保持群体的社会稳定性。这些行为包括关心员工，关注员工的个人发展，对员工的优秀行为给予赞扬和激励。决策参与是指领导者让其下属参与决策的程度如何，根据员工参与决策的程度，领导行为可分为专制和民主。

领导者的行为直接影响员工的态度和绩效，这取决于领导风格，而界定领导风格的方法之一是管理方格图。管理学研究者发现，既关心生产又关心员工对一名领导者来说具有重要意义。方格图形象地表述了对生产和对人的关注维度的不同会对领导风格产生什么样的影响。

尽管在管理方格图中存在 81 种类型，但研究者主要阐述了 5 种最具代表性的类型。

贫乏型：领导者付出最小的努力完成工作。

任务型：领导者只重视任务效果而不重视下属的发展和下属的士气。

俱乐部型：领导者只注重和关怀下属而不关心任务效率。

中庸之道型：领导者维持足够的任务效率和令人满意的士气。

团队型：领导者通过协调和综合工作相关活动而提高任务效率与下属的士气。

研究者从对上述管理类型的比较中发现：在管理方格图所展示的 81 种类型中，团队型管理风格的管理者工作状态最佳。

像特质理论一样，行为理论也有它的局限性，行为理论缺乏的是对影响成功与失败的情境因素的考虑。试想如果拿破仑出生在和平时期，他还能成为法国历史上最伟大的英雄吗？如果没有第二次世界大战，还会成就巴顿将军的业绩吗？人们常说时势造英雄，但行为理论似乎没考虑到造就英雄的这些情境因素。

3. 情境理论

领导者风格与有效性之间的关系表明，X 风格在 A 条件下恰当可行；Y 风格则更适合于条件 B；Z 风格适合于条件 C。但是，条件 A、B、C 到底是什么呢？领导的有效性取决于情境只是问题的一个方面，重要的还要能分离出这些情境。一些分离情境变量的方法被证明比其他方法更为成功，也因此获得了广泛认可，这里主要介绍 3 种。

1）菲德勒模型

此种理论认为，有效的群体绩效取决于与下属相互作用的领导者的风格和情境对领导者的控制和影响程度之间的合理匹配。菲德勒开发了最难共事者问卷，让答卷者回想自己共事过的所有同事，并找出最难共事者，如果答题者把最难共事的同事描述得比较好，则认为他是关系取向型，相反，则称为任务取向型。这种类型表明这位领导者可能主要感兴趣的是工作。当然，也有一小部分人处于两者之间。这种理论还认为，一个人的领导风格是固定不变的，这意味着如果情境要求任务取向的领导者，而在此岗位的却是关系取向型领导，要想达到最佳效果，则要么改变情境，要么替换领导者。

菲德勒还列出了 3 项权变因素用以确定决定领导有效性的情境。

领导者－成员关系：领导者对下属信任、信赖和尊重的程度。费德勒认为这是最重要的因素。

任务结构：任务细分和人员职责划分的清晰程度，工作明确，工作绩效的质量就能加以控制，并能更确切地划分群体成员承担绩效的责任。

职位权力：领导者拥有的权力大小。

在确定了领导风格后，下一步就是根据这 3 项权变变量来评估情境。领导者－成员关系或好或坏，任务结构或高或低，职位权力或强或弱，3 项权变变量综合起来，便得到 8 种不同的情境或类型，每个领导者都可以从中找到自己的领导风格，如任务取向的领导者在非常有利和非常不利的情境下会工作得更好。

菲德勒根据他的调查研究得出了一些有趣的结论。尽管他认识到人的知觉可能是不清晰的，甚至是十分不准确的，但他发现下述情况却是真实的：领导工作的绩效取决于组织，在同样程度上也取决于领导本人的品质,说成功的领导者或不成功的领导者是没有意义的。因为有些领导者在某一种情境是成功的,而在另外的情境也许是不成功的。如果人们希望提高组织和群体的有效性,那么,不仅必须学会怎样培训领导者,而且必须学会怎样构建一个使领导者能够在其中很好地履行职能的组织环境。

2)赫塞-布兰查德的情境理论(领导生命周期理论)

此项理论认为,依据下属的成熟度水平选择正确的领导风格会取得领导的成功。成熟度即个体对自己的直接行为负责任的能力和意愿。它包括两项要素:工作成熟度和心理成熟度。前者包括一个人的知识和技能,工作成熟度高的人拥有足够的知识、能力和经验,可以完成他们的工作任务而不需他人的指导。此项理论定义了成熟度的4个阶段,并为此制定出4种具体的领导风格。

(1)第一阶段:员工对于执行任务既无能力又无意愿,他们既不胜任工作又不能被信任,因此,采取的领导风格应该是指示(高任务-低关系),即领导者制定任务,告诉下属应该干什么、怎样干以及在何时地去干。

(2)第二阶段:员工缺乏能力,但却愿意从事必要的工作任务。他们有积极性但目前尚缺乏足够的技能。因此,采取的领导风格应该是说服(高任务-高关系),领导者同时提供指导性的行为与支持性的行为。

(3)第三阶段:员工有能力却不愿意做领导者希望他做的工作。因此,采取的领导风格应该是参与(低任务-高关系),领导者与下属共同决策,领导者的主要角色是提供便利条件与沟通。

(4)第四阶段:员工既有能力又愿意做让他们做的工作,因此,采取的领导风格应该是授权(低任务-低关系),领导者提供极少的指导和支持。

3)途径-目标理论

该理论认为领导者的工作是帮助下属达到他们的目标,并提供必要的指导和支持以确保各自的目标与组织的总体目标相一致。有效的领导者通过指明实现工作目标的途径来帮助下属,并为下属理清各项障碍和危险,从而使下属的工作更为容易。同时通过实现绩效目标者的收益来增加个人满意的机会。

途径-目标理论的关键要素是:①追随者的个人特征;②环境压力和追随者达到工作目标的需求。根据这些关键要素产生的相关的领导行为包括4种,如图13.1所示。

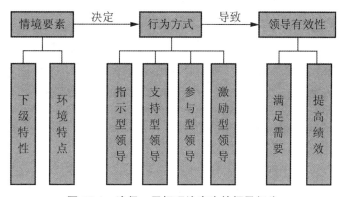

图13.1 途径-目标理论产生的领导行为

（1）指示型领导，给予下级具体的指导，明确对下属的期望和要求，此种领导行为适合于针对能力不强同时缺乏自信的下属。

（2）支持型领导，考虑到下属的需要，对他们的切身利益表示关切，同时，努力营造和谐的组织氛围。当下属受到挫折和工作不满意时，这类领导行为对下属的绩效影响最大。

（3）参与型领导，允许下属对他们的决策施加影响，这样可能会提高激励效果。

（4）激励型领导，即激励人们的行为，如设置挑战性的目标，并对出色的行为予以奖励。

13.4　当代领导方式研究的新成果

1. 领袖魅力型领导

领袖魅力型领导是一种靠领导者个人魅力团结带领组织成员去实现目标的领导方式。人们给魅力下了这样一个定义：魅力是指远远超出一般的尊重、影响和信任的，对追随者的情感具有震撼力的一种力量。

根据上述定义，有魅力的人是一个偶像化的英雄，富有领袖魅力的领导者将多个理想化目标结合起来。马丁·路德·金有一个对更美好世界的梦想，肯尼迪宣称要把人类送上月球。富有领袖魅力的领导者还唤醒了兴奋和冒险意识。他们都是富于雄辩的演讲者，显示出高超的语言技巧，而这种技巧能够帮助他们传递憧憬，鼓舞群众。

拥有这些品质的领导者能激发追随者的信任、信心、接受、服从、同喜同悲、钦佩及更高的工作效率。

2. 变革型领导

变革型领导是一种敢于突破传统，坚持创新，善于鼓动的领导方式。变革型领导把远景变成了现实，使人们为了群体而超越个人利益。

变革型领导通过3种方式来制造兴奋点。第一，他们富有领袖魅力。第二，他们对追随者给予个性化的关注。他们把挑战性的工作托付给值得托付的人，增加人们的责任感。保持畅通的沟通渠道，为发展下属提供一对一的辅导。第三，变革型领导是智慧激发者。他们唤醒追随者对问题和潜在的解决方案的认识。他们用清晰的语言表达组织的机遇、威胁、强项与弱项。他们引发设想，创造洞察力。

变革型领导者由4种技能或战略要素构成。第一，变革型领导者拥有一个吸引人注意的远景；第二，传达他们的远景；第三，通过一致、可靠和坚韧来建立信任；第四，他们拥有一个积极的自我认识。例如，亨利·福特实现了自己的远景——人们都能买得起的、大规模制造的汽车，乔治·巴顿将军改变了第三军，李·艾柯卡带领克莱斯勒从破产的边缘走向成功。

3. 后英雄时代领导

后英雄时代领导是指通过不断拓展组织成员的能力，树立群体成员的英雄意识，使有效领导渗透于整个组织的一种领导方式。

后英雄时代领导的工作是组织各处拓展的领导能力：让人们对自己的行为负责。创造一个人人都能发现需要做什么并做好的环境，指出方法，点明途径使人们能够成功，给他们应得的信任，从他们中树立英雄。这需要领导者去引导与发展每个人的能力，去竞争、挑战每个人，去不断提高他们的能力，去做出更大的贡献。

因此，领导者必须能想象出何为伟大，并且采取行动去实现它，更要期望组织中的其他人也能同样做。让每个人都像一个企业家一样思考，每个人都能够像企业家一样采取行动。

13.5 发展你的领导技能

在进入下面的章节之前，先做一个简单的测试，评估个人的领导素质和潜能。

自我评估：你是否具有领导的素质和潜能

（1）使领导高兴是比其他工作都重要的事情。
（2）对权力的需求和渴望是很普遍的。
（3）礼貌是让别人为你工作的最有效的手段之一。
（4）权力和政治是多数组织取得成果的基础。
（5）管理者要公平对待下属。
（6）在公平的组织中，人们会成功和进步。
（7）对下属所犯的错误进行批评是必要的和有效的。
（8）保留我的观点和相关事实去附和持有不同成见的人将会背弃我的诚实和正直。
（9）待人诚恳，即使是我不喜欢的人，这是和工作一样重要的事情。
（10）我不必用溜须拍马使人与我合作或只在别人付了钱后才去工作。
根据以下答案给自己评分。
（1)对；（2)对；（3)对；（4)对；（5)错；（6)错；（7)对；（8)错；（9)对；（10)错。

0~3分：你对组织的政治权术的看法还很幼稚，人们会利用你。

8~10分：你绝对是权力型的，你可能在行使权力时很粗暴，而且可能无法容忍其他毫无反抗的人的一丝压力。你甚至可能就为了获胜而把普通问题变成不必要的对抗。

4~7分：你不太固执，在使用你的权力时趋向与别人合作或适度的竞争，这些取决于你对形势的理解。你不介意对抗，但通常不想挑起对抗。

针对上述测评情况，对于提升领导技能，提出如下建议：
（1）根据组织目标形成自己的主张。在损害组织利益的情况下增加个人利益的人几乎是人人谴责的，他们可能会丧失影响力，当时机成熟时可能最终被组织驱逐出去，因此你的主张应该强调能增加组织的利益。
（2）树立正确的形象。确定所在组织注重的并希望从管理者那里得到的事物，然后通过适当的美化来进行形象塑造，应用适宜的领导风格来设计满意的形象。

一些著名的领导者经常通过一些行为来塑造自己的形象。例如，有一些政治领袖经常采用的方式就是亲吻、拥抱孩子，或到医院看望并拥抱艾滋病或其他严重病症患者以树立自己的亲善形象。杰克·韦尔奇聘用了公共关系专业企业的公关专家为其塑造和润饰形象。他通过买进卖出大量企业而再塑造了通用电器公司的形象，也因此赢得了自己的声誉。

互动环节：请你谈一谈领袖魅力是一个人天生具有的，还是可以通过后天的宣传来塑造的？你认为企业家有必要这样塑造自己的形象吗？

（3）凸显自己的独特优势。可以通过向你的上司或其他人递上一份工作进程的报告来引起他们对你的注意，让他们发现你的存在，还可以与那些就你的成就给予肯定评论的人结成有力的同盟。例如，克林顿在公众场合吹萨克斯管，其目的是向民众表明自己除了从政外，还具有多方面的才能，从而增加他的领袖魅力。

（4）从你尊敬的上司那里观察并学习一些技巧和方法。

（5）通过承担风险、尝试，并从错误中学习，犯了错误后，换种方法再试。

（6）大量的实践。

（7）有目的地与他人合作，共同完成目标。

（8）担任某项他人所依赖的要负责的职位。

要脱离"自在范围"。不要试图找到和仍然待在舒适的、没有挑战性的环境里，而应该进入、创造、直面那些需要你适应与改变的环境。这是最佳学习方法，也是很多成功领导者经常采用的方法。

思 考 题

1. 阐述一位有效的领导者的特性和技能。
2. 简述男性领导和女性领导的风格的不同之处。
3. 你认为自己适合做领导者吗？如果你作为领导者，自己的优势和劣势分别在哪里？
4. 请说你对以下一些关于权利与获胜的表述的理解和感想："只有一个赢家""枪杆子里出政权""不能完全相信任何人""绝对的权力产生绝对的腐败"。
5. 三国时期的曹操、刘备、孙权分别是何种类型的领导？对他们如何评价？
6. 领导者是否需要熟悉并精通其所管理的各方面业务，具备专长权？
7. 领导者可以通过哪些途径及方法来获得对人和事的了解？
8. "兵熊熊一个，将熊熊一窝。"请谈谈对这句俗语的理解。

案例资源1

两个幻想家的传略：比尔·盖茨和史蒂夫·乔布斯

两个全心全意地开拓他们愿景的人推动了个人计算机的一场革命。然而，他们所进行的这项探索之路却是不同的。史蒂夫·乔布斯和比尔·盖茨改变了当今世界做事的方法，但是，关于他们领导风格的故事却比苹果计算机和微软公司所取得的成功和创新更引人注目。

比尔·盖茨和史蒂夫·乔布斯：早期

比尔·盖茨与他孩提时代的朋友保罗·艾伦在西雅图的一所名为"湖边学校"的地方开始了其开发计算机技能的生涯。在他14岁的时候，他们两人成立了他们的第一家计算机公司。高中学业结束后，艾伦和比尔离开西雅图前往波士顿，在那里，盖茨去了哈佛大学，而艾伦开始在霍尼韦尔公司谋职。仅在哈佛两年之后，盖茨和艾伦离开波士顿去了阿尔伯克基，在那里为新款的阿塔利8080个人计算机开发计算机语言。该计算机语言后来成了BASIC语言，为1975年创立的合伙制微软公司奠定了基础。

第13章 领导概述

在新墨西哥州立足5年之后，微软公司于1980年移址到华盛顿的伯乐维区，此时，微软已经掌握了BASIC和另外两种计算机语言工具。那一年，IBM公司开始开发它的第一台个人计算机，急需一种操作系统。微软公司为IBM开发了微软磁盘操作系统（MS-DOS），同时，另外两家公司推出了与其竞争的系统。盖茨的坚定决心和与其他软件公司开发MS-DOS操作程序的成功斡旋使得微软系统成为IBM的默认平台。

由于微软公司越来越成功，盖茨意识到他需要友人来帮助管理公司。他的热情、愿景和努力工作是公司快速成长背后的驱动力，但更知道专业化管理的必要。于是，盖茨引进了他在哈佛大学的同学史蒂夫·巴尔默。巴尔默从哈佛大学本科毕业后一直在宝洁公司工作，此时正在斯坦福大学攻读工商管理硕士。盖茨说服了巴尔默离开学校加入微软。多年后，巴尔默成为对盖茨和微软公司都不可或缺的资源。1983年，盖茨继续展示其企业家的魅力，聘用了乔恩·雪瑞利加盟公司。后者整顿了微软公司的秩序，调整了组织结构，与此同时，巴尔默成为盖茨的顾问和强有力的董事。在整个20世纪90年代，微软持续着它的增长和繁荣，通过视窗软件统治着操作系统市场，同时，通过微软办公软件支配着办公套装软件市场。

盖茨认识到，他的角色是给公司提供远景展望，所以他需要专业管理人员来经营微软。他将坚定不移的决心和激情与一个架构优化管理团队结合在一起，造就了当今微软这个全球软件业的霸主。

另一个远景规划者史蒂夫·乔布斯和他的朋友史蒂夫·沃兹尼克，于1976年在加州洛斯阿拉脱斯市乔布斯家的车库中启动了苹果计算机公司。与比尔·盖茨相比，乔布斯和沃兹尼克是计算机硬件专家，始于一个让个人计算机不仅用得起而且简单易用的梦想。当微软将BASIC语言提供给苹果公司时，乔布斯拒绝了，他认为，他和沃兹尼克可以在一个周末就能创造出他们自己版本的BASIC。这就是典型的乔布斯：果断但有时近乎发狂。乔布斯最终同意特许使用微软的BASIC语言，同时继续开发自己的、更便于在个人计算机上使用的友好界面系统。

许多人视乔布斯为盖茨的反对派。与盖茨相反的是，乔布斯是一位先驱者和创造者。乔布斯的目标是用他的计算机来改变世界，他对其员工十分苛刻。乔布斯与盖茨、艾伦和沃兹尼克大相径庭，他不是一个坚定的计算机程序员，他是将个人计算机概念销售给大众的人。乔布斯决定改变苹果公司方向的手段是开发一款使用新的图形用户界面的麦金托什机，并向全世界推出鼠标和屏幕上图形命令符。乔布斯迫使人们在微软——IBM操作系统和他的麦金托什操作系统之间做出选择。起初，乔布斯成为改变计算机世界的愿景展望家，使苹果计算机公司令微软公司相形见绌。伴随这些成功，苹果公司酝酿着一个严重的问题：史蒂夫·乔布斯过于自负，没有将盖茨和微软公司视为苹果公司的一个重大的威胁。

在麦金托什机推放市场不久，乔布斯要求微软为麦金托什操作系统开发软件。盖茨答应了这一要求，并实施了一个复制和改进苹果用户界面的计划。这次冒险的结果是微软视窗系统。

乔布斯的这种傲慢态度和低劣的管理技能成为苹果公司成功的威胁。他从不过问公司的预算问题，与员工关系紧张。沃兹尼克由于与乔布斯意见相左，在麦金托什机推放市场后便离开了苹果公司。1985年，百事可乐的首席执行官约翰·斯库利取代乔布斯，成为苹果计算机公司的总裁和首席执行官。

20世纪90年代见证了微软公司和苹果公司进入了两个截然不同的发展方向。微软公司成为世界上最盈利的公司，使比尔·盖茨成为世界上最富有的人。与此同时，微软视窗系统成为计算机产业的标准操作系统。苹果公司则堕落成为一个细分市场玩家，乔布斯接着创立了 NEXT 公司(一个很小的计算机公司)和 Pixar 影院(推出《玩具总动员》和《一个臭虫的一生》等电影的动感影院)。

世纪之交的微软公司和苹果计算机公司：一个产业巨人和一个东山再起的领导

伴随着视窗、办公应用软件套件和互联网浏览器的成功，微软成为一个家喻户晓的名字，比尔·盖茨被冠以企业天才的美誉。事实上，微软的竞争对手、媒体和美国司法部对微软公司是一个垄断者的指控，更增强了盖茨取得成功的决心。许多人质疑微软公司是否能幸免于美国司法部的裁决。然而，比尔·盖茨已经证明，他是适应动态市场环境和技术变化的大师。

在整个 20 世纪 90 年代，苹果公司则向相反的方向发展。过时的操作系统和锐减的市场份额最终导致了对麦金托什机软件开发的减少。在这紧要关头，史蒂夫·乔布斯于 1998 年重返苹果公司，担任过渡时期的首席执行官。他的愿景再一次催生了创新的麦金托什机，其设计是经典的乔布斯型。早在 20 世纪 80 年代，他便创造了便于操作的麦金托什机以吸引那些使用 IBM 个人计算机和兼容机的人。现在，他又开发了一个简单、时尚和易于上网的计算机，以此为计算机市场增添一些久违的刺激。乔布斯也变成了一个管理者和领导者，他变得更加成熟，听取其专业人员的建议和想法。虽然他是一个过渡时期的首席执行官，但乔布斯卖掉了所有的苹果公司的股票，仅留下一股。甲骨文公司的首席执行官，同时也是苹果公司股东的拉里·艾利森，将乔布斯领导苹果公司的能力归结于此："他虽然只拥有一股苹果股票，但无疑他拥有着整个公司的产品与概念。麦金托什机是他创造力的表现形式，而苹果公司作为一个整体是史蒂夫的形象。这就是为什么尽管他只有过渡时期头衔，但他仍可在苹果公司中坚持很久。"许多人相信，这将使苹果公司起死回生并走上持续成功之路，也将是盖茨和乔布斯之间一场新的争夺战的开始。

（资料来源：［美］海因茨·韦里克，哈罗德·孔茨.管理学——全球化视角［M］.11 版.马春光，译.北京：经济科学出版社，2004.）

思考题

1. 比尔·盖茨和史蒂夫·乔布斯的领导风格有何不同？
2. 对照和比较盖茨与乔布斯在公司管理上的做法。
3. 你认为微软和苹果公司的前景如何？

案例资源2

IBM 公司兴衰的奥秘

IBM 公司在托马斯·沃森的领导下，从 20 世纪 50 年代开始进入电子计算机行业，以其强大的销售服务队伍和每年占销售收入 10% 的研究开发投入，很快地超越先行者(雷明顿兰德公司)，占领了工商界电子计算机市场。20 世纪 60 年代，IBM 公司成功地开发出自我兼容但与其他厂家及以往机器并不相容的 360 大型计算机，狠狠打击了竞争对手，并推动了美国和世界电子计算机市场的迅速扩大。到 1969 年，IBM 取得了年 72 亿美元的营业收入和 9 亿美元的净收益，并以 70% 的占有率近乎垄断了美国的大型计算机市场。

进入20世纪70年代以后,电子计算机市场上出现了来自日本和美国国内的低成本计算机制造商,使IBM的大型机业务受到了日益严峻的挑战。与此同时,靠立足于科研用计算机的市场定位而避开了IBM公司威胁的数据设备公司在1965年率先向市场投放了小型计算机,而"后起之秀"苹果计算机公司则在1977年研制出内存少、没有数据库、速度慢、计算能力差但价格十分低廉的苹果个人计算机,此种产品后来引起了计算机行业的重大革命。与对小型机的迟缓反应(IBM直到1986年才研制出AS/400小型机参与市场竞争)不同,IBM公司任职已7年、即将退休的董事长福兰克·卡里在1986年9月召开的公司经营委员会上力排众议,做出了一项果断而又重大的决策,促成一支由50位富有创新精神的科研人员组成的个人计算机项目小组在不足1年时间内开发出内存和性能远胜于苹果机的IBM-PC计算机,并很快地变成全世界个人计算机行业标准的制定者。到1984年,IBM个人计算机的营业收入达到40亿美元,该数据足以使IBM个人计算机分部成为美国第74大工业公司和仅次于IBM所有其他部门和整个数据设备公司的第三大计算机生产商。从市场占有率来看,IBM个人计算机在1985年占据了工商界市场80%的份额。可是,好景不长。IBM在瞬间发展壮大的个人计算机业务,因为系统配套件的来源主要依靠外购(如微软公司为其提供DOS操作系统,英特尔公司提供中央处理器芯片),不知不觉中为竞争厂家通过仿效追赶而上提供了机会,也为微软公司、英特尔公司这些配套产品厂家的发展留下了广大的空间。这是IBM个人计算机业务逐渐丧失竞争优势的一大原因。另一原因是该个人计算机业务从1985年开始改由忠于IBM传统的、来自大型机产品分部的经理人员负责,慢慢地,IBM的形象也就由营销者、创新者变成了组织者、守业者,公司集中统一管理的市场营销力量和高达17个层次的金字塔型结构及繁杂琐碎的新产品开发审批窒息了冒险和创业精神,而后起于IBM的对手们则以其一波紧接一波的创新浪潮,推动着计算机市场的发展和变化。1986年,康柏公司首先采用英特尔公司发明的奔腾386机芯开发出便携式计算机,向IBM发出了一个有力的挑战。接着,德尔计算机公司以其独特的邮递销售方式使个人计算机售价大幅削减,之后康柏和盖特韦2000公司又加入了新一轮竞争战。面对日益严峻的市场形势,IBM的个人计算机业务在1992年产生了10亿美元的亏损,在1992年9月机构改组而成为独立企业后,情况虽有所好转,但也只获得微利。1992年,美国各大计算机公司绩效见表13-1。

表13-1　IBM及其他美国计算机企业1992年经营绩效对比

企业名称	销售额/亿美元	销售利润率/%	资金利润率/%
IBM公司	645	-8	-6
数据设备公司	140	-20	-25
苹果计算机公司	71	7	13
康柏计算机公司	41	5	7
盖特韦2000公司	11	6	26
太阳微系统公司	37	-0.8	0.6
王安公司	19	-19	-33
德尔计算机公司	9	6	9
行业平均水平		-0.8	0.6

IBM 公司在 20 世纪 80 年代的二度兴起，到 1984 年时实际上已达到了顶点。那一年，IBM 以高达 12% 的销售增长率创得 65.8 亿美元利润，这是所有公司历史上最高的盈利纪录，也代表着 IBM 发展的高峰。在 1985 年略有下降赚得 65.6 亿美元的盈利后，IBM 走向了似乎无可阻挡的衰落。公司首席执行董事及董事会主席的约翰·埃克斯在 8 年的当政期间，尽管采取了万人规模的大幅精简人员、重组组织机构(允许各分部之间相互竞争和自主地向市场购售商品，并试图将包括 9 个新产品制造商和 4 个地区营销部的 13 个事业分部先后改组为与个人计算机业务部类似的独立机构)以及增强销售力量(进一步给本已相当强大的销售队伍增加 5000 名国内销售人员)等措施，可经营绩效并没有因此而改进。IBM 从 1986—1990 年间，销售额的年增幅只保持在 3%～6% 的水平，而盈利在 1986 年降低了 27%，此后连年下降，到 1988 年盈利只有 57.4 亿美元，1989 年进一步降到了 37.2 亿美元。虽然 1990 年在销售额增加 5% 的情况下取得了 59.7 亿美元的盈余，但这笔收益的很大部分来自于诸如 4 年前投放市场的 AS/400 小型机的销售余力，大型机分部在 1990 年年初为促进现有机型销售而采取的允诺现货用户可得到下一年度新推出机型"可观价格优惠"的促销手法，以及不久前开始的簿记方式调整使 1989 年吸收了本应由 1990 年度注销的上亿美元开支等短期不稳定因素的作用。IBM 的高层领导没有意识到 1990 年业绩回升中潜在的不持久性，反而判定这是因为前几年推行的"改革"初见效果。也许受这种认识的误导，证券分析家也乐观地预测 IBM 公司 1991 年将盈利 70 亿美元，埃克斯董事长本人也向董事会许诺股票分红将提高 35%。1991 年 2 月底，埃克斯还向董事会报告一切进展顺利，可忽然在半个月后不得不宣布 IBM 第一季度发生了 17 亿美元的亏损，并将原因归咎于海湾战争冲击和美国经济萧条。1992 年年初，证券分析家再次预测 IBM 本年度将取得 40 亿美元盈余，可结果完全出乎人们的预料。IBM 在 1991 年亏损 28.6 亿美元后，1992 年继续恶化，出现了商界少见的 49.7 亿美元的大亏损。1993 年 1 月，IBM 股票价格跌至每股 40 美元以下，达到了 17 年来最低价，从而构成了对公司高层领导改组的压力。1993 年 1 月 26 日，埃克斯在宣布了将公司历史上从未有过克扣的每年超过 25 亿美元的红利分配削减 55% 以后，引咎提出了辞职。

IBM 公司董事会经过 3 个月的多方寻找，选择了年龄 54 岁，并无计算机行业经营的经验，但具有 27 年从事咨询和中高层管理工作经历的 RJR 烟草公司董事长路易斯·格斯特纳担任 IBM 新一届董事长。最初，股票投资者和社会一般公众对格斯特纳的上任怀有重重疑虑，这可以从 IBM 股票价格进一步跌落 3 美元中得到真实反映。但是，格斯特纳从 1993 年 4 月接管公司起便大刀阔斧地推行改革，更换了公司 2/3 的高层经理人员，以同他本人一样的"外来者"取代公司原首席财务审计官、市场营销副总裁、磁盘驱动器业务负责人和人事部门负责人等职务，从而给公司注入了新鲜的血液。与一般人认为的格斯特纳将继承其前任的分权改革法，相反，新董事长重申了 IBM 商标的价值和集中使用营销力量的必要。他反对将公司的 13 个事业分部都改组为独立单位，而是相反地强调各部门间资源、技能和思想的更大程度的共享。为此，格斯特纳和他新组阁的高层管理班组花了近一年时间研究如何对公司进行"再改造工程"，以强化企业与顾客之间以及公司总部与分部之间的联系。与此同时，格斯特纳重新强调了技术创新对于高新技术企业发展的重要性，但他明确指出，创新不应该围绕公司产品展开，而必须着眼于顾客和市场的需要。因此他上任后，花 40% 的时间用于听取顾客的意见及其未来计划安排。由于加强了同顾客的联系，IBM 公司 1986 年向市场投放的一种新大型机，几个月内就被抢购一空，并在近几年大型系统项目的投标竞争中取得了80%的平均中选率。

在为世界各大公司提供计算机及各种信息技术产品业务方面，IBM公司1995年取得了540亿美元的营业收入，1996年营业额继续增长了8%，达到583亿美元。IBM个人计算机业务的营业额，1996年最后一个季度得到了25%的高增长。尽管公司近2/3的营业收入来自销售利润率较低的个人计算机、工作站和计算机服务业务，但IBM还是取得了60亿美元的净收益（而格斯特纳刚接手的第一年公司还继续亏空83.7亿美元）。1996年11月22日，IBM公司的股票收盘价达到158.5美元，成为股民们不愿错过的投资对象。

（资料来源：http://www.glxkc.com/rest/teacher_res_list.php.）

思考题

1. 试从IBM公司"三起两落"的历程中，分析经营环境的变化以及作为高层管理者各自在企业盛衰起伏中起了什么样的作用？管理究竟是"万能"的，还是"象征性"的？这两种观点哪一种更符合现实？

2. 作为一名成功的企业高层管理者，应该具备哪些素质？这种素质要求是否因企业的具体情况不同而各异？来自烟草经营企业的格斯特纳奇迹般地使IBM公司起死回生，你认为这纯系一种偶然，还是具有某种必然性？对其前任埃克斯的失败，你又做何种解释呢？

3. 你认为格斯特纳董事长重振IBM公司的诸多措施中，哪一条起到了关键的作用？为什么？

实践教学环节：领导者的基本素质和技巧

1. 领导商数

作为领导者，要提高自己的管理能力和管理技巧，就要提高自身的知识、技能和素养等，概括起来就是领导者的"4Q"。

（1）IQ(Intelligence Quotient)，智慧商数，是指领导者所具有的智慧的多少以及对科学知识的理解、掌握程度。

（2）EQ(Emotional Quotient)，情绪或情感商数，是指领导者对环境和个人情绪的理解、掌控程度。

（3）AQ(Adversity Quotient)，逆境商数，是指领导者面对困境时缓解自己的压力，渡过难关的能力。

（4）LQ(Leadership Quotient)，领导商数，是指领导者领导团队，激发团队相互协作以共同实现目标的能力。

一个人要想成为优秀的领导者，就应该提高自己的"4Q"水平，使其达到一种平衡的状态，否则就会出现问题。如果你的IQ不够高，就说明你的知识水平和学习能力比较差，解决问题的能力不是很强，那么就需要完善自己的知识结构和专业技能。如果你的IQ很高，但EQ很低，就表明你不能很好地控制自己的情绪和周围环境的氛围，那么你就要学会调节自己的情绪，学会调节团队或组织的气氛，创造良好的工作环境。如果你的 IQ、EQ 都很高，但 AQ 很低，就表明你不能很好地面对困境，不能很好地应对挫折和压力，不能很好地化压力为动力，激励自己的团队奋发向上，那么你就要想办法改善自己的工作方法，化解压力，变压力为动力，激发自己以更积极的状态去面对和解决各种问题。如果你的 IQ、EQ、AQ 都很高，但 LQ 不高，就说明你没有把你的团队带好，没有发挥出团队的整体效力，那么你就可以通过以下的建议来提高领导商数。

领导商数自测

（1）你能够打开天窗说亮话，跟别人坦诚相见吗？

（2）你愿意去教育、训练和栽培别人吗？

（3）跟别人一起共事，你能够有信心不会满腹猜疑吗？

（4）你会尝试去了解每个人的特征，包括他的家史以及他的特质吗？

（5）你愿意听别人说话吗？你愿意把自己的意见摆在后面，不半路打断别人的想法吗？

（6）你会想办法去发展下属，把他提升到一个更高的档次或者更理想的位置吗？

（7）你会做导师，指引下属，人应该怎样做，事情应该怎样做，用你过去的经验去引导别人吗？

（8）你会随时随地跟别人沟通、协调，不断地和别人协作，随时主动地关切，不让它脱钩吗？

（9）你会心甘情愿地把权力分一部分出去，授权别人，让别人替你完成吗？你会像教练一样去引导他，让他替你操作吗？

（10）你会造就一个有影响力的人吗？会让这个有影响力的人再创造一个有影响力的人吗？

上述的 10 个问题有几项是你能够做到的？作为一个一般的领导者，至少要具备 5 项，比较好的领导者应具备 8～10 项，如果连 5 项都做不到，那你就要考虑一下怎样提高自己的领导商数了。

2. 领导者应具备的基本素质

过去实施的是计划经济体制，权力由上而下，一切都是靠组织指定，所以养成了一个习惯，就是大家的眼睛都看领导，而领导的权力和威望要靠组织指定来支持，目前许多国有企业还遗留了这种习性。现在是市场经济，我们加入了 WTO，要跟国际接轨，一切都更加公平、公正和公开了，所以作为领导者，也需要转变观念，要让下属感到满意，让下属心悦诚服地去做他该做的事，所有这些都来源于领导者对下属的尊敬、信服和感恩等，而这些又源于领导者的个人魅力。

个人魅力，就是在工作中，领导者通过自己的品德素质、心理素质和知识技能，在员工的心理和行为上产生的一种力量。听起来好像虚无缥缈，不可捉摸，其实是领导者个性、能力的综合反映，归结起来一句话，就是影响别人的能力。其中，品德素质是人格魅力的基础，因为领导者良好的道德、品行和作风对下属起着潜移默化的作用；领导者的心理素质是人格魅力的关键，而知识素质是领导者个人魅力的能源。领导者的个人魅力，包括优秀的品质、专业的知识、丰富的感情、坎坷的经历等，都可以影响企业的发展。

要增强个人魅力，途径有很多，不同的人也有不同的侧重点，扩展开来讲会有很多的内容，概括起来包括以下几点。

（1）不要过于固执己见。领导者一定要心胸宽广，所谓"海纳百川，有容乃大"，就是说要能容纳不同的人和不同的意见，既能坚持原则又能灵活处理。有些领导在别人提出异议时，自己的第一反应就是进行反驳，不仅不能使问题得到解决，反而还可能激化矛盾。所以有些情况下，不要过于固执己见，不要急于表达自己的反对意见，这是很有必要的。

（2）勇于并敢于承认错误。能够承认错误并勇于承担责任的领导才是有担当的领导，才是最受下属爱戴的。

（3）不要轻易怪罪下属。波特定理是指当遭受许多批评时，下属往往只记住开头的一些，其余的就不听了，因为他们会本能地忙于思索论据来反驳开头的批评。出了问题的时候，领导者其实应该尽快让自己平静下来，非常理性地倾听下属的意见（如果做不到这一点，就说明领导者在个人素养方面还需要历练），如果一味寻找和强调下属的错误，这是无能的领导者的做法。总盯着下属的错误，是一个领导者最大的失误。

成功的领导者确实有与众不同之处，但只凭干劲和自信等特征还不足以预测领导的成功。研究表明：下属首要关注的是领导者的可信度。可信度是指诚实、有能力、有远见和善于鼓舞人心。领导者需要具备适当的素质，才有可能走向成功，这些素质有以下几种：

（1）干劲。需要通过挑战性的工作而取得成功，渴望走在别人前面，精力充沛，能够充满热情地、长时间地工作，具有克服困难的毅力，主动做出选择并采取行动激起变革。

（2）激发力。显示出当领导者的强烈愿望，愿意承担责任，渴望去影响、带动他人，对权力有强烈的渴望（意味着渴望行使对组织发展有利的权力）。

（3）诚实和正直。表现得真实、不欺骗和言行一致，令人可信，遵循道德准则，谨慎，能够做出正确的决定。沃尔玛公司创始人山姆·沃尔顿说他犯的最大错误是只让管理层享受公司的利润分享计划，而没有包括普通员工，一年后，他修改了计划，把所有员工纳入其中。

（4）自信。通过自己的行为取得他人的信任，表现得坚定而果断，保持情绪稳定（不要失去冷静），在危机面前保持镇定、充满信心来取得他人的信任。

（5）认知能力。具有敏锐的头脑和策略，能够分析推理，在决策和行动上具有良好的判断力，具备演绎和归纳的能力。当同行还没有人开始思考计算机友好界面研发成功会给企业和消费者带来怎样的影响时，苹果公司的创始人乔布斯就预见了，他的远见造就了麦金托什机型。几十年前，美国证券交易委员会要求所有的股票交易都要用纸张文件备案，而查尔斯·施瓦布摆脱了这条规定，"以公司为赌注"，实施了将交易订单程序计算机化的计划，此举给公司带来了巨大的优势，并最终成为美国最大的贴现票据经纪公司。

（6）除了正式教育外，要培养专业技能以求理解下属所关注的事情，掌握企业的经济状况，了解企业的文化和行为。

（7）果断。做事情坚持、有魄力，而且一旦思考成熟，就立即着手去做，而不是畏首畏尾。

3. 领导者的三力

1）思考力

作为一个领导者或管理者，首先要善于想出好的办法和对策，这需要机智的头脑和良好的思考能力，这就是思考力。对于企业而言，思考力主要是针对客户而言的，要思考如何真正地以客户为中心。

美国沃尔玛的总经理有一个习惯，在检查工作的时候，他喜欢站在门口。他说公司到底碰到什么问题，顾客对公司有什么想法，要站在门口才能发现。一家门店最容易出现问题的地方一定是它的大堂，所以酒店一定要有一个大堂副经理替酒店经理观察市场。但如果酒店经理只坐在办公室，工作就无法做好。所以领导者应该跟市场接近，应该站在"围墙上面"观察市场中发生了什么事情，了解顾客在想什么，真正体会市场和客户的需求。

国际著名的管理咨询公司——贝恩公司的研究表明，客户忠诚度每提高5%，企业的利润就会有45%~90%的提升。客户忠诚度的获取要立足于客户满意度，也就是说客户忠诚度的获得要立足于一个最低的客户满意度水平，在这个水平线下客户忠诚度会下降；在水平线上的一段范围内，客户的忠诚度不会受影响；只有满意度达到一定高度，忠诚度才会大幅提升。

一般公司不太喜欢听到顾客的抱怨，总觉得客户投诉或者抱怨就会给自己带来麻烦。其实相反，投诉是件好事，因为可以给企业第二次表现的机会。一方面，没有一个产品或公司不会被客户抱怨，问题是客户抱怨完了以后公司应该做什么；另一方面，市场调查表明，如果客户的抱怨能够解决，67%的客户就会回头。许多新产品的问世和老产品的改进，都需要时刻倾听顾客的声音。许多深得人心的产品与服务往往就是从消费者的抱怨中受到启发而完成的。

正因为有人抱怨银行存取钱时手续繁杂，所以有了免填单服务；有人抱怨说喝茶时茶叶会流入口中，于是就发明了不锈钢网的滤叶杯；有人说洗衣机不能洗地瓜，海尔发明了可以洗地瓜的洗衣机。可以说，是顾客的这些抱怨声给企业带来了发展的机遇。

每个公司都要稳住自己的老客户。有的公司一直在开发新客户，为新客户想方法、想折扣、想花样，结果把老客户置之度外，结果是增加了3个新客户，却丢掉1个老客户，增加了8000万的生意，又丢掉了3000万，这样市场永远不会做大。行销学上做过统计调查，开发一个新客户的成本是稳住一个老客户的4倍。

2）决策力

很多领导者认为自己的决策力不够强，但又不知道问题出在哪里。可以通过对下述问题的思考进行一些分析，了解问题的症结所在。

（1）确保自己的时间没有用错。有一个名词为"注意力经济"，就是说注意力将影响到你的经济效果。作为一个管理者，不应将时间过多地花费在不重要和不紧急的事情上，要善于利用时间。据说，美国现代经理人，平均每一个人，每一天，在计算机面前要坐2个小时；平均每一个人每天要看200封电子邮件；全世界的互联网，已经达到200亿页。但有了这么多的信息支持又增加了多大的决策效率呢？其实，对于一个决策者来说，最重要的是他的脑筋、眼光以及他判断事情的能力，计算机、手机都只不过是通信工具，如果过度依赖这些工具，就犯了很大的错误，也就是没有把焦点放在自己应该注意的事情上面。作为一个领导者，首先应该明确哪些事情该做，哪些不该做；哪些要赶紧做，哪些可以稍稍拖后。那么问题就集中在，应当区分出事情的重要和紧急程度，从而进行相应的决策。

青岛啤酒公司有两个强大的竞争对手，一个是以量取胜的燕京公司，一个是以财务操作取胜的华润集团。如果你是青岛啤酒的CEO，你会怎么做以对付这两个强大的竞争对手呢？

青岛啤酒公司的总经理首先做的就是去跟中国台湾的市场挂钩,让中国台湾的维士比集团代理了青岛啤酒,因为与其关在家里被人家"打",不如出去把人家"打"一顿,然后,青岛啤酒可以利用中国台湾这个市场,进军越南、菲律宾、泰国以及更远的印尼,这就是转守为攻。另外一个重要和紧急的事情就是进行战略联盟。外国啤酒公司在中国做得并不是非常顺利,因为中国的啤酒公司也很多,所以美国最有名的百威啤酒和中国最有名的青岛啤酒两个结盟,也不失为一个好方法。二者互相握有对方的股权,百威啤酒可以利用青岛啤酒进军中国大江南北,而青岛啤酒可以利用百威伸展欧美的市场,这就是一个完美的结合。

(2) 处理好效率与效果的关系。效率是指产出与投入的比值。如果和一个竞争对手公司同样用一个人,同样用一平方米的土地,同样工作一小时,同样投入人民币 1000 元,得到的产出会一样吗?这种观念就是效率。效果就是达成预期的目标。打篮球的时候,虽然强调重在参与,但如果从管理学的角度来看,运动员满场跑来跑去,甚至于撞掉一颗门牙,摔断了腿,这都只能称为效率,只有把球投入篮筐,这才称为效果。

我们国家在 20 世纪末,启动了四大工程:南水北调、西气东送、西电东输和青藏铁路。其中,南水北调涉及北京、天津、河北、山东、河南、江苏 6 个省和直辖市、39 座地区级城市、245 个县级城市和 17 个工业园区。南水北调的总投资超过三峡工程,它的复杂和艰巨程度也不亚于三峡工程,为了做这个计划我们要花很多费用,要启动很多人力、物力和财力,固然有其中的道理,那么究竟有没有更好、更有效果、更有效率的办法来解决缺水的问题呢?根据调查,我们国家城市供水,每年损失 100 亿立方米,很重要的一个原因就是大家在洗手、洗头和冲澡的时候,不管是在公共场所,还是在自己家里,都没有关水龙头的习惯。如果这些水都储存起来,中国一年要节约多少水?

(3) 企业领导者的决策通病。

① 模仿他人的经营手法,忘了有一定的时空背景。模仿和学习别人时要注意到,什么东西都要有一定的时空背景。例如,在我们国内有不少企业是动用员工的储蓄的。在我国动用员工的储蓄不算犯法,因为我国的银行法对此没有规范。但在世界很多西方发达国家,动用员工储蓄是违反银行法的。

② 没有放大失败概率,并且预留最坏状况的退路。计划的时候,最好把失败的概率乘以 2,也就是说,不要太乐观了。例如,要做一笔投资和计划,如果自己估算出来的结果是成功率 7 成,失败率 3 成,那么,请把失败率乘以 2,就表示失败概率是 6 成。如果能够这样放大失败概率,你可能不会失败,因为你会很小心地做。

③ 没有事先预测可能出现的问题、障碍和困难。执行中所出现的问题、障碍和困难,没有经过事先评估和预测,没有事先想出应对的方法。有一本书为《德国参谋本部》,它是写第二次世界大战的时候,德国参谋本部如何替他们的指挥官做参谋计划。明天要过河,是早上过、中午过、下午过还是晚上过?过河的时候是一起过、还是分批过?过河的时候什么东西先过什么东西后过?下雨过不过?下大雨过不过?所有可能性都考虑到了。如果人们忽略历史和正义的问题,只强调德国人做事的细致、仔细,那么他们的做法很值得学习。

3) 执行力

最后要关注的是由谁来执行。答案是要靠执行力强的人,要靠核心骨干,用人正确了,很多事情就迎刃而解了。中央电视台的记者采访通用电气的前 CEO 杰克·韦尔奇时,曾经问过下面几句话:"杰克,杰夫·伊梅尔特(通用电器现任 CEO)和你一样优秀吗?""是哦,他比我还棒。""杰克,杰夫会按照你的意思继续去带领 GE 吗?""不,他有他自己的一套。""杰克,如果杰夫没有你想象中的那么好呢?""那就是我瞎了眼睛。"但是事实上他没瞎,因为杰夫在韦尔奇接受采访的前一年当选世界排名第三的 CEO,全球的 CEO 里他排名第三,证明韦尔奇没有看错人。

(1) 分析员工。员工完成任务的条件称为能力,愿意投入工作的态度称为意愿。对于既有意愿又有能力的员工,尽量授权;把权力下放于有意愿但没有工作能力的员工,尽量教育培训从而提升他们的能力;对于有工作能力但没有工作意愿的员工,尽量激励他们,让他们有工作意愿并发挥出潜能;对于既没有工作意愿又没有工作能力的员工,可以放弃。一个公司的领导者只要把人用对,管理公司就没有问题了,所以领导者永远要去想一件事:什么人我没有用对?这个世界上没有不能用的人,只有用错地方的人。

(2) 搭配使用互补人才。中国人用人有一个毛病,就是特别喜欢用自己喜欢的人。这种观念是不太正确的。我们也喜欢讲一句话:我看他很顺眼。这句话也是有毛病的。用人不像谈恋爱,不是为了自己喜欢。用人要记住这两件事:第一,这个人对公司有什么帮助;第二,这个人跟我能互补吗?

来看一个简单的例子。每个人都有血型,每种血型的人性格特点也不一样。A 型血的人最大的优点是做事非常的仔细,毛病就是个性比较内敛,甚至有时候优柔寡断。B 型血的人的优点是拿得起,放得下,缺点是粗枝大叶,不注意细节。O 型血的优点就是非常的强势,做事很果断,但是因为果敢和强势,所以难免脾气暴躁,AB 型血是 A 和 B 的综合,两个血型的性格兼有。

现在来看血型与用人,血型的处理会产生两个结果,一个是共振,整个公司或整个家庭如果都是一种血型,他们会有一个盲点,统统都偏向一边。第二是搭配,即血型是要搭配的,是要互补的。如果一个总经理是 B 型血,最好他就搭配 O 型血的副总。因为 B 型血的总经理,人和是他的强项,但是一人和就失去了魄力,所以应该搭配 O 型血的副总,来弥补他不够强势的部分。但是人一旦太强势,底下的人就怕他,就失去了人和,所以 O 型血的总经理就应搭配一个 B 型血的副总。这是一个循环,ABO 型是三角搭配的。

(3) 主动培养接班人。怎样培养接班人呢?这里主要提出以下 4 点:

① 你有没有常常把自己的知识和经验传递给你的接班人?

② 在你的公司里,每一个主管都有接班人吗?

③ 你们公司的接班人,其经验和技术是上面的被接班的教导的吗?

④ 在你们公司,一个主管每周约花多少时间把他的经验和技术告诉其下属?

(4) 及时撤换不称职的人。GE 中国区的总经理曾说过这样一句话:任何人如果他很乐意裁员,他就没有资格做企业的领导,但是如果他不敢裁员,也不够资格做一个领导。麦当劳上市以来第一次季度亏损发生在 2002 年第四季度。原因是旧的总经理退休了,新的总经理一上台,麦当劳立刻出现亏损,所以麦当劳马上把他们的新总经理换掉了,马上把退休的总经理又请出来,于是在 2003 年第一个季度,麦当劳就出现了业绩迅速上扬的盈利局面。在公司不管是总经理,各级领导还是员工,只要给公司造成损失,给公司带来灾难、不幸,都应该及时撤换。

第14章 如何进行有效激励

 学习目标

学完本章节，应该了解以下要点：
1. 激励的定义；
2. 需求层次理论；
3. 学习需求理论；
4. 人性的几种假设；
5. 激励-保健理论；
6. 强化理论；
7. 公平理论；
8. 期望理论；
9. 激励员工的方法、途径。

 引导案例

本章的引导案例讲述一部关于信念和动机的电影，来自著名作家史蒂芬·金的小说改编的电影《肖申克的救赎》，电影情节如下：

1947年，战后的美国，一切看起来都欣欣向荣，是当时世界上最后一个民主堡垒。银行家安迪被指控用手枪杀死了自己的妻子及其情人。他被判处终身监禁，如果不出意外，他将在鲨堡监狱度过余生。和所有监狱题材影片一样，牢里总要有一个无所不能的人物，在鲨堡里，这个角色是位名叫瑞德的黑人。

鲨堡的传统是每当有新囚犯来的时候，大家就赌谁会在第一个夜晚哭泣。阿瑞认为弱不禁风、书生气十足的安迪一定会哭，结果安迪的沉默使他输掉了4包烟，但同时也使瑞德对他另眼相看。

安迪不和任何人接触，在大家抱怨的同时，他在院子里很悠闲地散步，就像在公园里一样。一个月后，安迪请瑞德帮他做的第一件东西是一把小的鹤嘴锄，他的解释是他想雕刻一些小东西以消磨时光，并说他自己想办法逃过狱方的例行检查。不久，阿瑞就玩上了安迪刻的国际象棋。之后，安迪想法搞到了一幅丽塔·海华丝的巨幅海报贴在了牢房的墙上。

一次，安迪和另几个犯人外出劳动，他无意间听到监狱官在讲有关上税的事。安迪说他有办法可以使监狱官合法地免去这一大笔税金，作为交换，他为十几个犯人朋友每人争得了两瓶Tiger啤酒。喝着啤酒，阿瑞说多年来，他又一次感受到了自由的感觉。

安迪精通财务制度方面的知识，很快就摆脱了狱中繁重的体力劳动和其他变态囚犯的骚扰。不久，声名远扬的安迪开始为越来越多的狱警处理税务问题，甚至孩子的升学问题也来向他请教。同时安迪也逐步成为肖申克监狱长沃登洗黑钱的重要工具。由于安迪不停地写信给州长，终于为监狱申请到了一小笔钱用于监狱图书馆的建设。监狱生活非常平淡，总要自己找一些事情来做。安迪听说阿瑞原来很喜欢吹口琴，就买了一把送给他。夜深人静之后，可以听到悠扬而轻微的口琴声回荡在监狱里。

一个年轻犯人的到来打破了安迪平静的狱中生活，这个犯人以前在另一所监狱服刑时听到过安迪的案子，他知道谁是真凶！但当安迪向监狱长提出要求重新审理此案时，却遭到了断然拒绝，并受到了单独禁闭两个月的严重惩罚。为了防止安迪获释，监狱不惜设计害死了知情人！

面对残酷的现实，安迪变得很消沉……有一天，他对阿瑞说："如果有一天，你可以获得假释，一定要到某个地方替我完成一个心愿。那是我第一次和妻子约会的地方，把那里一棵大橡树下的一个盒子挖出来。到时你就知道是什么了。"当天夜里，风雨交加，雷声大作，已得到灵魂救赎的安迪越狱成功。

原来 20 年来，安迪每天都在用那把小鹤嘴锄挖洞，然后用海报将洞口遮住。安迪出狱后，领走了部分监狱长存的黑钱，并告发了监狱长贪污受贿的真相。监狱长在自己存小账本的保险柜里见到的是安迪留下的一本圣经，里边挖空的部分放着一把几乎磨成圆头的鹤嘴锄。

阿瑞获释了，他在橡树下找到了一盒现金，两个老朋友终于在墨西哥阳光明媚的海滨重逢了。

安迪留给瑞德留的信里有一段话，其实也是电影的主题。

……心怀希望是一件好事，也许是最好的事，心怀希望就永远有希望……既然你已经走到这儿了，就再走远一点吧……

当希望足够强烈，心怀希望的时间足够长时，它就会成为一种强烈的信念，一种强烈的动机。

（资料来源：案例改编自百度文库文章：《刑事法律与案例分析》作者：王琪超）

14.1 激励的概念

要了解激励的过程，动机是一个不错的切入点。为了理解动机的概念，首先应知道动机不是什么。因为许多人错误地将动机视为一种个性特质，也就是说某些人具备它，而另一些人则不具备它。其结果使许多管理者认为，某一员工是没有动机，是无法被激励的。其实，动机是随环境条件的变化而变化的。

那么动机的定义是什么呢？动机是个体通过高水平的努力而实现组织目标的愿望，而这种努力又能满足个体的某些需要。在动机的定义中有 3 个关键要素：努力、组织目标和需要。

动机可以看做需要获得满足的过程，而需要指的是一种内部状态，它使某种结果具有吸引力。当需要未被满足时就会产生紧张，进而激发个体的内驱力，这种内驱力将导致寻求特定目标的行为。例如，某位员工具有获取额外加薪的需求，假如他的上司能满足他的需求，他就会产生加班的动机，这样一个过程其实就是激励的过程。由此看来，正是因为人们有某种需求，为了满足这种需求而产生了动机，从而产生激励这个过程。在组织管理中，假如管理者设定的激励措施恰好是员工最需要的，那么，就可能从很大程度上提高员工完成组织设定目标的热情。

由此将激励定义为：激励就是鼓舞、指引和维持个体行为的驱动力。在激励的定义中，关键要素包括努力程度、持续性、达成组织目标的方向以及需求。

第14章 如何进行有效激励

互动环节：你目前最想要的是什么？为了得到这个东西你愿意付出什么代价？

14.2 需求层次理论

马斯洛的需求层次理论认为，人们有以下5个层次的需求。

（1）生理需求：包括食物、水、住所以及其他方面的生理需求，这是最基本的需求。

（2）安全需求：当生理需求获得满足时，就会产生安全需求，安全需求是保护自己免受身体和情感伤害的需求。例如，美国发生9·11事件后，美国人对自己的安全问题产生了严重的疑问，为此整个国家草木皆兵，除了大幅度增强安全设施外，以至于只要看见某个人长得像阿拉伯人，就怀疑他有可能是劫机犯，有可能是拉登的同伙。

（3）社会需求：包括对友谊、爱情、归属及接纳方面的需求。社交需求可以在与同学之间保持良好关系以及参加班级组织的旅游、野餐等活动中获得。

（4）尊重需求：内部尊重包括个人的自尊、自重、自主和成就感；外部尊重因素包括地位、认可和关注等。

（5）自我实现的需求：包括成长与发展、发挥自身的潜能、实现理想的需求。这是一种追求个人能力极限的内驱力。

马斯洛将这5种需求分为高和低两级，生理需求与安全需求称为较低级的需求，另外三项被称为较高级的需求，并且只有当一种较低的需求得到满足后，另一种更高层次的需求才会占据主导地位。

根据管理学以及心理学者的研究，已归纳出人们至少有三方面能触发强烈需求的动机，包括成就动机、权力动机和关系动机。正确地认识另一个人的动机方式，了解员工最需要的是什么，然后将满足需求作为诱惑提供给他们，从而就可能激发出他们极大的工作激情。

14.3 激励需求理论

大卫·马可利兰用了大部分研究生涯，致力于下述3种需求的研究，他认为这些需求是激励的重要来源。他对这3种需求的定义如下。

（1）成就感需求：追求卓越、达到某些标准、以及追求成功的需求。

（2）归属感需求：追求友好和亲密的人际关系的需求。

（3）权力感需求：希望别人奉命行事的需求。

马可利兰相信这些需求来自社会文化，也就是经由学习而来的，故名学习需求理论，如他认为成就感的需求受到孩童时代的书籍、父母的教育方式，以及社会规范的影响，有些国家在国民孩童时期即予以刺激这方面的需求。

马可利兰发现高成就感需求者之所以异于他人，是因为他们具有把事情做得比别人更好的欲望。高成就感需求者需求的环境是：个人担负需求解决问题方案的责任；迅速清楚地获知绩效的反馈，以便于了解情况是否改善；可以设立适度的挑战目标。高成就感需求者偏爱接受问题的挑战，肩负成败的责任，而不愿将成功归因于运气或他人的行动。

权力感需求是一种希望去影响或控制他人的欲望。权力感需求高的人凡事喜欢做主，他们偏爱竞争和地位导向的环境,关心名望和对他人的影响力的程度胜于对绩效的关心程度。

归属感需求是一种希望被他人喜欢或接受的欲望,高归属感需求者追求友谊,喜欢合作的情况,而不愿处于竞争的环境,同时希望和他人有高度互动的关系。

高成就感需求者比较喜欢在有个人责任、反馈和中度风险的情境下工作。当工作具有这三项特征时,高成就感需求者就会受到强烈的激励作用。已有相当的证据指出,高成就感需求者在经营自营企业,或担任大型组织中独立事业单位的主管等创意型活动中,有相当高的成就。但高成就感需求者未必就是好的管理人员,特别是在大型组织中。

归属感需求和权力需求与成功管理者有密切的关系。最优秀的管理者常常是高权力但低归属感的需求者。事实上,高权力感的动机是形成有效管理的主要因素。

14.4　人性的假设理论

人性的假设理论主要有以下几种。

(1) 经济人假设:认为人是以一种合乎理性、精打细算的方式行事,人的行为受经济因素的推动和激发,而经济因素是受企业控制的,人在企业中处于被动的、受控制的地位。这是传统的管理思想。与之相应,激励的主要手段就是"胡萝卜加大棒",即运用奖励和惩罚,来激发员工产生领导所要求的行为。

(2) 社会人假设:认为人是受社会需要所激励的,集体伙伴的社会力量要比上级主管的控制力更加重要。这是初期的人际关系论的思想。与之相对应的,领导者应该关心和体贴员工,重视员工之间的社会交往关系,通过培养和形成员工的归属感来调动员工的积极性,以此来提高生产率。

(3) 自我实现人假设:认为人是自我激励、自我指导和自我控制的,要求提高和发展自己的能力并充分发挥个人的潜能。这样,企业就应当把人作为宝贵的资源来看待,通过提供富有挑战性的工作使人的个性不断成熟并体验到工作的内在激励。而传统的装配流水线作业不仅破坏了员工的社交关系,甚至把工作中的意义和挑战性也抽走了,从而引起工人的不满。把自我实现作为人工作的最根本目的,这是人际关系论发展到后期的新思想。它认为,只要把工作变得有意义、富有吸引力,足以引起员工的成就感,就不需要其他外来的激励,人可以自我激励,自动地将自己的才能发挥出来。

(4) 复杂人假设:是20世纪60年代末70年代初以后提出的一种权变思想,认为现实组织中存在着各种各样的人,不能把所有的人都简单化、一般化地归类为某一种假设之下,而应该看到不同的人以及同一个人在不同的场合会有不同的动机需要。认识到人是千差万别的,因而激励的措施也应力图多样、变动,并根据具体的人灵活机动地采取合适的激励办法。

14.5　激　励　理　论

1. 激励 – 保健理论

传统理论认为:满意的对立面是不满意,但激励 – 保健理论则认为,满意的对立面是没有满意，不满意的对立面是没有不满意。按照此项理论，导致工作满意的因素与导致工作不满意的因素是有区别的，因此，管理者消除了工作中的不满意因素只能带来平和，而不一定对员工有激励作用。这些因素只能安抚员工，而不能激励员工。这些导致工作不满意感的因素被称为保健因素。当这些因素得到充分改善时，人们就没有不满意了，即不至于引起人们的不满，但他们也不会感到满意，如企业给员工发工资、公司的政策与管理、工作条件、人际关系等都是保健因素。要想真正激励员工努力工作，必须注重激励因素，只有那些激励因素才会增加员工的工作满意感，如奖金、成就、领导的赏识、挑战性的工作、职位的晋升等。这些因素可以产生满意感，这些因素具有产生满意感的潜在能力，能激发员工的动机，因此是激励因素。

2. 强化理论

强化理论认为人的行为是由外部因素控制的，控制行为的因素称为强化物。例如，教师一直鼓励学生积极发表自己的观点，并且一再强调发言的对错并不重要，甚至对于某些错误的发言都给予表扬，其实也是在倡导、强化一个教学目标，即鼓励学生不受干扰地发表自己对某一个问题的最原创的直觉和感觉，最终形成勤于独立思考的思维习惯。再如，学校规定学生有某些行为将受到严厉处分，这些措施都是通过强化对某种行为的奖励和惩罚表明规则制定者的激励倾向。

（1）正强化。正强化是指应用有价值的结果增加产生结果的这种行为重复出现的可能性。正强化物包括表扬、推荐信、优秀绩效评估和加薪等。例如，学校设置奖学金就是一种正强化，旨在倡导学校期望更多出现的结果，鼓励更多的同学通过认真学习成为优秀的学生。

（2）负强化。负强化是指取消或避免不希望的结果。几年前，美国的一家著名的零售商诺德斯特姆公司受到众多公开批评，因为他们过于依赖负强化作为激励手段，他们经常在员工备忘录中威胁员工，告诫员工完成所有任务："任何方面如未达到我们的要求，你们将被解雇。"我国古老的故事"杀鸡儆猴"也是一种负强化的思路。

（3）惩罚。惩罚是指处理厌恶的结果。负强化发出惩罚的威胁，但并没付诸实施，而惩罚则是将厌恶的结果的处理真正落实。例如，学校要求给学生打考勤，并对经常迟到、旷课的学生给予惩罚，主要是为了从更大程度上杜绝学生的这类不良习惯。

（4）自然消退。自然消退是指撤回或不给予强化的结果。例如，对动物进行条件反射的实验，重复进行某种刺激，动物就会产生某种反射行为；如果长期不进行刺激，动物就自然会忘记产生这种反射。再如让老虎跳火圈，会采取一些刺激，这种刺激必须经常进行，如果有一段时间不刺激，它就会忘记。

3. 公平理论

激励中的一个重要因素是人们对报酬结构是否感到公平，公平理论可以用来解释这一问题。公平理论认为员工首先思考自己收入与付出的比率，然后将自己的收入－付出比与相关他人的收入－付出比进行比较，如果员工感觉到自己的比率与他人相同，则为公平状态；如果感到二者的比率不同，则产生不公平感，他们会认为自己的收入过低或过高。这种不公平感出现后，员工就会试图去纠正它。公平理论认为，每个人不仅关心由于自己的工作努力所得到的绝对报酬，而且还关心自己的报酬与他人报酬之间的关系。如果发现自己的付出－所得比和其他人相比不平衡，就会产生不公平感，因此他们会采取行动纠正这种情境，其结果可能会降低或提高生产率。对此，管理者非常有必要关注员工心理上产生的这种不公平感，并及时加以纠正，以消除这种消极情绪给员工工作效率带来的影响。

4. 期望理论

期望理论认为当人们预期到某一行为能给个人带来既定结果且这种结果具有吸引力时，个人才会采取某一特定行为。它包括以下3项变量或3种联系。

（1）努力-绩效的联系。期望是人们感觉到通过一定程度的努力而达到工作绩效的可能性。期望可能很高，如一个学生自信只要自己努力，就一定会在期末取得好成绩；期望也可能很低，如一个篮球爱好者认为自己成为乔丹的可能性遥遥无期。当其他条件相同时，高期望显然比低期望更具激励性。

（2）绩效-奖励的联系。个体对于达到一定工作绩效后即可获得理想的奖赏结果的信任度。取得良好的绩效在多大程度上能导致被激励者最想要的结果呢？这就涉及期望概率的问题。如果得到最想要的结果的概率足够高，那么产生的激励力就越强。

（3）吸引力。如果工作完成，个体所获得的潜在结果或奖赏对个人的重要性程度，与个人的目标和需要有关。

期望理论的关键在于弄清楚努力与绩效、绩效与奖赏、奖赏与个人目标满足的联系。因此，管理者在运用期望理论制定激励方式时，应将注意力集中在影响激励的关键因素上。

14.6　激励员工的方法

1. 认清个体差异

几乎所有的当代激励理论都认为每个员工都是一个不同于他人的个体，他们的需要、态度、个性及其他方面都各不相同。因此在制定激励措施时应关注到这种个体的差异，根据个体的情况设计不同的激励策略。

2. 使人与职务相匹配

大量研究证明，将个体与职务进行合理匹配能起到激励员工的作用。这方面比较经典的案例是玫琳凯公司对优秀员工奖励的一种特别定制的粉红色凯迪拉克轿车。玫琳凯的区级指导员是红色的套装，再高一个层级是蓝色的套装，当员工做到可以穿黑色套装的时候，玫琳凯公司就会同时奖励员工一部粉红色的凯迪拉克轿车。至今已有价值一亿多美元的一万多辆这样的车辆，行驶在世界各地。玫琳凯粉红色轿车，还可以每三年换新车。在中国，已有十几名玫琳凯优秀的业务顾问获得象征着事业成功的粉红色桑塔纳2000或帕萨特。"粉红色名车"可谓是玫琳凯公司成功员工独有的骄傲，因为它表明你是一个出色的、成绩卓著的玫琳凯员工。

3. 适当运用目标并确保个体认为目标是可以达到的

如果员工认为目标无法达到，则他们的努力程度就会降低，因而管理者必须保证员工充满自信心，让他们感到只要更加努力，就可以实现绩效目标。

4. 个别化奖励

由于每位员工的需要不同，因此对某人有效的强化措施可能并不适合于其他人。管理者应当根据员工的差异对他们进行个别化的奖励，在制定激励措施时应考虑到员工的主导需求。如对成绩优异的业务人员可以采取外出休假、加薪、职位晋升等奖励措施，同时奖励应与绩效挂钩。

5. 检查公平性系统

应让员工感到自己的付出与所得是对等的，具体而言，员工的经验、能力、努力等明显的付出项目应当在员工的收入、职责和其他所得方面体现出不同。当员工感受到个人的贡献与别人的奖励之间的公平性存在问题时，就会减少动机。

思 考 题

1. 用大卫·马可利兰的激励需求理论来评估自己，你将哪种需求排在首位，哪种需求排在末位？
2. 运用激励-保健理论分析自己，思考导致你学习和工作不满意的保健因素有哪些？真正能够激励你努力学习和工作的激励因素又是哪些？
3. 你认为激励员工努力工作应以采取正强化激励为主还是应以负强化激励为主？
4. 富兰克林曾说"宝贝放错了地方便是废物"。你如何理解这句话？与有效激励有何关系？
5. 举例说明你曾想做一件了不起的事情但却被阻止，这对你有何影响？对你激励他人工作又有何借鉴？
6. 举例说明感觉不公平的结果如何能降低激励性。
7. 你认为员工的工作满意度越高，绩效也就越高吗？
8. 运用期望理论，分析你已经做出的和将要做出的个人选择，如主修的专业、从事的职业或者想寻找的工作面试机会。

案例资源

谷歌，是如何为员工制造幸福的

谷歌人力资源部门的运作方式更像是严格的科学实验室，而不是大多数人想起人力资源部门时所会想象到的那种令人讨厌的"门厅监控者"。POPS部门的核心是一项复杂的员工数据追踪计划，此举是为了对谷歌员工生活的每个方面都带来经验主义的确定性——不只是高水平的薪酬和福利，而且还有听起来并不重要的细节，如最理想的自助餐厅桌子尺寸和形状，以及最理想的午餐队列长度等。

谷歌甚至还聘用了社会学家来对公司进行研究。这些科学家进行了数十项有关员工行为的实验，目的是回答有关管理大型公司最好方式的问题。

1. 数据为先

在人力资源方面采取严格标准来自于谷歌更广泛的企业文化。谷歌的大多数员工都是工程师，他们要求数据支持来改变自己的行动方式。最早的例子之一是 POPS 部门为精简谷歌聘用程序而采取的措施。在最早的几年时间里，谷歌在硅谷变得声名狼藉，原因是其要求应聘者接受许多面试。

面试程序不仅会导致招聘流程放缓，而且还会损害谷歌在潜在应聘者中的声誉。因此，现任谷歌人事部门主管的托德·卡莱尔在当时进行了一项研究，目的是查明一名应聘者应接受多少次面试。他对谷歌的数十种聘用决策进行了分析，追踪面试官在对一名应聘者进行面试后对其给出的评分。在对数据进行仔细研究后，卡莱尔发现最佳的"面试率"，也就是应聘者的平均得分聚合为最终评分以后的面试次数——四次。"在经过四次面试以后，"卡莱尔说道，"就会出现收益递减的效果。"在他提出这些数据以后，谷歌的工程师"大军"被说服了。

2. 培训中层

谷歌的人力资源部门已经发现了许多诸如此类的最佳组织行为的"珍闻"，其中最大的发现是中层经理人很重要，这推翻了谷歌联合创始人拉里·佩奇和塞吉·布林原本的假设，那就是你能运营一家没人是其他人上司的公司。POPS 部门做出这种结论的基础是，公司经理人在两方面反馈调查中所得到的评分，将经理人的下属及上司对其工作的想法考虑在内。当分析师将表现最好和最差的经理人进行对比时，他们会发现一种明显的差别——最好的经理人的离职率较低（这意味着离开自己团队的员工人数较少），而且这些经理人的团队从许多标准来看都拥有高得多的生产力。

更加重要的是，分析师能利用他们的研究结果来让表现不好的经理人变得更好。在对成功经理人从其团队那里得到的反馈信息进行提炼后，研究者将其总结为 8 个重点句。这些重点句听起来过于含糊——"高得分的经理人是很好的教练""好的交流者""不要微观管理"，诸如此类，但这些重点句行得通：当 POPS 部门在整个组织内部散播这些事实，并对作为目标的不成功经理人进行辅导以后，他们发现这家公司的管理队伍得到了改善。其结果是，谷歌经理人的整体回馈评分自 2009 年以来每年都有所改善。

3. 涨薪比奖金更带劲

POPS 部门所发现的另一件重大的事情则是，如何向一名员工发更多的钱。在 2010 年中，受经济衰退以及来自于其他公司的竞争增强的影响，时任谷歌首席执行官的埃里克·施密特决定给所有谷歌员工提高薪水；而判定提薪是否是最好的方式正是 POPS 部门的职责。POPS 部门进行了一项"联合调查"，要求员工在多项薪酬计划中选择最好的。举例来说，是将薪水提高 1000 美元，还是拿 2000 美元的奖金？"我们发现，他们最看重的是基本薪水。"POPS 旗下"人员分析"团队负责人塞提说道，"当我们提供某种水平的奖金时，他们会把一美元当做一美元；但如果你给他们提高基本工资，那么他们会把一美元当做一美元以上，原因是其具有长期的确定性。"在 2010 年秋天，施密特宣布所有谷歌员工都将获得 10% 的加薪。塞提表示，谷歌员工当时感到万分高兴——许多人都说，谷歌宣布的这一消息是他们在这家公司中供职以来最开心的时刻，数据也显示那一年的谷歌员工满意度直线上升。与此同时，谷歌员工的离职率也有所下降。

4. 用数据来解答管理的终极问题

布克的最终目标是，利用谷歌的经验来解答有关工作场所的某些重大问题：领导者究竟是天生的，还是人造的？与个人相比，团队是否能让工作做得更好？个人是否能在自己的整个生命中都维持很好的表现？POPS部门现在距离解答这些问题还很遥远，但布克极力主张，谷歌最终能充分阐明其中的一些问题。"通过能进行数学计算的分析人才，我们有能力成为一家数据推动的公司，"他说道，"我们还拥有足够大的规模，因此有能力进行实验，这些实验从统计学来说是很有效的。"

布克极力主张，谷歌的研究结果可能会让所有人的工作都有所改善。"你会把更多时间放在工作上，而不是放在做其他的事情上。"他说道，"如果你每天工作8个或是10个小时，那么工作时间就比睡眠时间更多，比花在夫妻共处的时间上也更长。"

（资料来源：改编自虎嗅网文章《全美最适合工作的公司——谷歌，是如何为员工制造幸福的》。）

思考题
1. 试用有关激励的理论解释谷歌的激励措施？
2. 谷歌的沟通管理给你以怎样的启示？

实践教学环节：测试你的领导作风

请阅读下列各个句子，若(a)句最能形容你，请打［○］；若(b)句对你来说，最不正确，请打［○］。请你务必详答，以便求得更正确的积分。

1. （a）你是个大多数人都会向你求助的人。
   （b）你很激进，而且最注意自己的利益。
2. （a）你很能干，且比大多数人更能激发他人。
   （b）你会努力去争取一项职位，因为你可以对大多数人和所有的财务，掌握更大的职权。
3. （a）你试着努力去影响所有事件的结果。
   （b）你会急着降低所有达成目标的障碍。
4. （a）很少人像你那么有自信。
   （b）你想取得世上有关你想要的任何东西时，你不会有疑惧。
5. （a）你有能力激发他人去跟随你的领导。
   （b）你喜欢有人依你的命令行动；若必要的话，你不反对使用威胁的手段。
6. （a）你会尽力去影响所有事件的结果。
   （b）你会做全部重要的决策，并期望别人去实现它。
7. （a）你有吸引人的特殊魅力。
   （b）你喜欢处理必须面对的各种情况。
8. （a）你会喜欢面对公司的管理人，咨询复杂问题。
   （b）你会喜欢计划、指挥和控制一个部门的人员，以确保最佳的福利。
9. （a）你会与企业群体和公司咨询，以改进效率。
   （b）你对他人的生活和财务会做决策。
10. （a）你会干涉官僚的推拖拉作风，并施压以改善其绩效。
    （b）你会在金钱和福利重于人情利益的地方工作。

11. （a）你每天在太阳升起前，就开始了一天的工作，一直到夜晚六点整。
    （b）为了达成所建立的目标，你会定期而权宜地解雇无生产力的员工。
12. （a）你会对他人的工作绩效负责，也就是说，你会判断他们的绩效，而不是你们的绩效。
    （b）为求成功，你有废寝忘食的习性。
13. （a）你是一位真正自我开创的人，对所做的每件事充满着热忱。
    （b）无论做什么，你都会做得比别人好。
14. （a）无论做什么，你都会努力求最好、最高和第一。
    （b）你具有驱动力、积极性人格和奋斗精神，并能坚定地求得有价值的任何事情。
15. （a）你总是参与各项竞争活动包括运动，并因有突出的表现而获得多项奖牌。
    （b）赢取和成功对你来说，比参与的享受更感重要。
16. （a）假如你能及时有所收获，你会更加坚持。
    （b）你对所从事的事物，会很快就厌倦。
17. （a）本质上，你都依内在驱动力而行事，并以实现从未做过的事为使命。
    （b）作为一个自我要求的完美主义者，你常强迫自己无限地去实现理想。
18. （a）你实际上的目标感和方向感，远大于自己的设想。
    （b）追求工作上的成功，对你来说，是最重要的。
19. （a）你会喜欢需要努力和快速决策的职位。
    （b）你是坚守利润、成长和扩展概念的。
20. （a）在工作上，你比较喜欢独立和自由，远甚于高薪和职位安全。
    （b）你是安于控制、权威和强烈影响的职位上的。
21. （a）你坚信凡是对自身期待的目标，最能冒险的人，应得到金钱上的最大报偿。
    （b）有少数人判断你应比你本身更有自信些。
22. （a）你被公认为是有勇气的、生气蓬勃的和乐观主义者。
    （b）作为一个有志向的人，你能很快地把握住机会。
23. （a）你善于赞美他人，而且若是合宜的，你会准备加以信赖。
    （b）你喜欢他人，但对他们以正确的方法行事之能力，很少有信心。
24. （a）你通常宁可给人不明确的利益，也不愿与他人公开争辩。
    （b）当你面对着"说出那像什么时"，你的作风是间接的。
25. （a）假如他人偏离正道，由于你是正直的，因此你仍会无情地纠正他。
    （b）你是在强调适者生存的环境中长大的，因此常自我设限。

你的得分：计算一下你圈（a）的数目，然后乘以4，就是你领导特质的百分比。同样地，（b）所得的分数，就是你管理特质的百分比。

第 15 章 沟通及技巧

 学习目标

学完本章节，应该了解以下要点：
1. 沟通的过程；
2. 有效沟通的障碍；
3. 如何克服沟通障碍；
4. 如何适应不同的沟通类型；
5. 下行沟通中存在的问题；
6. 促进下行沟通的方式；
7. 如何管理上行沟通；
8. 如何管理横向沟通；
9. 正式沟通和非正式沟通。

 引导案例

美国电影《点球成金》中，由布莱德·彼特饰演的美国职棒奥克兰运动家队总经理比利·比恩（Billy Beane），和高傲难搞的资深球员之间有一段精彩的对话，体现了比恩非凡的沟通技巧。

有位刚从纽约洋基队交易过来的球员，完全不把比恩放在眼里，说："你用你那套对付菜鸟就好，别来烦我！"

比恩听完以后，既不生气，也不退让地回说，"你知道洋基队有多少人讨厌你吗？他们甚至愿意帮我付你一半的年薪，把你送来我这里跟他们打对台。我为什么会要你？就是要榨干你的剩余能力帮我赢球。而你为什么要来这里？不就是你还想继续留在大联盟打球。这样好了！我们互相帮忙，你帮我带七级球员，我给你发挥的舞台，各取所需，如何？"

比恩就这样收服了一位桀骜不驯的明星球员，让他愿意以身作则、激励队友，最后创造了连胜20场的大联盟纪录。

卡内基训练的创办人戴尔·卡内基曾说，假如你在职场上只学会一样东西，就是能从自己与别人的角度思考、去看事情，那很有可能是你人生、事业成功的踏脚石。

因此，我们需要经常提醒自己：沟通时，要先去了解对方最想要的是什么，再表达自己要的是什么，最后寻求交集，就可创造双赢的沟通成果。

（资料来源：改编自中国新闻网文章：《双赢的沟通》.）

企业需要通过沟通来：①建立并传播企业的目标；②以最有效果和效率的方式配置人力资源及其他资源；③选拔、培养、考评组织成员；④领导、指导和激励人们并营造一个人们想要做出贡献的氛围；⑤控制绩效。

上述 5 种充分说明了沟通在组织中的重要性，但不幸的是，在现实中，由于种种障碍的存在，常常使沟通不能顺畅地进行，从而极大地影响了组织运作的效率，所以，非常有必要研究一下这些障碍究竟是什么以及如何来克服这些障碍，从而使沟通能有更有效地在组织中得到运行并促进组织运作效率的提高。

15.1 沟通的过程

沟通是指信息的传递和理解。当一个人欲将信息传达给另一个人，为了引起他的回应，沟通就开始了。但是，通常由于多种原因，沟通产生的回应不是信息传递者想得到的。只有在信息传达者完整、准确地传达自身的想法和感情，而且信息接受者确切地理解传达者所要表达的含义的时候，才会产生有效果的沟通。沟通如果只用很少的时间和资源，就会很有效率。信息沟通的过程如图 15.1 所示。

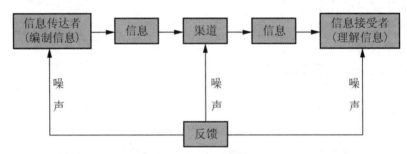

图 15.1 信息沟通的过程

在沟通的过程中，无论使用什么样的支持性装置来传递信息，信息本身都会出现失真现象。信息事实上是经过信息源编码的产品。当人们说的时候，说出的话是信息；写的时候，写出的内容是信息；绘画的时候，图画是信息；做手势的时候，胳膊的动作、面部表情也是信息，这些形式的信息在传递的过程中都会产生传递的障碍。

有这样一个有趣的例子。老板告诉秘书："你帮我查一查我们有多少人在纽约工作，星期五的会议上董事会将会问这一情况，我希望准备得详细一点。"于是，这位秘书打电话告诉纽约分公司的秘书："董事长需要一份你们公司所有工作人员的名单和档案，请准备一下，我们在两天内需要。"分公司的秘书告诉其经理："董事长需要一份我们公司所有工作人员的名单和档案，可能还有其他材料，需要尽快送到。"结果第二天早晨，四大箱航空邮件寄到了公司总部。这个例子说明了不适当的沟通可能会产生多大的误差。

15.2 有效沟通的障碍

1. 过滤

过滤是指故意操纵信息，使信息显得对接受者更为有利。例如，管理者在向上司汇报工作时,他通常会考虑怎样汇报更有利于自己,同时又让上司高兴,其实这位管理者传递给他的上司的信息就是经过过滤的信息。再如,第二次世界大战时,其实美、英、苏联都知道德国人在残忍地屠杀犹太人,但为了各自的利益却向本国甚至全世界人民隐瞒了这一情况,从客观上纵容了纳粹对犹太人的迫害。

信息传播的环节越多,被有意或无意过滤掉的信息就越多,一些综艺节目中,经常会玩一种传话游戏,一句原话经过10多人传播,就会变得面目全非。

2. 选择性知觉

在沟通过程中,接收者会根据自己的需要、动机、经验、背景及其他个人特点有选择地去看或听消息。例如,看电影《蜘蛛侠2》是一个电影和观众沟通的过程,大多数人在看电影时,可能更多关注的是电影的情节。而如果是一位学管理专业的人士,由于专业背景、知识结构及生活经验不同,在看电影时可能不仅看情节,还会关注电影情节以外的东西,如电影的管理及营销运作方面的问题,诸如,发行商将发行档期定在暑假是为了吸引更多的年轻人。同时还会关注电影的宣传方式,从管理及营销的角度做一些思考,这就是一个选择性知觉的典型例子。再如,如果一名面试主管认为女员工总是倾向于把家庭放在事业之上,这说明他对女性有偏见,他就可能在招聘时,对女应聘者更加苛刻。

3. 情绪

在接收信息时,接收者的情绪状态也会影响到他对信息的接收。例如,当人们在狂喜或狂怒时,就会从很大程度上影响到对信息的解释或理解,从而无法理性地思考问题并做出决策。

4. 语言

同样的语汇,对不同的人来说,含义是不一样的。例如,一位大学教授在讲话时,其说话口气、表情会和一个普通工人完全不同,即使是讲同一件事情。再如,像刺激和定额这样的词汇,对高层管理者来说,常常把它们作为需要,而下级管理者则把这些词汇理解为操纵和控制,并由此产生不满。

非言语提示,例如,如果上司告诉你她真心想知道你的困难,而当你告诉她情况时,她却在浏览自己的信件,这便是一个相互冲突的信号。

5. 不善倾听和过早的评价

能说会道的人很多,而耐心的听众却很少。人们经常看到,有些人用毫无相干的话题插进别人的讨论而自发一通议论。究其原因可能这些人正在显露自己的问题,如维护他们以自我为中心的自负心态,或者试图在其他小组成员面前留下好的印象,而不是旁听别人的对话。聆听要全神贯注和自我约束,要避免对他人的发言进行过早的评价。普遍的倾向是,急于对别人所说的加以判断,表示赞成或不赞成,而不是试图去理解谈话者的基本内容。聆听意见而不予草率地评判能使沟通更有效率,如以同情的心态聆听意见可能带来良好的劳资关系和增进管理人员的理解。具体来讲,销售人员能够更好地了解生产人员的问题,而信贷部门管理人员会意识到,限制过严的信贷政策可能会引起销售额不必要的损失。

6. 猜疑、威胁和恐惧

猜疑、威胁和恐惧都是有害于沟通的。在存在这些因素的氛围中，任何口信都要受到猜疑，之所以受到猜疑则可能是上司行为前后矛盾的结果，或者是由于曾经因向上司如实反映不利、但又是真实的情况而受到惩罚的经历所导致。与此相类似的是，面对威胁，不管是真正存在的还是想象中的，人们会表现出神情紧张，心理上处于防卫状态，并且扭曲信息。人们需要有一种信任的氛围，以此促进公开而真诚地沟通。

7. 信息量超载

人们也许认为，比较多的、不受限制的信息流动会有助于克服沟通中产生的问题，但是，不受限制的信息流动会导致信息过量。信息过量可能导致下述问题：①可能无视某些信息，一个人收到的信件过多，可能干脆把应该答复的信件也束之高阁了；②一旦被过多的信息弄得晕头转向，在处理中就会出差错，如人们可能会把信息所传送的"不"字忽略了，从而使原意颠倒；③人们可能会延缓信息的处理，既可能无限期地拖延处理信息，也可能放在日后处理；④人们可能会对信息进行过滤，有可能过滤掉重要的信息，从而影响事情的解决。

15.3 如何克服沟通中的障碍

1. 运用反馈

很多沟通问题是直接由于误解或不准确造成的。如果管理者在沟通过程中使用反馈回路，则会减少这些问题的发生。例如，当管理者问接收者："你明白我的话了吗？"所得到的答复代表着反馈，但反馈不仅包括是或否的回答。为了核实信息是否按原有意图被接收，管理者可以询问其他一系列问题以核实下属是否听懂了，但最好的办法是，让下属用自己的话复述信息。如果管理者听到的复述与他的意图相符，则可增强理解与精确性。

当然，反馈不必一定以言语的方式表述。例如，销售主管要求所有下属必须填写好上月的销售报告，当有人未能按期上交报告时，管理者就得到了反馈，这一反馈表明销售主管对自己的指令应该阐述得更清楚。再如，当面对一群人演讲时，你可以通过观察他们的眼睛及其他非语言线索了解他们是否在认真、专注地听你的讲话。

2. 简化语言，掌握讲话艺术

由于语言可能成为沟通障碍，因此管理者应该选择措辞并组织信息，以使信息清楚明确，易于接受者理解。例如，医院的管理者在沟通时应尽量使用清晰易懂的词汇，而非专业的医学词汇，并且在对专业的医生传递信息时所用的语言应和对办公室工作人员不同。在所有人都理解其意义的群体内的技术语言可能会使沟通十分便利，但在本群体之外用行话可能会造成无穷问题。例如，一个乒乓球队在训练时，沟通中可能会使用一些特定的专业词汇，如果是非运动员或教练员的行外人，那么在理解这些专业词汇时就可能会有障碍。再如，篮球中的违例、三步上篮等专业用语，对篮球不熟悉的人就会不知所云。

跟别人沟通时，一定要有重点地讲，以便别人能很快知道你的意思。看电影时通常有这样一种感受,如果这部电影在开始10分钟内没有成功地吸引观众的注意力,通常观众就会失去继续看下去的兴趣。别人给我们机会讲话的时候,也会有一个致命的10分钟,在这10分钟里,你如果没有把话讲清楚或抓住重点,对方马上就会失去兴趣。所以大部分人对一个人的注意通常是只有10分钟,这是锻炼一个人的语言能力。对于一个业务员来说,如果在10分钟内还没有让对方感兴趣,那估计生意绝对是做不成的。如果你是卖劳斯莱斯汽车的,而对方说:我只准你讲一句,介绍你卖的这个车子,那你当然讲这句:劳斯莱斯的每一个零件都是手工打造,其他的都不用讲了。

3. 积极倾听

在倾听时,很多情况下,并不是仅仅在听,同时还会对信息进行积极主动地搜寻。在倾听时,接收者和发送者双方都在思考。我们中的不少人并不是好听众,为什么?因为做到这一点还有一些困难,而且常常当个体有主动性时才会做得更为有效。事实上,积极倾听常常比说话更容易引起疲劳,因为它要求脑力的投入,要求集中全部注意力,不仅要接收信息,还要对信息进行过滤。因此,如果集中精力,通常十几分钟后就会感到疲劳,从而降低倾听的效果。以下一些技巧能有效地提高倾听的效率。

(1)寻找兴趣点。即使你肯定谈话的内容很乏味,也要想一想发言者说的对你有什么用。

(2)评判内容而不是传送。不要太关注发言者的性格、特殊习惯、声音或服装等,把注意力放在发言者说的是什么上。

(3)注意领会要点。不要拘泥于事实或细节,把注意力放在中心思想上。

(4)灵活应变。准备多种记录方法并选择适合发言者风格的方法,不要强迫自己把发言者没有条理的发言整理成正式的提纲。

(5)保持头脑开放。很多人在涉及他们信念的问题上过于感情用事,不要让情绪影响到问题的解决。

(6)努力去听。投入一定的精力,不要只是表面上表现出倾听的热情。倾听是一项艰苦的工作,但如果倾听得当,那么你得到的会超过付出的。

4. 注意非语言提示

行为比言语更明确,因此很重要的一点是注意行为,确保它们和语言相匹配并起到强化语言的作用。非言语信息在沟通中占据很大比重,研究表明,面部表情和语调在两个人的沟通中能起到90%的作用。有几种非语言信号可以向他人传递正面信息:经常应用手势;保持目光接触;微笑;做出一种开放的身体姿态,如直接面对对方;不要交叉抱胸;身体向前微微倾斜,以表示对对方说的很感兴趣等。沉默是一种有趣的非语言状况,据说美国人每天用于交谈的时间是日本人的两倍;北美人喜欢用谈话来打破沉默;日本人常常听任沉默这种局面持续下去,他们相信他们能更好地了解他人,日本人通常认为如果两个人必须通过交谈才能达到沟通就意味着双方了解还不够。因此,有效的沟通者十分注意自己的非言语提示,保证它们也同样传达了所期望的信息,如演讲中的一些手势和表情动作都有可能在听众中加深印象。

5. 注意不同国家的文化差异

点头在保加利亚表示否定。美国人经常用拇指和食指做圆圈表示"OK",这在巴西、新加坡、俄罗斯和巴拉圭是一种粗俗的举动。在佛教国家，头是神圣的，绝不能去摸别人的头。在穆斯林文化里，不能用左手碰食物或用左手吃东西，这会被认为不干净。在德国和瑞士，用手指自己是侮辱他人的行为。希腊人在听到别人的夸奖时会用嘴喷气。洪都拉斯人把手指放在眼睛下面表示他们不相信。对美国人来说，保持眼神的接触是尊重别人和坦诚的表现，如果别人不这么做的话就是不真诚或粗鲁，而在中国却不一定。在日本，下级与上级主管谈话时眼睛向下则表示一种尊重。

在中国文化中，有些用词不一定表达真实的意图，因为人们普遍希望给人一种谦虚的印象。例如，下属面临晋升时，他可能会说自己不够条件，不足以承担更大的责任。然而他的真实意图是，希望上级敦促其接受这一晋升机会，并列举其优点和优势以及他最适合这一新的职位等评论。

15.4 如何适应不同的沟通类型

你能马上记起第一次见到就喜欢的或不喜欢的人吗？你的反应是由沟通类型的不同引起的。一种经常产生的沟通障碍就是偏向于喜欢一种沟通类型，通常是自身的沟通类型，而对其他沟通类型反应迟钝。以下的沟通类型可帮助你研究如何运用"灵活的类型"来与交谈的伙伴融洽地沟通并取得一致。

（1）社交者的沟通类型。社交者以坦率、直接的方式进行沟通。活泼而充满生气的社交者说话很快而且比起其他类型的沟通者来说不太关心事实和细节，他们很情绪化而且比较愿意将自己的感情与别人分享并且愿意听取别人的感受。为了与社交型沟通者的沟通富有成果，不要匆忙进行讨论，而是愉快地享受。

（2）领导者的沟通类型。领导者将感情深藏心中，但是对期望的结果很直截了当。他们的沟通形式趋向于迅速获得成果，因此领导者可能很固执、不耐烦而且意愿强烈。他们努力去支配和控制人们来完成他们的任务。领导者喜欢表达坚定的情感并且喜欢对其做出反应，而对接受和表达温柔的感情感到不适。如果你的沟通很准确、准备很充分、组织很严谨，那么你就可以与领导者保持富有成果的沟通。

（3）思想家的沟通类型。思想家也将感情深藏心中，但是并不直接关心任务完成的情况。思想家有时表现得孤僻、吹毛求疵并且爱挑剔，主要因为他们需要正确，而且追求尽善尽美。思想家避免对抗性的沟通，而且在说话前总会先思考。为了取得与思想家沟通的一致性，努力做到有系统、有组织、有准备。思想家需要可靠的、切实的以及真实的证据。花费一些时间向他们解释可供选择的办法以及你的观点的优势和弱势所在，可能会使沟通更有效果。

（4）健谈者的沟通类型。健谈者不直接表现他们所渴望的事情，但对感情很坦率。在健谈者与他人谈话的时候，他们会表现出赞同和默认。他们在履行一个决策之前会了解别人对它的感受。由于他们不喜欢人与人之间的争端，健谈者经常讲述别人想听的事情，而不是讲述他们心中真正的想法。健谈者喜欢表达和接受温柔的感情，如热情和支持，而憎恶如生气和厌恶等强硬的态度。为了与健谈者进行有效的沟通，你要支持他们的感情并表现出对他们的兴趣，用非正式的态度进行沟通并且表现出你正在积极地倾听。

15.5 组织沟通

具备良好的沟通技巧是成为一个好的管理者或团队领导的前提，由于每时每刻都有无数的信息在企业内流通，因此还必须在整个组织中进行沟通管理。

1. 下行沟通中存在的问题

下行沟通是指信息流从组织高层向低层的沟通。经理向秘书布置工作，监督者向下属发布命令，总裁对管理人员发表谈话等属于下行沟通。人们必须接收他们需要的信息来完成他们的工作并发展和保持对组织的忠诚，但实际情况是他们往往缺少足够的信息。

（1）信息过载问题：人们处在信息爆炸的境地，无法吸收所有的信息。许多信息虽然并不重要但数量庞大，往往造成相关信息的丢失。

（2）管理者和雇员之间缺乏公开性。管理者可能认为"没有新闻就是好新闻"。有些管理者即使在信息共享非常重要时仍然扣留信息。

（3）过滤。这在前面已经做过介绍。当信息从一个人传到另一个人时，其中一部分信息被过滤掉了。信息在许多人之间传递，每次传递都会伴随着信息的损失，同时也会因为人们的添油加醋而失真。过滤给组织带来了严重的问题。当信息通过组织多个层次向下传递时，很多信息都丢失了。

信息自上而下沟通所经过的管理层次越少，信息的丢失和失真就越少。前面谈到公司正在减少组织层次，这里可以看到扁平化组织的另一个优点，在信息传递过程中由于过滤导致失真的问题较少。充分的下行沟通在公司面临困难时显得特别有价值。当发生公司合并或收购时，员工们非常焦虑，因为他们不知道兼并会对他们产生什么影响。无论从观念还是从道义出发，公司的最高层都应该尽早将公司即将发生的变化通报给员工们。

在一项涉及两家名列"财富500"的大公司的合并中，两个工厂接收到的信息有很大的差别。两个工厂的所有员工都从CEO的公开信中得知了合并的消息。但是后来，一家工厂的员工什么信息也得不到，而在另一家工厂，最高管理层将下岗、调动、升迁和降级以及工资、工作和福利的变化及时告诉雇员们，使他们心中有数。两个工厂面临同样的问题，合并降低了员工对工作的满意度和对组织的责任感，增强了他们对公司的负面看法，即公司不可信、不诚实、对人漠不关心等。在员工得不到信息的工厂里，上述问题持续了很长时间，而在员工得到全面信息的工厂里，情况比较稳定，员工的态度趋于正常。由此可见，全面的沟通不仅可以帮助员工度过困难时期，而且向员工传递理解和关心。

2. 促进下行沟通的方式

1）要求下属去反思

在做决策或下定论之前，管理者应当首先考虑清楚，不能对下属的意见过于依赖。有的时候，即使胸有成竹，也故意要求下属反思，让他们自己去想想看这是怎么回事，看看他的想法和管理者的想法是否不谋而合。出现什么不好的结果后，在没有了解事实真相前，也不要随便把下属叫过来呵斥一顿，而应该了解事实真相，了解瓶颈在哪里，让他们自己学会分析，学会冷静地处理和解决问题。

2）恰当地给予指导

很多领导是从基层做起的，对于基层工作中的一些技巧和解决问题的方法常常是很有经验的。当下属陷入困境，而且实在不知道如何解决的时候，领导者才"该出手时再出手"，要及时地给予指导和帮助。

案例：

一个业务员出身的副总这样教育和指导手下的业务员怎样做好销售工作。

业务员："魏总，昨天那个林董事长还是没有买咱们的汽车。"

魏总："小杜，以后你回来不要跟我说，林老板没有买车，这样下去你很难有进步，我希望你下次回来能跟我说，你这一次又比上一次进步了哪些！"

小杜："可是，我真的不知道该怎么去做。"

魏总："小杜，要让对方买一辆车子，应该是把他分成六步骤。第一步，要想方设法让林老板看到你，意识到你的存在，很简单，比如，下班的时候堵在他的车子旁边直到他看到你。第二步，你无论如何要请林老板喝一杯咖啡，必要的话，你自己带着两包去当场泡，一杯给他，一杯给你自己。第三步，你一定要让林老板知道，咱们公司卖哪些车，比如日本车、美国车、欧洲车，排气量是多少。第四步，想办法了解林老板对车子的所有偏好。你要想方设法让他亲口告诉你，他喜欢欧洲车、美国车、日本车还是国产车，他喜欢黄色、白色、绿色、红色还是黑色，他喜欢四门还是五门掀背等，总要有一个说法。第五步，就是确认林老板要不要签约。假设林老板不签，然后是第六步，探求可能的原因。我们偷偷打听出来的结果是，他太太叫他不要买，林老板不好意思讲。于是我们就可以搞一个假订单给他。假订单就是所有的手续统统做完了，我们连字都签了，连我的章都盖了，只等林老板盖个章就立刻生效，而且你要告诉他，只要他不签字，这张订单就形同废纸。可是从心理学的角度分析，林老板只要把我们这张假订单放到他的抽屉里，就肯定会常常拿出来看。同时，我们营业大厅的那部他喜欢的车子，我们就故意不卖，摆在那里，上面用红纸贴上去标明林老板已经订购了，他就会每天下班偷偷地从我们的大厅门口路过，顺便来看看那部车子。基于这种心理上的压力，最后他肯定会买下我们的车子。"

3）公开式管理

公开式管理指与组织内所有员工共享重要的信息并共同发掘它在管理上的意义的管理实践。公开式管理的原则包括如下几个。

（1）将公司管理转化为员工也可以获胜的竞赛。

（2）同员工共享财务和经营信息。

（3）教会员工读懂公司的财务报表。

（4）向员工展示他们的工作是如何影响公司财务状况的。

（5）根据员工对财务指标的贡献分配奖金等报酬。

公开式管理的好处在于帮助人们了解什么对他们来说是重要的，为什么重要，并促使每个人都来关心公司的业务。它可以激发人们思考如何以不同的方式为公司做贡献，学习新的技能，通过苦干和巧干提高工作绩效。

3. 管理上行沟通

管理上行沟通是指信息从公司较低层次流向较高管理层的沟通。上行沟通对公司来说非常重要。首先，管理者可以准确地了解下属的工作和成绩，了解他们面临的问题、工作计划、工作态度和各种设想。其次，雇员有机会向上反映情况。人们可以就此减轻挫折感，增强参与意识，提高员工士气。最后，有效的上行沟通同下行沟通一起形成信息沟通的双向通道。上行沟通中可能出现的问题同下行沟通相似。管理者同他们的下属一样被各种信息包围，可能会忽略从下面传上来的信息。另外，有些员工并不是总在老板面前畅所欲言，过滤现象在上行沟通中同样存在。

要想做好上行沟通，应该从以下几点入手。

1）对于下属来说

（1）出选择题而不是出问答题。一个善于思考、做事负责的下属，是不会一天到晚请示领导的，所以应该是带着答案、准备好对策，走进总经理的办公室。例如，一个下属想请示董事长抽时间开会，如果他说："何总，您看什么时候开会比较好？"那就意味着永远没有答案了。其实应该善于给他们出选择题，比如可以这么说："何总，你看明天开会怎么样，大家想沟通一下。"何总说："明天没空。""那么，何总，你看后天怎样？"何总说："后天早上有点困难。""那么何总，后天下午三点，你看怎样？"何总说："好吧，后天下午。""何总，我到了明天下午会再提醒您一下，到了后天上午再提醒您一下，您看好吗？"所以不要指望董事长和总经理给你时间，你要学会自己安排时间或地点，然后尽量给他们出选择题，而不是给他们出问答题。

（2）出多选题而少出单选题。带着答案见上司，一定要注意，多出多选题，少出单选题。如果你只带一个答案，就表示除了这个没有更好的方法，而你又不是决策者，会让上司有一种受挟制的感觉，或者感觉你有越权的倾向。所以一个负责任的下属，不应该只有一个答案，应该让你的上司有权利在你的答案里挑一个最好的。在给出答案时，还要注意，应当尽量把每种答案、每种方法的优点和缺点以及可能的后果罗列出来，这样可以提醒上司在决策时应该考虑的因素，尽量避免出现不好的后果。就算将来出现什么问题，也可以研究问题出在哪里，落实相关责任，防止互相推诿。

2）对于上级管理者来说

（1）管理者应该为上行沟通创造条件。例如，经理应该采取开明的态度并且鼓励人们利用这一点，同员工们一起吃饭或喝咖啡，通过调查的方式询问，或者发起一项活动以征求工作建议。

（2）管理者还必须激励人们提供有效信息。对待有益的上行沟通应该加以强化，一个人想同经理谈某个问题时不应该屡遭冷落，开明政策必须名副其实。例如，通用电器公司利用小镇会议加强沟通，在小镇聚会中，不同等级的公司员工聚在一起谈论、辩论业务和组织问题。在聚会前一两天，参加者分小组工作激发出改进工作的新主意。然后，所有聚会参加者通过一个共同的上司、客户或者某个业务流程聚合在一起，对提出来的观点进行辩论，最终形成决策。

4. 管理横向沟通

许多信息须由组织中同一层次的人员来共享，这样的横向沟通可产生于同一个工作团队的人员之间，其他重要的横向沟通在不同的人员之间发生。例如，一个采购代理同一个生产工程师谈论一个难题，一个由部门领导组成的工作组开会讨论一个特定的问题等。

管理横向沟通的方式包括管理者之间的直接联系、任务小组、项目团队等。管理信息系统是另一个使信息到达组织各领域的机制。例如，摩托罗拉公司每年开会，使整个公司的不同职能部门和事业部交流共享最佳的新发现、新经验。惠普公司用公用数据库的形式使不同产品部门共享信息和创意。通用电器公司的各类业务能够完全独立地运营，但同时，每个业务部门有帮助其他部门的义务。他们互相交流技术资源、人员、信息、观点和资金。通用电器公司通过首席执行官和各部门联系的便捷性建立了高效的沟通和协作；他们建立了一个开放、信任、诚实和互助的文化，所有高层经理人员每季度都有非正式聚会以共享信息、观点。

在进行横向沟通时应注意以下原则。

(1) 要体谅谦让。横向沟通一定要表现出体谅和谦让的态度，尤其对别人提供帮助所可能带来的不便或损失，一定要表示理解和感谢，表示能够体谅他的难处。

(2) 要主动配合和协助。最好自己先提供协助，别人才愿意反过来配合你、协助你。所以平时就要主动地、有意识地给别人提供方便和帮助，自己先制造一些对别人的贡献，然后要求别人来配合自己，最后谋求一个双赢的结果。

(3) 跟其他部门沟通的时候，不要总是强调给对方带来的好处，因为如果你只说对别人有好处，别人很可能不会相信，对你缺乏信任；但如果总是强调对自己有好处，人家就会觉得你自私。所以要提出一个双赢的观点，让对方意识到这样做可以让大家都很愉快，大家都很喜欢，大家都很满足，非常合理，然后帮你顺利实现目标。这就是横向沟通的双赢。

5. 正式沟通和非正式沟通

组织内沟通可按正式程度划分。正式沟通是官方的、组织规定的信息传递过程。这种沟通可以是上行的、下行的、横向的并且通常是书面的，有计划预先安排的，是完成某项任务所不可缺少的。

非正式沟通是非官方的。闲言碎语和谣言在非正式沟通的网络中非常。常有员工私下抱怨他们的上司，谈论喜爱的球队，议论同事的隐私，工作团队的成员们告诉新来者如何办事等。一个企业里如果非正式沟通管理不力，造成谣言四起，就会影响员工的士气。管理非正式沟通主要有以下几种方法。

(1) 如果一位经理听到了一个传闻，他应该去找相关的主要人物来理清事实或询问看法。

(2) 就重要而又未做说明的事情做出解释；通过提供事实消除不确定性；建立公开的沟通渠道和长期的信任关系。

(3) 如果谣言很荒谬就不予理睬；公开肯定其中的正确部分；公开地对其评论（评论并不意味着肯定）；如果根据其真相可以否定谣言就否定它；确保与谣言有关的沟通渠道始终畅通；找一个具有适当地位和相关知识的发言人；如果必要可以开一个发布会。

思 考 题

1. 设想一下你面临的一个沟通难题。是什么引发这样的沟通困难？你认为怎么做才会更好？

2. 你是否经历或看到过因为不能很好使用一种共同语言而出错的状况？你怎样和不同语言的人打交道？

3. 你如何理解公开式管理？如果你来经营公司，将会怎么做？

4. 讨论一下你所听说的谣言：这些谣言是针对什么事？怎么产生的？人们怎么对待它？如果你是领导者，将会如何处理公司里的这种谣言？

5. 你觉得正式沟通和非正式沟通哪个更有效？

6. 你觉得自己与他人沟通有效顺畅吗？如果顺畅，请谈谈你运用了哪些有效沟通的方法；如果不顺畅，请分析是哪些原因造成了沟通障碍，可以如何提高沟通效果？

7. 你认为在沟通中应当如何降低误解的可能性？

8. 你在与人沟通时会关注自己和他人的肢体语言吗？你认为肢体语言会带来什么样的信息？

案例资源1

奥斯特曼的沟通问题

联合制造公司总经理奥斯特曼对随时把本公司经济上的问题告诉雇员们的重要性非常了解。她知道，由于市场价格不断跌落，公司正在进入一个困难的竞争时期。同时她也清楚，为了保住公司的市场份额，必须降低本公司产品的出售价格。

奥斯特曼每月向所有雇员发出一次定名为"来自总经理部"的信，她认为这是传递信息的一种好方式。然而，一旦出现了重要情况，她还要把各部门负责人召集到那个简朴的橡木镶板的会议室里。根据会议的礼仪规定，所有与会人员都要在预定时间之前就座，当奥斯特曼夫人进来时要起立致意，直至得到允许后再坐下。这次会议，奥斯特曼进来后只简单地点了点头，示意他们坐下。

"我叫你们都来，是想向你们说明我们所面临的可怕的经济形势。我们面对的是一群正在咬我们脚后跟的恶狼一样的对手。他们正在迫使我们以非常低的价格出售我们的产品，并且要我们按根本不可能实现的日期交货。如果我们这个大公司——自由企业的一个堡垒还打算继续存在下去，我们所有的人就都要全力投入工作，齐心协力地干。下面我具体地谈谈我的意见。"

在她发表完意见以后，奥斯特曼用严厉的目光向在座的人扫视了一下，似乎在看是否有人敢讲什么。没有一个人说话，因为他们都知道，发表任何意见都会被奥斯特曼夫人看成持有不同意见。

"首先，我们这里需要想象学。我们需要积极思想的人，而且所有的人都应当通力合作。我们必须要使生产最优化，在考虑降低成本时，不能对任何一个方面有所疏忽。为了实现降低成本的应急计划，我在公司外聘请了一个最高级的生产经理。

我们要做的第二件事是最大限度地提高产品质量。在我们这个企业里，质量就是一切。每部机器都必须由本部门的监督员按计划进行定期检验。只有经过监督员盖章批准后，机器才能开始运转，投入生产。在质量问题上，再小的事情也不能忽视。

最后，我要谈谈相互配合的问题。这对我们来说比其他任何问题都更加重要。要做到这一点，非齐心不可。领导就是配合，配合就是为同一目标共同努力。你们是管理部门的代表，是领导人，我们的目标你们是知道的。现在让我们一起努力工作，并迅速地把我们的这项复杂的事情搞好吧！要记住，我们是一个愉快的大家庭。"

奥斯特曼结束了她的讲话，参加会议的人都站了起来，静立在各自的椅子旁边。奥斯特曼收起文件，离开会议室朝她的办公室走去。

（资料来源：http://www.em-cn.com/Article/200704/16182316.html.）

思考题

1. 在这个案例中，构成沟通障碍的除了语言因素之外，还有什么因素？
2. 假若这次会议由你安排，你打算怎样来保证双向的沟通？

案例资源2

迪特尼公司的企业员工意见沟通制度

迪特尼·包威斯公司是一家拥有12000余名员工的大公司，它早在几十年前就认识到员工意见沟通的重要性，并且不断地加以实践。现在，公司的员工意见沟通系统已经相当成熟和完善。特别是在20世纪80年代，面临全球的经济不景气，这一系统对提高公司劳动生产率发挥了巨大的作用。

公司的"员工意见沟通"系统是建立在这样一个基本原则之上的：个人或机构一旦购买了迪特尼公司的股票，他就有权知道公司的完整财务资料，并得到有关资料的定期报告。

本公司的员工，也有权知道并得到这些财务资料和一些更详尽的管理资料。迪特尼公司的员工意见沟通系统主要分为两个部分：一是每月举行的员工协调会议，二是每年举办的主管汇报和员工大会。

1. 员工协调会议

早在几十年前，迪特尼·包威斯公司就开始试行员工协调会议，员工协调会议是每月举行一次的公开讨论会。在会议中，管理人员和员工共聚一堂，商讨一些彼此关心的问题。无论在公司的总部、各部门、各基层组织都举行协调会议。这看起来有些像法院结构，从地方到中央，逐层反映上去，而公司总部的协调会议是标准的双向意见沟通系统。

在开会之前，员工可事先将建议或怨言反映给参加会议的员工代表，代表们将在协调会议上把意见转让给管理部门，管理部门也可以利用这个机会，同时将公司政策和计划讲解给代表们听，相互之间进行广泛的讨论。

要将迪特尼12000多名职工的意见充分沟通，就必须将协调会议分成若干层次。实际上，公司内共有90多个这类组织。如果有问题在基层协调会议上不能解决，将逐级反映上去，直到有满意的答复为止。事关公司的总政策，一定要在首席代表会议上才能决定。总部高级管理人员认为意见可行，就立即采取行动，认为意见不可行，也要把不可行的理由向大家解释。员工协调会议的开会时间没有硬性规定，一般都是一周前在布告牌上通知。为保证员工意见能迅速逐级反映上去，基层员工协调会议应先开。

第15章 沟通及技巧

同时，迪特尼公司也鼓励员工参与另一种形式的意见沟通。公司在四处安装了许多意见箱，员工可以随时将自己的问题或意见投到意见箱里。

为配合这一计划实行，公司还特别制定了一些奖励规定，凡员工意见经采纳后，产生了显著效果的公司将给予优厚的奖励。令人欣慰的是，公司从这些意见箱里获得了许多宝贵的建议。

如果员工对这种间接的意见沟通方式不满意，还可以用更直接的方式来面对面和管理人员交换意见。

2. 主管汇报

对员工来说，迪特尼公司主管汇报、员工大会的性质与每年的股东财务报告、股东大会相类似。公司员工每人可以接到一份详细的公司年终报告。

这份主管汇报有20多页，包括公司发展情况、财务报表分析、员工福利改善、公司面临的挑战以及对协调会议所提出的主要问题的解答等。公司各部门接到主管汇报后，就开始召开员工大会。

3. 员工大会

员工大会都是利用上班时间召开的，每次人数不超过250人，时间大约3小时。员工大会大多在规模比较大的部门里召开，由总公司委派代表主持会议，各部门负责人参加。会议先由主席报告公司的财务状况和员工的薪金、福利、分红等与员工有切身关系的问题，然后便开始问答式的讨论。

这里有关个人问题是禁止提出的。员工大会不同于员工协调会议，提出来的问题一定要具有一般性、客观性，只要不是个人问题，总公司代表一律尽可能予以迅速解答。员工大会比较欢迎预先提出问题的这种方式，因为这样可以事先充分准备，不过大会也接受临时性的提议。

下面列举一些讨论的资料：

问：本公司高级管理人员的收入太少了，公司是否准备采取措施加以调整？

答：选择比较对象很重要。如果选错了参考对象，就无法做出客观评价，与同行业比较起来，本公司高层管理人员的薪金和红利等收入并不少。

问：本公司在目前经济不景气时，有无解雇员工的计划？

答：在可预见的未来，公司并无这种计划。

问：现在将公司员工的退休基金投资在债务上是否太危险了？

答：近几年来债券一直是一种很好的投资，虽然现在比较不景气，但是立即将这些债券脱手，将会造成很大损失。为了这些投资，公司专门委托了几位财务专家处理，他们的意见是值得我们考虑的。

迪特尼公司每年在总部都要先后举行10余次的员工大会，在各部门要举行100多次员工大会。那么，迪特尼公司员工意见沟通系统的效果究竟如何呢？

在20世纪80年代全球经济衰退中，迪特尼公司的生产率每年平均以10%以上的速度递增。公司员工的缺勤率低于3%，流动率低于12%，在同行业最低。

许多公司经常向迪特尼公司要一些有关意见沟通系统的资料，以做参考。

（资料来源：改编自中国教育在线.）

思考题

1. 迪特尼公司是怎样具体实施员工沟通制度的？
2. 迪特尼公司的总体指导原则是什么？依据是什么？
3. 既然迪特尼公司的这种方法能取得如此效果，为什么至今采用这种方法的公司不多？

实践教学环节：管理游戏——领导与沟通

如果你是领导者，你能"遥控"好你的员工吗？如果你是员工，你能和领导默契配合吗？本游戏对此提出了挑战。

活动人数：8人

活动时间：15分钟

活动场地：不限

活动用具：4个眼罩，一条20米长的绳子

活动规则如下：

（1）教师选出一位总经理、一位总经理秘书、一位部门经理、一位部门经理秘书、四位操作人员。

（2）教师把总经理及总经理秘书带到一个看不见的角落，然后给他说明游戏规则。

总经理要让秘书给部门经理传达一项任务，该任务就是由操作人员在戴着眼罩的情况下，把一条20米长的绳子做成一个正方形，绳子要用尽。

① 全过程不得直接指挥，一定是通过秘书将指令传达给部门经理，由部门经理指挥操作人员完成任务。

② 部门经理有不明白的地方也可以通过自己的秘书请示总经理。

③ 部门经理在指挥的过程中要与操作人员保持5米以上的距离。

（3）由教师带领学生讨论下列问题：

① 作为操作人员你怎样评价你的这位部门经理？如果是你，你会怎样来分派任务？

② 作为部门经理，你对总经理的看法如何？对操作人员在执行过程中看法如何？

③ 作为总经理，你对这项任务的感觉如何？你认为哪些方面是可以改善的？

活动要点如下。

（1）处在首位的领导者，必须通过一些技巧的组合以及对人性、时机的把握，从而走向成功。任何一个领导者都必须严肃地对待下面这些问题：如何使人们具有完成任务的动力？如何使所有人协调一致？如何确保信息能被一级一级地传达？当工作变得繁重时，如何使他们不抱怨。

（2）领导者是团队的灵魂，领导者的表现和能力直接关系到团队的成绩。因此，在强调队员提高自身能力的同时，领导者也应该加强对自身的认识。自己是哪种领导者？优势和劣势在哪里？还有什么地方需要改进？通过这个游戏可以帮助你对自己增强认识。

第5篇 控制工作

第16章 控 制

 **学习目标**

学完本章节，应该了解以下要点：
1. 控制的概念；
2. 控制的过程；
3. 控制的类型；
4. 控制的焦点；
5. 实施有效控制的必要条件；
6. 如何建立有效的控制系统。

 **引导案例**

哈勃望远镜的困境

经过长达15年的精心准备，耗资超过15亿美元的哈勃太空望远镜最后终于在1990年发射升空。但是，美国国家航天管理局仍然发现望远镜的主镜片存在缺陷。由于直径达94.5英寸的主镜片的中心过于平坦，导致成像模糊。因此望远镜对遥远的星体无法像预期的那样清晰地聚焦，结果造成一半以上的实验和许多观察项目无法进行。

而造成这项重大失误的原因则非常不可思议。是因为镜片的生产商使用了一个有缺陷的光学模板来生产如此精密，对质量要求如此高的镜片。具体原因是在镜片的生产过程中，进行检验的一种无反射校正装置没有设置好。但是却没人发现这个错误，此外，美国国家航天局中负责哈勃项目的官员，对望远镜制造过程中的细节根本就不重视，没有对制造过程加以必要的控制。

这个案例说明，在一个组织中，如果没有良好、完备的控制将会发生多严重的后果。一件事情，无论计划做得多么完善，无论愿望多么的美好，如果没有令人满意的控制系统，在实施的过程中仍会出现很多难以想象的问题。

博士伦眼镜公司也曾遭遇控制方面的严重问题。

20世纪80年代到90年代，博士伦公司获得了巨大的成功。隐形眼镜和流行于"布鲁斯兄弟"和"冒险行当"等电影中的旅行太阳镜的销售迅速增长，销售额和利润是原来的3倍，分别达到了15亿美元和1.5亿美元。股东持有股票的价值为原来的5倍，首席执行官丹·吉尔的年薪高达650万美元。

达到两位数的增长是吉尔压倒一切的目标，在这一点上，他甚至是冷酷无情的。公司文化就是吉尔个人形象的写照：固执、过度的要求和以数字为导向。隐形眼镜部前经理罗德·约翰逊回忆，"每年，高层经理们就他们想要达到的数字达成一致意见，任何不足都是不能容忍的。一旦你在任务书上签了字，你就必须做到。"

但事情开始变化，在20世纪90年代中期，美国经济进入了缓慢增长时期，欧洲的竞争也日益激烈。尽管存在这些因素，吉尔还是没有改变他那高速增长的目标。作为对策，业务经理们只好将存货推给分销商，以此完成销售目标。例如，约翰逊要求公司在美国的30个分销商接受老式的"优视"眼镜的大量库存——相当于两年的销售量，否则，就取消分销商的资格。结果是，除了两个分销商以外的其他分销商都接受了，而那两个分销商们被中止了合同，约翰逊在账簿上记了2300万的销售额。最后，这些存货还是返还给了博士伦，因为分销商拒绝付款。这些行为还引起了证券交易委员会的调查，股东们起诉了公司以虚假的销售额和利润误导投资者。尽管吉尔否认将存货推给分销商，但并不能掩盖事实本身。遮光太阳镜也出现了类似的问题。公司中国香港分部假意为东南亚的分销商订购大量货物，但实际上从未将货物发出，只是从博士伦公司的仓库转到了其他地方。销售经理们不停地游说分销商购买超额存货。

即使在公司总部发现了销售下降和应收账款迅速增长之后，也没停止对销售额的片面追求：1994年销售预算从1.51亿美元上升到1.76亿美元。但是由于销售渠道不畅，实际完成的销售额只有0.858亿美元，亏损达到0.617亿美元。内部审计师最后终于发现了大量的反常现象，包括塞在中国香港仓库里的50万副太阳镜。

这是偶然发生的吗？有些人是这样认为的。公司审计委员会的肯尼斯·沃尔夫说："不幸的是，当分销机构遍布全球的时候，人们做了不应该做的事。但我不认为这是什么大问题。"吉尔也推卸了自己的责任："首席执行官对公司日常运营不可能面面俱到。我不是推卸责任，但作为主席，我对发生的事情只有一般性的了解。"1995年，公司解雇了吉尔。

为什么像博士伦这样的备受尊敬的公司会失去控制？人们总是从他们自己的角度出发，以他们认为是对自身有利的聪明或不聪明的方式采取行动，这些行动很可能对组织整体造成危害。博士伦就是如此。没有约束人们行为的方法，公司就会崩溃。从这个角度看，控制是将组织联系在一起的最基本的力量。

（资料来源：[美]托马斯·贝特曼，思考特·斯奈尔. 管理学——构建竞争优势［M］. 王雪莉，译. 北京：北京大学出版社，2004.）

控制就是采用正确的标准衡量计划的执行过程，目的是引导人们的行为，以达到组织的目标。有些管理者不愿意承认这一点，但是控制问题——缺少控制或控制错误将导致组织不可挽回的损害。无效的控制体制带来包括员工盗窃、外汇风险等各种问题。

控制常常被称为计划的孪生子之一，它的孪生兄弟是计划。一定的控制是必要的，因为一旦管理者制订了计划和战略，就必须保证计划得到执行。如果计划没有被很好地执行，管理者就必须采取行动对问题进行修正，这其实就是管理的基本控制过程。为了保持创造力，提高质量，减少成本，管理者必须找到控制组织中各种问题的方法。毫无疑问，有效的计划促进控制，有效的控制又会反作用于计划。计划是未来的框架，从这一点上看，提供了控制的蓝图。控制系统反过来调节资源的利用和配置，从而有利于计划的进行。在当今这种复杂的组织环境中，这两种职能在组织的各个部门变得越来越重要了，同时计划和控制的执行也越来越困难了。管理者必须对人员、存货、质量和成本进行有效的控制。

第16章 控 制

16.1 控制的概念

控制可定义为监视各项活动以保证它们按计划进行并纠正各种重要偏差的过程。

所有的管理者都应当承担控制的职责,即便他的部门是完全按计划运作。一个有效的控制系统可以保证各项行动完成的方向是朝着组织目标的。控制系统越完善,管理者实现组织的目标就越容易。

有效的管理者应该始终督促他人,以保证应该采取的行动实际上已经在进行,保证他人应该达到的目标事实上已经达到。

许多管理者由于害怕下属错误而不愿授权,如果形成一个有效的控制系统,这种不愿授权的事情就可以大大减少。经常听说一个组织离开了谁,就会变得怎样的糟糕,其实这是不正常的现象,说明组织没有一个完善的控制系统,人的因素超过了控制体制带来的规范。

16.2 控制的过程

在讨论控制的过程之前,应设想控制过程中确定行动的标准总是存在的,这些标准实际上是一系列目标,是可以用来对实际行动进行度量的。标准必须从计划中产生,计划必须先于控制。

1. 设定绩效标准

每个组织都有自己的目标,包括盈利能力、创新和顾客满意度等。标准是期望绩效达到某种水平的目标,对绩效进行激励,并作为对实际的绩效进行考察评价的基准。从这个意义上说,可以为任何活动设定标准,这些活动包括财务活动、经营活动、法律承诺、慈善活动等。

举例来说,设定员工的激励目标是围绕具体性和可操作性的绩效标准,必须具有挑战性和典型性,应该以在过去的绩效水平上有所提高为目标。量化的绩效控制目标包括:将市场份额提高20%,降低15%的成本,在24小时内对顾客的投诉做出回应,投资回报率达8%,年产量达80万件等。工作要求和目标可以对标准的设定提供帮助,如为了控制销售费用,可以根据销售人员必需的差旅费用和在途时间设定标准。

2. 衡量实际绩效

管理者首先需要收集必要的信息,然后开始衡量。衡量主要有4种方法,分别是个人观察、统计报告、口头汇报和书面报告。这些方法分别有其长处和缺点。

个人观察提供了关于实际工作的最直接和最深入的第一手资料,任何实际工作的过程都是可以观察的,尤其可以获得面部表情、语调以及是否偷懒这些常被其他来源所忽略的信息。

3. 将实际绩效与标准比较

通过比较可以确定实际工作绩效与标准之间的偏差。在某些活动中，偏差是在所难免的。因此确定可以接受的偏差范围是非常重要的。如果偏差显著地超过这个范围，就应该引起管理者的注意。

4. 采取管理行动

管理者应该在下列 3 种行动方案中进行选择：不采取任何行动（不详述）、改进实际绩效、修订标准。

（1）改进实际绩效：如果偏差是由于绩效的不足所产生的，管理者就应该采取纠正行动。这种纠正行动的具体方式可以是管理策略、组织结构、补救措施或培训计划上的调整，也可以是重新分配员工的工作，或做出人事上的调整。

管理者在采取纠正行动之前，首先要决定他（或她）是应该采取立即纠正行动，还是彻底纠正行动。立即纠正行动是指立即将出现问题的工作纠正到正确的轨道上；而彻底纠正行动则首先要弄清工作中的偏差是如何产生的，为什么会产生，然后从产生偏差的地方开始进行纠正行动。事实证明，作为一个有效的管理者，对偏差进行认真分析，并花一些时间永久性地纠正实际工作绩效与标准之间的偏差是非常有益的。

（2）修订标准：工作中的偏差也有可能来自不现实的标准，也就是说指标定得太高或太低。在体育运动中经常发生这样的事情：当运动员们在赛季的较早时候就达到他们的目标时，教练就会提高他们的目标水准。

当把标准降低时，可能会引起许多麻烦。如果某个员工或某个部门的实际工作与标准之间的差距非常大时，对偏差的抱怨自然就会转到标准上。例如，学生常常抱怨是扣分过严才导致他们的低分，因此他们不愿承认是他们不够努力，而是争辩说是打分标准太不合理。与此相似，销售人员将没有完成月度销售归咎于不现实的定额标准，也许确实是定额太高了。

16.3 控制的类型

1. 前馈控制

发生于实际工作开始前，它是未来导向的，它能避免预期出现的问题。例如，一个驾车者想要保持爬坡速度，通常不会等到速度表显示速度下降后才去踩加速器。相反，驾车者知道，山坡是系统中干扰车速的一个变量，所以在速度下降前踩加速器来弥补这一不足。同样，猎人总是瞄准野鸭飞行的前方，以便纠正射击与希望击中目标之间的时滞。

前馈控制需要及时和准确的信息，但不幸的是这些常常是很难办到的，因为事先的预测和实际情况之间总是存在着不同程度的差距。因此管理者总是不得不借助于另外两种形式的控制。

2. 同期控制（现场控制）

从名称就可以看出，同期控制是发生在活动进行之中的控制。在活动进行之中予以控制，管理者可以在发生重大损失之前及时纠正问题。

最常见的同期控制方式是直接视察，如管理者直接视察下属的工作时，可以在现场监督雇员的实际工作，并在发生问题时马上进行纠正。许多计算机系统在程序中就设置了当出现错误时操作人员应采取的行动。当输入一个错误的命令时，程序的同期控制会拒绝操作人员的要求，有时甚至会告诉操作人员错误的原因。

3. 反馈控制

反馈控制是指绩效数据被收集和分析整理，结果返回给某些人（某些事），以便进行修正。最常用的控制类型就是反馈控制。当管理者对具体的行为进行监督时，他们实施的是同期控制，但当他们指出生产中的错误并进行修正时，他们就是利用反馈作为控制的手段。控制作用发生在行动之后。反馈控制的主要缺点在于管理者获得信息时损失已经造成了，如企业中有一项经常做的工作就是将实际发生的费用与季度预算进行比较或将绩效的某一方面与上一年同期的计划比较等。如果反馈的信息不及时，管理者就不能很快地发现并解决问题从而防止更严重的损失。再如，家用恒温器就是一个反馈和信息控制系统，当室内温度低于预定温度时，制热系统接到电子信号自动启动；当室内温度升高到预定温度时，制热系统接到信号后会自动关闭。这种不间断地衡量、启动和关闭制热系统，使室内始终保持理想的温度。反馈控制的优点是：第一，为管理者提供了关于计划的效果究竟如何的真实信息；第二，如果偏差很大，管理者就应该利用这一信息使新计划制订得更有效。

16.4 控制的焦点

1. 人员

管理者是通过他人的工作来实现其目标的。为了实现单位的目标，管理者需要而且也必须依靠下属员工。

2. 财务

每个企业的首要目标是获取一定的利润。在追求这个目标时，管理者借助于费用控制。例如，管理者可能仔细查询每季度的收支报告，以发现多余的支出。他们也可能进行几个常用财务指标的计算，以保证有足够的资金支付出现的各种费用。

3. 作业

一个组织的成功，在很大程度上取决于它在生产产品和提供服务的能力上的效率和效果。典型的作业控制包括：监督生产活动以保证其按计划进行；评价购买能力，以尽可能低的价格提供所需的质量和数量的原材料；监督组织的产品或服务的质量，以保证满足预订的标准。

4. 信息

不精确的、不完整的、过多的或延迟的信息将会严重阻碍管理者的行动，因此应该开发出一种管理信息系统，使它能在正确的时间，以正确的数量，为正确的人提供正确的数据。

5. 组织绩效

许多研究部门为衡量一个机构的整体绩效或效果做着不懈的努力。在政府部门中，要决定一个部门的预算是增加还是减少，其根本的依据是该部门的任务和绩效。

以上事实证明，为了维持或改进一个组织的整体效果，管理者应该关心控制，控制的指标有很多种，如生产率、效率、利润、员工士气、产量、适应性、稳定性等，但其中任何一个单独的指标都不能等同于组织的整体绩效。

16.5 实施有效控制的必要条件

有效的控制系统将潜在的利益最大化，将不良反应最小化。如果要使控制系统正常运转，那么，这些系统就必须与计划、职位相适应，与管理人员及其个性相适应，同效率和效果的需要相适应。

1. 将控制与计划和职位挂钩

所有控制方法和系统都应该反映所指定的、有待实施的计划。同样，控制应该同职位相适应，主管制造的副总裁所要做的工作肯定不同于车间主任的工作。此外，控制还应反映组织结构，表明谁对计划的实施和产生脱离计划的偏差负责。

2. 将控制与每个管理者挂钩

控制也必须依各个管理人员的情况而定。当然，控制系统和信息都是为了帮助各个管理人员履行控制职能，假如这种系统不是管理人员所能理解的，那它就是无用的。人们对不能理解的事物是不会信任的，而对不信任的事物，人们也就不可能使用它。

3. 在关键点上进行例外情况控制

控制满足效率与效益的需要最重要的方法之一是，要确保设计的控制系统能处理例外情况。换言之，关注预期绩效的例外情况可以使管理人员充分利用由来已久的例外原则，检查他们需要关注的地方。

但是，仅仅注意到例外是不够的，有些偏差标准的情况无关紧要，而另外一些偏差却意义重大，如某位管理人员也许对办公室人工成本超出预算 5% 深感忧虑，但对邮资费用超出预算的 20% 无动于衷。

因此，在实际工作中，例外原则必须与控制关键点的原则一并贯彻。仅仅注意到例外情况是不够的，人们还必须注意关键点上的例外情况。有效的控制要求管理人员将主要精力放在那些最为重要的事项上。

4. 力求控制的客观性

管理必然带有许多主观成分，但对下属人员工作的好坏不应加以主观评定。如果控制是主观臆断，管理人员或下属的个性会影响对绩效的判断而使其失去准确性。有效的控制要求客观的、准确的和适合的标准，如麦当劳公司在其所有的餐馆内严格实施和保持同样的质量标准。

5. 确保控制的灵活性

面对变更的计划，不可预见的情况或彻底的失败，控制职能仍应发挥作用。在计划失败或者发生意想不到的变更情况下，要想保持有效控制，控制系统就必须具有灵活性。

灵活控制的必要性是容易加以说明的，如预算系统可以预计一定数量的经费，并授权管理人员在此经费标准内雇佣劳动力、采购原材料以及提供服务。在通常情况下，预算是以一定的预测销售额为依据的。如果实际销售量大大高于或低于预测，那么，该预算也就变得毫无意义了。

6. 控制系统与公司文化的匹配

为了确保有效的控制，任何控制系统或方法都必须适合组织文化。例如，在一个员工享有相当大的自主权和参与权的组织中，如果采用严格的控制系统，其结果大大违反员工意愿以至于注定它要失败。另外，如果下属是一位几乎不允许员工参与决策的主管来领导，那么，即使采用一般化和随意性控制系统，也难以取得成功。凡参与意识不强的员工，都希望有明确的绩效标准、衡量绩效的方法以及具体的指示。

7. 控制的经济性

控制一定要物有所值，尽管这个要求很简单，但做起来却常常遇到困难。管理人员有时难以确定某个具体控制系统是否值得用，也难以判断其费用是多少。经济与否只是一个相对的概念，因为控制的效益会由于业务活动的重要程度、业务规模、在非控制情况下可能产生的费用以及控制系统起到的作用而有所不同。

8. 控制的精确性

一个适当的控制系统应能揭示何处出现失误，谁对失误负责，并能够确保采取纠正措施。只有通过适当的计划、组织、人员和领导的努力纠正了脱离计划的偏差，才能证明控制系统存在的必要性。

16.6　建立有效的控制系统

有效的控制系统将潜在的利益最大化，将不良反应最小化。为达到这个目标，管理者必须设计有效的控制系统。

1. 建立有效的绩效标准

有效的控制系统必须建立在有效的、准确的绩效标准上。最有效的标准倾向于可以量化的标准，而不是客观的或主观的。此外，衡量方法应该是不容易被欺骗或破坏的，因为没有被考核的行为常常容易被忽视。但管理者也要考虑另外一个问题：过多的考核会带来控制过度和员工的抵制。为使控制是可接受的，在制定"满意"的绩效标准的时候，管理者必须集中在几个重要的方面，如采购部门可能需要达到以下目标：质量、可得性、成本和库存水平。最后，管理者可以给定误差范围，如制定最优、一般和最低标准。许多公司只注重成本预算，这使管理者在进行成本控制的时候忽略了利润的增长。但在摩托罗拉公司，却有了改变。过去，摩托罗拉公司人事部的控制标准是在每个新员工身上花了多少钱，而现在的标准是这些新员工被聘用后表现如何。

2. 将充分的信息传递给员工

管理者必须保证将控制系统的重要性和特点传递给员工。员工必须接收到关于自己绩效的反馈。反馈可以激励员工，提供信息使他们能够根据标准对自己的行为进行修正。让员工自发地修正自己的行为，鼓励自我控制，减少外部监督。

信息应尽可能容易地获得，特别当人们必须迅速或经常做出决策的时候。例如，拥有自己车队的一家食品公司就可能面临一个难题：公司希望司机每天晚上浏览客户的销售记录，早上再将从总部传来的新报价加进去，然后开始一天的工作——这是以往不可能达到的。为了解决这一控制问题，公司在1000多辆卡车上安装了微型计算机终端。现在，司机用微型计算机与总部进行双向沟通。每天晚上司机将有关各个商店的信息发送到总部，每天早上，总部将价格发送给司机，并提出配货的建议，从而使配送效率大大提高。

3. 保证员工能够接受

如果员工接受了控制系统，他们就不大可能进行抵制和制造障碍。他们愿意接受的是有用的但又不过度的控制系统。只有员工相信标准是可能达到的，他们才可能接受。控制系统应该强化正面行为而不只是控制负面行为。有一家名为CMB的包装公司让它的94家利润中心的经理预测最完美的绩效，希望它的经理们"梦想不可能的梦想"。公司评价分公司绩效的时候，不是看他们今年与去年相比做得如何，而是看与同行最好的经理相比较做得如何。

4. 使用多种方法

多种控制方法是必需的。例如，赌场可能这样控制发牌人：①取得发牌的许可；②使用各种直接的监控手段，包括闭路摄像、通过单面镜监视等；③要求提交详细的书面报告，以检查现金的流入和流出是否平衡。

思 考 题

1. 人们常常认为计划与控制是一个系统，也有人常常把控制称为系统，这两种看法说明了什么？这两种表达都可以成立吗？说说你的看法。
2. "计划往前看，控制往后看。"你怎样理解？
3. 什么是前馈控制？为什么它对管理人员有重要作用？除了本章中所列举的库存控制的实例之外，你能否提出有哪些业务领域也可以使用前馈控制？并具体解释如何进行控制。
4. 如果请你为一家公司制定一个"量体裁衣"的控制系统，你将会怎么办？你还需了解什么情况？
5. 领导与控制的区别是什么？计划和控制的区别是什么？请说说你的看法。
6. 组织文化作为一种控制机制是怎样发挥作用的？它有何局限？管理者何时会依赖"派系"控制？
7. 授权赋能意味着失控吗？为什么？
8. 控制过程的4个步骤中，哪个是最重要的？
9. 你能举出一个没有使用任何控制的组织吗？结果会怎样？

第16章 控制

案例资源1

查克停车公司的控制问题

如果在好莱坞贝弗利山举办一个晚会，可能会有这样一些名人来参加，如尼科尔森、麦当娜、克鲁斯、切尔、查克·皮克。"查克·皮克？""当然！"没有停车服务员你不可能开一个晚会，在南加州停车行业内响当当的名字就是查克·皮克。查克停车公司中的雇员有100多人，其中大部分是兼职的，每周他至少为几十个晚会办理停车业务。在一个最忙的周六晚上，可能要同时为6~7个晚会提供停车服务，每一个晚会可能需要3~15位服务员。

查克停车公司是一家小企业，但每年的营业额差不多有100万美元。其业务包含两项内容：一项是为晚会料理停车；另一项是不断地在一个乡村俱乐部办理停车经营特许权合同。这个乡村俱乐部要求有2~3个服务员，每周7天都是这样。但是查克的主要业务来自私人晚会。他每天的工作就是拜访那些富人或名人的家，评价道路和停车设施，并告诉他们需要多少个服务员来处理停车的问题。一个小型的晚会可能只要3~4个服务员，花费大约400美元。然而一个特别大型的晚会的停车费用可能高达2000美元。

尽管私人晚会和乡村俱乐部的合同都涉及停车业务，但它们为查克提供的收费方式却很不相同。私人晚会是以当时出价的方式进行的。查克首先估计大约需要多少服务员为晚会服务，然后按每人每小时多少钱给出一个总价格。如果顾客愿意"买"他的服务，查克就会在晚会结束后寄出一份账单。在乡村俱乐部，查克根据合同规定，每月要付给俱乐部一定数量的租金来换取停车场的经营权。他收入的唯一来源是服务员为顾客服务所获得的小费。因此，在私人晚会服务时，他绝对禁止服务员收取小费，而在俱乐部服务时小费是他唯一的收入来源。

（资料来源：中华管理学习网.）

思考题

1. 你是否认为查克的控制问题在两种场合下是不同的？如查克确实如此，为什么？
2. 在前馈、反馈和同步控制这3种类型中，查克应采取哪一种手段对乡村俱乐部业务进行控制？对私人晚会停车业务，又适宜采取何种控制手段？

案例资源2

麦当劳公司的控制系统

麦当劳公司以经营快餐闻名遐迩。1955年，克洛克在美国创办了第一家麦当劳餐厅，其菜单上的品种不多，但食品质量高，价格廉，供应迅速，环境优美。连锁店迅速发展到每个州，至1983年，国内分店已超过6000家。1967年，麦当劳在加拿大开办了首家国外分店，以后国外业务发展很快。到1985年，国外销售额约占销售总额的1/5。在40多个国家里，每天都有1800多万人光顾麦当劳。

麦当劳金色的拱门允诺：每个餐厅的菜单基本相同，而且"质量超群，服务优良，清洁卫生，货真价实"。它的产品、加工和烹制程序乃至厨房布置，都是标准化的，严格控制的。它撤销了在法国的第一批特许经营权，因为他们尽管盈利可观，但未能达到在快速服务和清洁方面的标准。

麦当劳的各分店都由当地人所有和经营管理。鉴于在快餐饮食业中维持产品质量和服务水平是其经营成功的关键，因此，麦当劳公司在采取特许连锁经营这种战略开辟分店和实现地域扩张的同时，就特别注意对各连锁店的管理控制。如果管理控制不当，使顾客吃到不对味的汉堡包或受到不友善的接待，其后果就不仅是这家分店将失去这批顾客及其周遭人光顾的问题，还会波及影响到其他分店的生意，乃至损害整个公司的信誉。为此，麦当劳公司制定了一套全面、周密的控制办法。

麦当劳公司主要是通过授予特许权的方式来开辟连锁分店。其考虑之一，就是使购买特许经营权的人在成为分店经理人员的同时也成为该分店的所有者，从而在直接分享利润的激励机制中把分店经营得更出色。特许经营使麦当劳公司在独特的激励机制中形成了对其扩展中的业务的强有力控制。麦当劳公司在出售其特许经营权时非常慎重，总是通过各方面调查了解后挑选那些具有卓越经营管理才能的人作为店主，而且事后如发现其能力不符合要求则撤回这一授权。

麦当劳公司还通过详细的程序、规则和条例规定，使分布在世界各地的所有麦当劳分店的经营者和员工们都遵循一种标准化、规范化的作业。麦当劳公司对制作汉堡包、炸土豆条招待顾客和清理餐桌等工作都事先进行翔实的动作研究，确定各项工作开展的最好方式，然后编成书面的规定，用以指导各分店管理人员和一般员工的行为。公司在芝加哥开办了专门的培训中心——汉堡包大学，要求所有的特许经营者在开业之前都接受为期一个月的强化培训。回去之后，他们还被要求对所有的工作人员进行培训，确保公司的规章条例得到准确的理解和贯彻执行。

为了确保所有特许经营分店都能按统一的要求开展活动，麦当劳公司总部的管理人员还经常走访、巡视世界各地的经营店，进行直接的监督和控制。如有一次巡视中发现某家分店自行主张，在大厅里摆放电视机和其他物品以吸引顾客，这种做法因与麦当劳的风格不一致，立即得到了纠正。除了直接控制外，麦当劳公司还定期对各分店的经营业绩进行考评。为此，各分店要及时提供有关营业额和经营成本、利润等方面的信息，这样总部管理人员就能把握各分店经营的动态和出现的问题，以便商讨和采取改进的对策。

麦当劳公司的另一个控制手段，是在所有经营分店中塑造公司独特的组织文化，这就是大家熟知的"质量超群，服务优良，清洁卫生，货真价实"口号所体现的文化价值观。麦当劳公司的共享价值观建设，不仅在世界各地的分店，在上上下下的员工中进行，而且还将公司的一个主要利益团体——顾客也包括进这支建设队伍中。麦当劳的顾客虽然被要求自我服务，但公司特别重视满足顾客的要求，如为他们的孩子们开设游戏场所、提供快乐餐和组织生日聚会等，以形成家庭式的氛围，这样既吸引了孩子们，也增强了成年人对公司的忠诚感。

（资料来源：广东交通职业技术学院管理学精品课程网站．）

思考题

1. 麦当劳提出的"质量超群，服务优良，清洁卫生，货真价实"口号如何反映它的公司文化？以这种方式来概括一个组织或公司的文化，具有哪些特色或不足？
2. 麦当劳公司所创设的管理控制系统具有哪些基本构成要素？
3. 该控制系统如何促进了麦当劳公司全球扩张战略的实现？

第17章 控制方法和信息技术

学习目标

学完本章节，应该了解以下要点：
1. 预算的概念；
2. 预算的类型、零基预算；
3. 几种非预算控制的方法；
4. 信息与数据的区别与联系；
5. 管理信息系统的定义；
6. 管理信息系统的应用领域及其功能；
7. 管理信息系统的开发过程；
8. 管理信息系统与技术的影响和作用。

7-11的主要大股东——伊藤洋华堂，正准备将使用于日本超过6800名员工的控制系统，运用于跨过太平洋的美国员工。然而，美国的经理们对这套控制系统感到不满意。

这套控制系统在日本已经实施了几十年。伊藤洋华堂的CEO铃木利文通过采用这套系统，使该公司的销售额增加了2倍，并且迅速降低了库存成本，每家日本的7-11连锁店的库存周转率，从20世纪70年代的25天减少到一个星期。目前，铃木将在美国的分店实行这套系统以改善其运营效率。

这套系统到底是什么？它使用"销售点"计算机系统，将各连锁店的每笔销售记录于总公司的总记录中。想要了解它究竟如何进行，以在东京一家7-11担任经理的功治先生为例进行介绍。计算机安排功治的工作，控制他需要花多少时间用分析工具追踪销售成绩。他每天的工作就是回顾销售资料、消费人口的趋势及当地的天气预测。这些工具及分析能够协助功治了解订购日常用品的间隔。根据他的销售成绩，他一天应配送3次货物。这些精确的时间计算主要是确保三明治、每日套餐、易腐烂物品都能保持新鲜与避免浪费。

但是这套系统也规定功治的工作方式。依据使用计算机的程度，总部将连锁店排序。功治的店面最近安装了计算机检查仪器，以便在一个星期中检查600种商品。尽管如此，一名检察员认为功治做得还不够，认为他必须更加"熟练操作计算机"。功治说："有时候我不知道是谁在经营这家连锁店，我好像24小时被人监视，受限于人。"

所以，美国的经理们都不喜欢这样的系统。在新泽西州的一名店长说这套系统侵犯了美国员工的自主权，并且指出美日两国的不同文化。很多美国的经理们认为他们自己知道如何控制商品的流动，以及调整不同天气及特殊假日的采购数量。美国的经理们被日本的"大哥"

惹毛了，这些人总自以为是地决定什么对他人最好，并且持续监控。

(资料来源：[美]斯蒂芬·罗宾斯.今日管理学[M].贾毓玲，韩笑，冯丽君，译.北京：中国人民大学出版社，2009.)

这个案例说明，一件事情，无论计划做得多么完善，无论愿望多么的美好，也不能保证部属都能适当地执行，在实施的过程中仍会出现很多难以想象的问题。例如，目标计划只是给部属一个方向，但并不保证其在执行时能将各项具体工作都完成好，所以一位有效率的管理者应该随时随地追查部属是否达到预期的目标，这就是控制。虽然控制不需要像 7-11 那样有胁迫性，但是每个组织都需要控制。

17.1 预算控制

管理控制中广泛运用的方法是预算。它结合了前馈、同期和反馈控制，具体采用哪种方法要根据具体的控制对象而定。预算控制是将实际和计划相比较，确认预算的完成情况，找出差距进行弥补。预算控制通常简称预算。

1. 预算概念及危险性

预算是指以数字表示未来某个时期的计划。预算的一个基本考虑是预算期的长度。所有的预算都适用于某一特定的时间区间。许多预算长度是一个月、三个月、六个月和一年。时间长度的选择应包括企业一个完整的时间周期。建立期望值从公司的计划、估计销售额开始，一直到预算批准和公布为止。然后是计划的执行阶段，确定计划的完成情况，将实际值与预算值相比较。最后阶段，采取必要的更正行动。

尽管实践的方式各不相同，但通常都是由高层管理者作为预算的协调人，明确阐述预算的内容。

预算作为用来制订计划和进行控制的一种手段在管理控制中是非常有效和必要的方法，但是，预算也有它的缺陷，如有些预算控制方案制订的如此全面、细致，以至于显得笨重拖沓、毫无意义。人们经常听到这样的说法："这个想法不错，但它不在我的预算之内。"预算通常控制了一些不该控制的事情，它衡量了投入却忽略了产出，如产品质量和消费者满意度。这些因素很难衡量，然而它们却可能是企业成功或失败的关键所在。管理人员为了满足预算要求可能做出不明智的决定，尤其是预算中留有节约预算节余奖。他们可能不在研究和开发方面投资，不把资本投资用于提高生产率上，或不在那些最终会增加市场份额的业务活动上投资，原因是这些投资不会立即产生效果。这里涉及的有些项目应该包括在长期计划中，而不是年度计划。真正的节约可能来自更有效率的机器、新产品或其他创新性的想法，而不是一味地靠预算方面的节约。

2. 预算的类型

预算在形式上是一整套预计的财务报表和其他附表。按照不同的内容，预算可以分为运营预算、投资预算和财务预算三大类。

1）运营预算

运营预算是指企业日常发生的各项基本活动的预算。它主要包括销售预算、生产预算、直接材料采购预算、直接人工预算、制造费用预算、单位成本预算、推销及管理费用预算等。运营预算中最基本和最关键的是销售预算，它是销售预测正式的、详细的说明。由于销售预算是计划的基础，加之企业主要是靠销售产品和劳务所提供的收入来维持经营费用的支出和获利的，因而销售预算也就成为预算控制的基础。

生产预算是根据销售预算中的预计销售量，按产品品种、数量分别编制的。在生产预算编好后，还应根据分季度的预计销售量，经过对生产能力的平衡，排出分季度的生产进度日程表，或称为生产计划大纲，在生产预算和生产进度日程表的基础上，可以编制直接材料采购预算、直接人工预算和制造费用预算。这三项预算构成对企业生产成本的统计。

推销及管理费用预算，包括制造业务范围以外预计发生的各种费用明细项目，如销售费用、广告费、运输费等。对于实行标准成本控制的企业，还需要编制单位生产成本预算。

2）投资预算

投资预算是对企业的固定资产的购置、扩建、改造、更新等，在可行性研究的基础上编制的预算。它具体反映在何时进行投资、投资多少、资金从何处取得、何时可获得利益、每年的现金净流量为多少、需要多少时间收回全部投资等。由于投资的资金来源往往是任何企业的限定因素之一，而对厂房和设备等固定资产的投资又往往需要很长时间才能收回，因此，投资预算应当力求和企业的战略以及长期计划紧密联系在一起。

3）财务预算

财务预算是指企业在计划内反映有关预计现金收支、经营成果和财务状况的预算。它主要包括现金预算、预计收益表和预计资产负债表。必须指出的是，前述的各种运营预算和投资预算中的资料，都可以折算成金额反映在财务预算内。这样，财务预算就成为各项经营业务和投资的整体计划，故亦称总预算。

（1）现金预算主要反映计划期间预计的现金收支的详细情况。在完成了初步的现金预算后，就可以知道企业在计划期间需要多少资金，财务主管人员就可以预先安排和筹措，以满足企业资金的需求。为了有计划地安排和筹措资金，现金预算的编制期应越短越好。西方国家有不少企业以周为单位，逐周编制预算，我国最常见的是按季和按月进行编制。

（2）预计收益表是用来综合反映企业在计划期间生产经营的财务状况，并作为预计企业经营活动的最终成果的重要依据，是企业财务预算中主要的预算表之一。

（3）预计资产负债表主要用来反映企业在计划期末那一天预计的财务状况。它的编制需以计划期间开始日的资产负债表为基础，然后根据计划期间各项预算的有关资料进行必要的调整。

综上所述，企业的预算实际上包括运营预算、投资预算和财务预算三大类，是由各种不同的个别预算所组成的预算体系。

3. 零基预算

编制预算的另一种方法是零基预算。这种预算方法的设想是把企业的规划划分为由目标、业务活动以及所需资源等组成的几个"一揽子计划"，然后以零为基数开始计算每个"一揽子计划"的费用。由于每个"一揽子计划"都是以零为基数开始的，因此，对每个预算期间的费用都重新计算，这样可以避免预算编制中只注意前期变化的这种普遍倾向。

这种预算方法通常适用于辅助性业务活动，而不适用于实际的生产过程，其依据是在诸如市场营销、研究和发展、人员管理、计划和财务等领域的大多数规划中，对各项费用都拥有一定的自主权。先计算合乎需要的各种计划费用，按他们对企业的效益加以审议，然后按效益的大小进行排列，再选择那些能提供所需效益的"一揽子计划"。

显而易见，这种预算方法的主要优点在于迫使管理人员重新编制每个"一揽子计划"。这样做的结果就是管理人员可以全面审查连同新计划及其费用在内的规划及其费用。

17.2 非预算控制方法

1. 计划评审法

美国海军特别项目局所开发的计划评审法技术，在1958年首次正式应用于北极星武器系统的计划和控制工作，有力地促进了整个项目计划的顺利完成。多年来，计划评审法技术一直受到军事部门的青睐，实际上它已成为军火工业和航天工业中各大承包商和分包商所使用的一种必要工具。此外，许多非政府的项目活动，包括建筑、工程技术和机床安装等项目，甚至在诸如为每月发布财务报表所做的活动进度安排等简单事项方面，运用计划评审法或与之有关的网络技术——关键路径法（Critical Path Method），都是有益的。

计划评审法的主要特征。计划评审法是一种时间-事项分析系统，其中，对计划或项目的各种事项加以确定，并附以具体的完成时间。这些事项被放在一个网络中，清晰地表明每一个事项与其他事项的关系。典型的计划评审法分析要涉及成百上千个事项，尽管较小规模的计划评审法分析可以由人工完成，但是据估计，当计划涉及200~300个事项时，如果不使用计算机，简直无法进行计算。

计划评审法有五方面的优点。

（1）它迫使管理人员去做计划，因为如果不编制计划，如果不了解怎样把各项计划有机结合起来就不可能进行时间事项网络分析。

（2）它迫使管理人员将计划按管理链依次交付下去逐级完成，因为每一个下级管理人员都必须对其所负责的事项做出计划。

（3）它把注意力集中于可能需要采取措施的关键因素上。

（4）它使前馈控制有了可能，因为如果管理人员不能缩短未来一些行动的时间作为弥补手段，则一次延误就要影响后续各个事项乃至整个项目。

（5）具有子系统的整个网络系统可迫使管理人员在恰当的时间，针对组织结构中相应的管理层次提出报告，并在适当的地方施加压力，采取行动。

2. 综合控制

一般而言，大多数控制方法都是根据特定的控制对象而具体设计的，这些控制方法一般只针对组织某一方面的工作，其控制的重点是管理过程本身或是其中的某个环节，而不是管理工作的全部绩效和最终成果。因此，还需要有一些能够控制企业整个工作绩效的方法。

综合控制首先要解决的问题是确定衡量全部绩效的标准。一般来说，综合控制主要是财务方面的控制，也就是说从财务的角度控制那些直接影响经济指标大小的因素，如投资、收入、支出、负债等。但是，利润和利润率高并不意味着企业就一定是管理完善，因为即使管理很差，也可能在经营方面，如销售、投资或利用环境机会方面做得出色而取得好的业绩。经营毕竟不等于管理，经营顺利掩盖了其管理不善，这样的企业，一旦外部条件恶化，就会陷入困境。因此组织绩效的总和控制，还应包括对管理工作质量和水平的评价和控制。

1）损益控制法

损益控制法是根据一个组织（企业）的损益表，对其经营和管理成效进行综合控制的方法。由于损益表能够反映该企业在一定期间内收入与支出的具体情况，从而有助于从收支方面说明影响企业绩效的直接原因。所以，损益控制的实质是对利润和直接影响利润的因素进行控制。

一般来说，损益控制法主要适用于那些实行分权制或事业部制组织结构的企业，它将受控制的单位看作利润中心，也就是直接对利润负责的单位。实行损益控制意味着充分授权。作为利润中心的单位或部门，可以按照他们认为是有利于实现利润的方式相对独立地开展经营。由此可见，一个组织所属各部门各单位的职能越是完整，就越有利于实行严格的损益控制法。

2）投资报酬率控制法

投资报酬率控制法是以投资额和利润额之比，从绝对数和相对数两方面来衡量整个企业或企业内部某一个部门的绩效。这种方法与损益控制法的主要区别在于它不是把利润看成一个绝对的数字，而是把它理解为企业运用投资的效果。由于企业的投资最终来源于利润，因此，如果企业的投资报酬率只相当于或者甚至低于银行利率，那么企业的投资来源便会趋于枯竭，从而使企业发展陷于停滞。所以，企业的目标不仅是最大限度的利润额，更应当是最大限度的投资报酬率。

投资报酬率主要用于那些实行分权制或事业部制管理体制的企业的内部控制。在这种体制下，事业部不仅是利润中心，而且是投资中心。也就是说它不仅需对成本、收入、利润负责，而且还要对所占用的全部投资承担责任。这就有助于使事业部的主管人员从企业最高主管部门的角度来考虑自己的经营问题，有助于克服争投资、买设备、上项目，而不顾投资效果的倾向，使他们的经营行为合理化，使各个分权单位的目标与企业目标取得最大限度的一致。

3. 管理审核与经营审核

管理审核是指系统地评价鉴定全部管理工作绩效的一种控制方法。经营审核一般是指系统地评价鉴定经营活动工作质量的一种控制方法。二者既有区别又有联系，管理审核侧重于管理职能方面的审核，其中包括对于计划、组织、领导与控制工作的评价。经营审核侧重于管理决策方面的审核，其中包括对组织中关于计划、工程技术、生产、营销、人力资源管理及财务方面长期性决策质量的评价。二者的区别类似于评价主管人员的管理能力和评价主管人员在制定和实现目标方面的能力之间的差别。

在实际工作中，这两种审核的内容与范围，有相当程度的重合与交叉，因此也就很难做严格的区分，根据目的不同而有不同的称谓。按照执行审核工作的人的不同，两种不同的审核都有外部与内部审核之分。外部审核是指由组织以外的专门机构或专家对本组织的经营与管理活动情况进行审核。内部审核则是由组织内在上层主管人员领导下组织有关部门的人员进行的审核。

17.3 管理信息系统

1. 信息和数据

日常生活中经常会涉及信息这个词。那么究竟什么是信息呢？要弄清楚这个概念，首先要知道什么是数据。数据是指存储在某一种媒体上可以鉴别的符号资料。这里的符号可以是具体的数字、文字、字母和其他特殊字符，包括图形、图像、动画、影像、声音等，如图书馆的图书索引就是数据。由此可见，信息是通过数据表示的，但信息和数据又是有区别的，数据是原材料，而信息对决策或行动是有价值的。例如，行驶着的汽车的里程表上的数据不是信息，只有当司机看了里程表做了加速或减速的决策后的那个数据才是信息。现在，可以给信息下一个定义：信息是经过加工后的数据，它对接收者有用，对决策或行为有现实或潜在的价值。

信息是客观存在的事物，是客观事物运动和变化的一种反映。简单地理解，信息是有用的数据，是经过加工处理的数据，信息通过数据表示。所以，在很多时候，我们并没有严格区分数据和信息。

2. 管理信息系统定义

管理信息，是指伴随着管理活动所产生和处理的信息，也就是伴随着组织中的计划、实施、控制、调整的活动周期的信息。简单地讲，就是管理中要用到的为管理服务的信息和管理活动过程中产生的信息。

现代组织中的信息形式和载体是多种多样的，如财务账簿、产品目录、库存记录、报价单、顾客名单、会议记录、文件、信件、各种内部单据、订货单等，而这些就是人们要管理的信息，即管理信息。

对信息进行管理，是因为信息已经成为企业的重要资源。

1）信息系统的概念

信息系统是指为了达到一定的目标，对信息进行收集、加工、检索和传输、保存、维护，必要时向人们提供有用信息的系统，如财务系统。从信息系统的概念中可以归纳出信息系统的基本功能。

任何信息系统都可以归结为具有信息输入、信息存储、信息处理和信息输出4个基本功能，信息系统不断地从外界接收数据，经过加工处理后，输出对人们有用的数据，所以，信息系统也可以称为信息处理系统，信息系统可能是手工系统，也可能是计算机系统，信息系统用计算机来实现后，在信息的输入、信息的存储、信息的处理和信息的输出方面与手工系统都有了很大的不同。

2）管理信息系统的概念

20世纪70年代末以来，关于管理信息系统的定义有许多种，各种定义基本上都强调了管理信息系统利用电子计算机技术进行信息处理，并具有预测和辅助企业进行决策的功能，这里，将管理信息系统定义如下：

管理信息系统是指运用系统理论和方法，以电子计算机和现代通信技术为信息处理手段和传输工具，能为企业管理决策提供信息服务的人机系统。从最广泛的意义来说，管理信息系统可以理解为对管理信息进行收集、整理、存储、加工、查找、传输，为管理决策服务的系统，也可以定义为用于管理决策的信息系统。与一般意义上的信息系统不同，它具有的特点是它所管理的信息都是管理信息并且是为管理决策服务的。

3. 管理信息系统的应用领域及其功能

从管理信息系统的发展历史看，实际的管理信息系统应用于企业经营管理的各个职能领域，从管理过程控制或运营管理开始，逐步扩展和深化，并且有"无所不在"的趋势，到目前为止，已经囊括市场领域的价值管理和财务管理、客户关系管理、供应链管理、知识管理；运营管理领域的企业资源计划管理、物流管理、人力资源管理等。各个领域形成了相应的以计算机信息处理技术为基础的管理信息系统。

（1）价值管理系统和财务管理系统。它们面向资本市场，价值管理系统——支持投资管理、战略管理；财务管理系统——支持财务管理功能、管理会计功能、协同结算等。

（2）人力资源管理与知识管理系统（KMS）——面向知识市场，支持文档管理、办公自动化、员工自助服务、业绩管理以及将来的企业知识生成与传播管理。

（3）物流管理系统和企业资源计划系统（ERP）。它们是面向企业内部运营的。物流管理系统——物流采购管理、仓储管理、销售管理、分销管理；企业资源计划系统——支持运营计划管理、作业现场管理、质量管理和设备管理。

（4）供应链管理系统（SCM）——面向供应市场，支持产品和服务的协同设计、协同供应、供方与组织的协同计划等。

（5）客户关系管理系统（CRM）——面向消费市场、支持与消费者协同销售、协同市场、协同服务。

随着信息化的发展，类似的管理信息系统在政府管理、教育卫生组织管理、社团组织管理等领域也得到了广泛的应用。

4. 管理信息系统开发过程

管理信息系统的开发有许多不同的技术路线和工作环节。新建管理信息系统的开发是按照系统的生命周期，从系统定义、系统分析、系统设计、系统实施到系统评价的一个完整过程。在开发管理信息系统时，为了能更好地进行组织和管理，保证系统开发成功，通常把整个开发过程分成3个主要阶段。

1）系统分析

系统分析是在明确管理目标的基础上，分析管理系统，决定管理信息系统目标及需要的过程。核心问题是决策系统分析，识别决策者所需要的信息。这一阶段需要明确和解决的问题包括：管理需要什么信息？谁需要？什么时候需要？什么地点需要？资料应该什么时候使用？利用什么方法收集？不同层次的管理者所需要的信息在内容、形式和实效等方面通常有很大的不同。

2）系统设计

这一阶段通过研究详细的系统指标和参数，为系统的建立和实施提供依据，以达成系统的目的，满足管理系统的要求。其中包括逻辑设计和物理设计，如信息处理过程、体系结构设计、系统配置设计等。从管理过程看，通常面对的问题是：有多少资源可以应用，其中包括生产、销售、人力资源、研发、财务等；如何适当地利用这些资源设计和支持信息处理过程，来满足管理者的信息需要。

3）系统实施

系统的实施包括软件设计、设备配置、测试验证、工作转换及操作培训等。在组织管理上，一般面对的问题是：人员需要什么样的培训？谁应该去受训？系统应该如何测试？有哪些必要的措施来从现有系统转换到新的系统？什么时候系统才算实施完成？

其具体说来又分为10个方面工作：系统目标及提出对系统的要求和它要解决的紧迫问题；可行性调查；信息需要的分析和识别；系统总体设计；系统详细设计；编制程序并测试；人员培训；系统转换；系统运行；系统评价等。

5. 管理信息系统和信息技术的影响与作用

管理信息系统和信息技术增强了管理者协调和控制组织行为的能力，帮助管理者更有效地做出决策。现代计算机信息系统已经成为组织中必不可少的组成部分。管理信息系统作用于组织及其所使用的资源，使得组织在许多方面发生变化。管理信息系统已经成为组织提升业绩，增强竞争能力的战略武器。实践表明，管理信息系统作为不同于以前的自动化的信息处理工具，作为先进的智力化的生产力要素，对组织管理的各个方面产生了深远的影响。集中表现在管理方式的变革和管理效能的提升、组织结构的转型和企业竞争优势的提升。

1）促进管理方式的变革

（1）管理信息系统的建立，在一定程度上实现了管理决策的自动化、智能化和科学化。先进的管理信息系统，能够为管理人员的决策提供详尽、完整、准确、及时的信息，使管理者摆脱巨大的信息压力和例行化、程序化的控制活动；使管理者及时掌握充分的、有效的信息，集中于决策，集中于考虑"正确地做事"的问题。另外，新的信息处理技术的发展，为管理者提供了挖掘深度信息的能力，决策支持系统和人工智能的应用，使管理决策开始逐步走向自动化、智能化的轨道。

（2）改变组织沟通、协调的方式。基于网络的现代管理信息系统、电子化的信息沟通渠道和沟通方式、群体工作软件系统和协同网络的出现，打破了沟通的空间限制，实现了实时、大容量的信息沟通，增强了管理协调能力和范围，使全时空的协同工作成为可能，使人们更有能力协调和控制全球化的组织。

（3）极大地提升了计划与控制的能力和效能。当代管理信息系统和信息技术所提供的信息处理能力是空前的，充分的信息、复杂的计算能力和系统优化能力，极大地提高了计划与控制的效能。在充满挑战的现代管理环境中，组织关系和业务复杂化的需要极大地提高了管理效能。

2）导致组织结构扁平化与沟通水平化

从管理信息系统和信息技术在组织中的应用实践看，计算机信息系统的快速发展，使组织的等级层次减少(扁平化),组织越来越分权,组织内的信息流动也变为水平型。

(1)由于现代管理信息系统可以为管理者提供高质量、及时和相对完整的信息,从而降低了管理工作的复杂性,减少了借助增加组织层级,控制组织行为的需要,还减少了利用管理层来协调组织行为的需要,管理体系的层次减少,组织结构趋向扁平化。特别是随着信息处理能力的增强,高层管理者的信息获取能力和集中控制能力以及效率不断提高,组织成员所承担的例行性的工作、信息传递与控制责任更多地被管理信息系统所取代,管理人员会不断减少。例如,柯达公司生产工厂的管理层次一度达到13层,严重阻隔了负责生产的总经理和工人的联系。现在,在信息系统的帮助下,管理层次减少为4层。与此类似,英特尔公司发现,通过增加信息系统的复杂性,它能够将组织体系的层次从10个减为5个。

(2)管理信息系统所提供的网络化的沟通结构以及信息访问能力的增长,组织内部的计算机网络得到了快速扩张;电子邮件系统、电子化共享文档软件程序的开发以及企业内联网的加速发展,导致组织内水平沟通信息流的日益增长。网络化、高效、快捷的信息传递,将打破传统的部门间的壁垒,促进水平化的跨部门的信息沟通,促进组织的分权,组织的响应速度和整体绩效也会得到极大提高。

3)触发业务流程再造

管理信息系统和信息技术作为革命性的生产力要素,它所支持和实现的自动化的工作,在促进了管理方式和组织形式的变革的同时,也极大地提高了工作效率,改变着组织的业务流程和工作内容。此外,管理信息系统的建立还会对组织中的个人产生影响,使他们的一些工作性质或工作方式发生改变,使人 – 机关系和人际关系发生变化;相应地促进了组织业务流程的变革。20世纪90年代以来的业务流程再造风潮,已经席卷全球,它利用信息技术,沟通组织内部、组织与环境和顾客的联系,改造组织业务运行方式,消除不增值的环节和过程,极大地提高了组织的效能。

4)建立和保持组织的竞争优势

现代技术的飞速发展和激烈的市场竞争,要求企业具有快速响应能力,先进的管理信息系统和信息技术成为提高组织的竞争力的有力武器。例如,增强管理者的决策能力,运营管理系统和决策支持系统能够帮助一个组织增强它的竞争地位。同样地,现代信息系统通过减少管理层次,减少执行组织活动所需的员工人数,能够提高组织响应变化的能力,提高组织的运行效率,从而增强市场竞争优势。

思 考 题

1. 控制技术似乎同编制计划的技术一样,都具有控制的性质。在什么情况下这种说法是正确的?

2. 如果你要为高层主管制订一项有关专门控制的报告计划,并做出分析,那么你将如何着手进行?

3. 举例说明信息技术是如何影响你的生活和学习的。

4. 你为什么认为计算机会对不同管理层次的管理人员产生不同的影响?

5. 编制一份你暑期旅游活动的预算,并说明预算的好处是什么?有哪些问题?

6. 在网上搜索"管理信息系统"这个词,并确定这一系统的各种使用方法。

案例资源

美国联合包裹递送服务公司(UPS)的物流服务

1907年,19岁的詹姆斯·凯西(James Casey)借了100美元,和几个朋友在西雅图办了一家投递公司,主要为西雅图百货公司送货,1919年公司更名为联合包裹递送服务公司(UPS)(以下简称联合包裹),全球总部位于美国加州亚特兰大市,全球网址为www.ups.com。2004年营业收入达366亿美元,全球雇员人数38.4万(美国32.8万,国际5.6万),年递送36亿件包裹与文件,服务区域达200多个国家和地区,UPS现在已拥有15.7万辆汽车、268架飞机(世界上第9大航空公司),租赁飞机296架,服务的机场数国内402家、国际498家,18个空运中转中心,2400个包裹分拣中心。

主要业务:物流与配送、运输(包括空运、海运、陆运、铁路运输)、货运代理、国际贸易管理和清关代理。

特别业务:服务零配件物流、技术维修和配置、供应链管理和计划、退货管理和紧急零配件递送。

1. 包裹业务及电子跟踪系统

联合包裹为不同重量、形态、要求的包裹提供"量身包装"的服务。为客户的包裹提供耐冲击、耐挤压、耐震动的测试服务,它的全球清关系统在收到包裹时,把一切资料输入计算机,提前报关,当飞机载着包裹出境时,一切海关手续均已办妥,节省了报关时间。

联合包裹每天跟踪130万件包裹的运送情况,公司卡车司机人手一部"信息获得器",能同时接收和发送送货信息。

(1)客户一旦签单寄包裹,信息便通过电子跟踪系统传送出去,客户随时可以登录联合包裹的网站,查询包裹抵运情况,有时甚至可查询到包裹已送达收货人,卡车司机还没回到座位上。

(2)电子跟踪系统随时发送信息给司机,告诉他将经过路段的路况或某收货人要提前收包裹,用GPS定位,随时通知司机更新行车路线。

2. 金融服务

1998年,联合包裹成立了联合包裹金融子公司(拥有流动资金30亿美元),提供信用担保和库存融资服务,所有这些使得联合包裹在电子商务活动中同时充当中介人、承运人、担保人和收款人四者合一的关键角色。

目前,联合包裹为Gateway公司运送包裹,从收件人那里收取现金,然后这笔款项将直接打入Gateway公司的银行账号,这种业务现已占到该公司业务的8%。Gateway公司是已经建立起市场信誉的公司,如果客户从某个拍卖网站或电视广告中看中某件商品,尽管价格十分具有诱惑力,但没有见到实物,购买时毕竟有所顾虑,联合包裹的担保业务则可解决电子商务活动中现金支付和信用问题。

它可以直接到马来西亚的一家纺织品原料厂收取货物,并支付现金,然后将这些原料运抵洛杉矶的制造商，并从这家公司手中收取费用，这远比信用证顶用，因为联合包裹既提供了马来西亚原料厂急需的现金，又保证了洛杉矶的商人得到了更可靠的货物运送。

3. JIT 服务

投资10亿美元扩建其设立在肯塔基州路易斯维尔的航空枢纽，路易斯维尔航空枢纽附近的物流部门为惠普等计算机公司提供这样的服务：每天晚上有3~4小时，一共有90架飞机降落在占地面积500公顷的这一航空枢纽，从这些飞机上卸下有故障的计算机部件以及笔记本计算机，并以最快的速度运到距离航空枢纽只有几英里远的物流部门，在那里，60名计算机修理人员能利索干完800件活，并赶在联合包裹的头班飞机起飞前完工。

4. 通过物流业务，进入电子商务

1998年圣诞节期间，联合包裹公司几乎垄断了美国因特网零售公司的承运业务，美国人在此期间网上订购的书籍、袜子和水果蛋糕，大约有55%是由这家公司送去的。

耐克公司的网上零售公司成了联合包裹的最大客户，联合包裹在路易斯维尔的仓库里存储了大量的耐克鞋及其他体育用品，每隔1小时完成一批订货，并将这些耐克用品装上卡车运到航空枢纽。联合包裹设在圣安东尼奥的电话响应中心，负责处理耐克的客户订单，这样，耐克公司不仅省下了人员开支，而且加速了资金周转。

联合包裹的另一家客户，最近刚成立的时装网站Boo.corn甚至连仓储费都不用付，联合包裹将这家公司的供应商的货物成批运到物流中心，经检验后，打上Boo.corn的商标，包装好即可运走。

联合包裹的物流部现在已经是公司业务增长最快的部门，过去两年增长了70%以上，而且今后三年仍可望有35%的年增长率。

5. 联合包裹企业形象

联合包裹的企业形象可以从卡车司机的形象看出来，联合包裹的卡车司机（兼做送件人）不能留长发、蓄胡须，外套只能打开最上方的第一个纽扣，在客户面前不能抽烟，送件时只能疾行，不许跑步，皮鞋只能是棕色或黑色，而且必须始终光可鉴人，他必须始终用右手小指钩住钥匙串，以免满口袋找钥匙时耽误时间。登车后，必须用左手系安全带，同时马上用右手将钥匙插入油门发动引擎，司机每天工作前必须经过3分钟的体能测试，这一传统从公司创始开始保留至今。飞行人员头天工作完毕必须清理桌面，以免第二天凌晨登机时耽误时间。高层经理人员每人工作桌下常备擦皮鞋用具，所有这一切细枝末节，都将保证公司的高运营效率，在客户面前树立值得信赖的良好形象。

联合包裹的员工队伍相当稳定，稳定率保持在90%以上，许多人一干就是几十年，高层管理人员有的就是从司机、装卸工一步步升上来的，公司首席执行官凯里的衣橱里至今还挂着28年前在联合包裹兼职当一名司机时穿的棕色套装。联合包裹上市后，一下造就了数百名百万富翁，这就更增强了员工对公司的向心力。

（资料来源：沈默. 现代物流案例分析［M］. 南京：东南大学出版社，2006.）

思考题

1. 联合包裹是如何利用信息系统提高其物流竞争力的？
2. 联合包裹是怎样做到三流合一的？
3. 联合包裹的信息系统对你有哪些启示？

参考文献

[1] [美]托马斯·贝特曼,思考特·斯奈尔.管理学——构建竞争优势[M].4版.王雪莉,译.北京:北京大学出版社,2004.

[2] [美]海因茨·韦里克,马春光,哈罗德·孔茨.管理学精要——国际化视角[M].7版.北京:机械工业出版社,2009.

[3] [美]斯蒂芬·P.罗宾斯.今日管理学[M].贾毓玲,韩笑,冯丽君,译.北京:中国人民大学出版社,2009.

[4] 张亚,周巧英.企业管理[M].北京:中国林业出版社/北京大学出版社,2007.

[5] [美]海因茨·韦里克,哈罗德·孔茨.管理学——全球化视角[M].11版.马春光,译.北京:经济科学出版社,2004.

[6] [美]菲利普·L.胡萨克尔.管理技能实战训练手册[M].张颐,汤永,译.北京:机械工业出版社,2003.

[7] [美]彼得·德鲁克.管理的实践[M].齐若兰,译.北京:机械工业出版社,2009.

[8] [美]斯蒂芬·P.罗宾斯.管理学[M].4版.闻洁,杨军,译.北京:机械工业出版社,1998.

[9] [美]佛雷德·R.戴维.战略管理[M].6版.李克宁,译.北京:经济科学出版社,1999.

[10] 余世维.领导商数[M].北京:北京大学出版社,2006.

[11] 李晓光.管理学原理[M].北京:中国财政经济出版社,2009.

[12] 单凤儒.简明管理学[M].北京:首都经济贸易大学出版社,2008.

[13] 李凤云.网络经济与企业管理[M].沈阳:辽宁教育出版社,2007.

[14] 戴庚先.现代企业管理[M].北京:电子工业出版社,2002.

[15] [美]拉里·博西迪,拉姆·查兰.执行——如何完成任务的学问[M].刘祥亚,译.北京:机械工业出版社,2004.

[16] [美]约翰·杜威.我们如何思维[M].伍中友,译.北京:新华出版社,2011.

[17] [美]吉姆·柯林斯,等.基业长青[M].真如,译.北京:中信出版社,2002.

[18] [美]吉姆·柯林斯,等.从优秀到卓越[M].俞利军,译.北京:中信出版社,2002.

[19] [英]维克托·迈尔,等.大数据时代[M].盛杨燕,等译.杭州:浙江人民出版社,2012.

[20] [美]W.钱金,等.蓝海战略[M].吉宓,译.北京:商务印书馆,2005.

[21] [美]罗伯特·佛兰克,等.牛奶可乐经济学[M].闻佳,译.北京:中国人民大学出版社,2010.

[22] [美]彼得·德鲁克.卓有成效的管理者[M].许是祥,译.北京:机械工业出版社,2005.

[23] [日]吉本佳生.在星巴克要买大杯咖啡[M].朱悦玮,译.北京:中信出版社,2011.

[24] [美]本·霍洛维茨.创业维艰:如何完成比难更难的事[M].杨春晓,译.北京:中信出版社,2015.

[25] [美]安迪·格鲁夫.格鲁夫给经理人的第一课[M].巫宗融,译.北京:中信出版社,2011.